高校转型发展系列教材

托幼机构管理

王海燕 主编 / 宫晓东 副主编

清华大学出版社
北京

内 容 简 介

本书介绍学前教育管理的思想、原则与方法，托幼机构筹建与运营，托幼机构常规工作管理，托幼机构保教工作管理，托幼机构课程与教研管理，托幼机构人员管理与教师队伍建设，托幼机构资源管理，托幼机构组织文化建设，托幼机构公共关系管理，托幼机构工作评价与管理，托幼机构品牌管理等内容。本书语言通俗易懂，以托幼机构管理过程中翔实案例为依托，为幼儿园管理者提供了全方位的知识和大量的实用管理方法。

本书既适合学前教育专业本科、专科学生使用，也可作为幼儿教师的在职培训教材，还可作为广大学前教育工作者的参考用书。

本书封面贴有清华大学出版社防伪标签，无标签者不得销售。

版权所有，侵权必究。举报：010-62782989，beiqinquan@tup.tsinghua.edu.cn。

图书在版编目(CIP)数据

托幼机构管理 / 王海燕主编. —北京：清华大学出版社，2019.11（2025.1重印）
高校转型发展系列教材
ISBN 978-7-302-53810-3

Ⅰ. ①托… Ⅱ. ①王… Ⅲ. ①幼儿园－管理－高等学校－教材 Ⅳ. ①G617

中国版本图书馆 CIP 数据核字(2019)第 205577 号

责任编辑：施　猛
封面设计：常雪影
版式设计：思创景点
责任校对：牛艳敏
责任印制：杨　艳

出版发行：清华大学出版社
网　　址：https://www.tup.com.cn, https://www.wqxuetang.com
地　　址：北京清华大学学研大厦 A 座
邮　　编：100084
社 总 机：010-83470000
邮　　购：010-62786544
投稿与读者服务：010-62776969，c-service@tup.tsinghua.edu.cn
质 量 反 馈：010-62772015，zhiliang@tup.tsinghua.edu.cn
印 装 者：涿州汇美亿浓印刷有限公司
经　　销：全国新华书店
开　　本：185mm×260mm　　印　张：15.25　　字　数：362 千字
版　　次：2019 年 12 月第 1 版　　印　次：2025 年 1 月第 7 次印刷
定　　价：55.00 元

产品编号：070375-02

高校转型发展系列教材 编委会

主任委员：李继安　李　峰
副主任委员：王淑梅
委　　员：

马德顺	王　焱	王小军	王建明	王海义	孙丽娜
李　娟	李长智	李庆杨	陈兴林	范立南	赵柏东
侯　彤	姜乃力	姜俊和	高小珺	董　海	解　勇

前　　言

《托幼机构管理》一书本着理论与实践并重的编写原则，努力将学前教育管理的基本规律、基本知识与提高学生解决实际问题的能力有机地结合起来，尝试改变已有的同类教材的框架模式，以适应应用型人才培养的新要求。

本书紧密结合当前托幼园所管理的实际情况，注重内容的实用性、实践性和可操作性；紧密结合学前教育新政策、新动向，注重内容的前瞻性、导向性；关注学前教育中的热点、难点问题与实际案例，做到理论与实际相结合，知识性与实用性相结合。本书语言通俗易懂，以托幼机构管理过程中的翔实案例为依托，为幼儿园管理者提供全方位的知识和大量的实用管理方法。

本书第一章、第八章、第十章、第十一章由王海燕编写；第二章、第三章由蔡慧多编写；第四章、第五章由安艳静编写；第六章由崔宇编写；第七章、第九章由宫晓东编写。本书作者都长期扎根于幼儿园教学和科研活动，有着丰富的经验，对当前幼教实践中的问题非常敏感，了解托幼机构管理过程中的职责和专业需求，这使本书具有基于实践、源于研究、便于应用的特点。本书的顺利出版得到了陈思彤、金延旭、贾晓雪、李岩、李琤、李卓、蔺玉华、田俊、王海鹰、王辉、汪晓军、万慧颖、于春宝、赵月娥、张丽娜、张倩、郑晓明、朱璟等各位编写顾问委员的大力支持与协助，在此一并向他们表示谢意与敬意。

本书的电子课件可以在 http://www.tup.com.cn 站下载，也可通过扫描下方的二维码下载。

在编写本书过程中，编者参阅了大量的相关教材和专著，汲取了相关成果，在此向有关作者表示衷心的感谢。同时，由于编者能力有限，书中难免存在不足之处，敬请专家、学者及广大读者多提宝贵意见。反馈邮箱：wkservice@vip.163.com。

扫一扫，获取资料

编　者
2019 年 8 月

contents 目录

第一章　概述 ·· 1
　第一节　管理概述 ································ 1
　　一、管理的内涵 ······························ 1
　　二、管理理论的形成与发展 ··········· 1
　第二节　托幼机构管理概述 ················ 10
　　一、托幼机构管理的内涵 ··············· 10
　　二、托幼机构管理的任务 ··············· 10
　　三、托幼机构管理的要素 ··············· 11
　　四、托幼机构管理的原则 ··············· 12
第二章　托幼机构筹建与运营 ················ 15
　第一节　托幼机构筹建前期准备 ········ 15
　　一、开办托幼机构的相关法律与
　　　　政策 ··· 15
　　二、托幼机构的类型与等级划分 ···· 29
　　三、托幼机构定位与运营 ··············· 31
　第二节　开办托幼机构的物质
　　　　　准备 ··· 35
　　一、托幼机构的选址与园舍整体
　　　　规划 ··· 35
　　二、托幼机构建筑设计要求 ··········· 38
　　三、托幼机构设备要求 ··················· 43
　第三节　开办托幼机构的其他
　　　　　准备 ··· 46
　　一、托幼机构人员配备的原则 ······· 46
　　二、托幼机构的命名 ······················· 47
　　三、托幼机构宣传与招生 ··············· 48
　　四、幼儿的入园与编班 ··················· 51

第三章　托幼机构常规工作管理 ·········· 55
　第一节　托幼机构班级工作管理 ······ 55
　　一、托幼机构班级管理的含义 ······ 55
　　二、托幼机构班级管理的内容 ······ 56
　　三、托幼机构班级管理的功能 ······ 58
　　四、托幼机构班级管理的原则 ······ 59
　　五、托幼机构班级管理的策略 ······ 60
　第二节　托幼机构卫生保健管理 ······ 63
　　一、托幼机构卫生保健管理概述 ···· 63
　　二、托幼机构卫生保健管理的
　　　　方法 ··· 64
　第三节　托幼机构安全管理 ·············· 69
　　一、托幼机构安全管理概述 ·········· 69
　　二、托幼机构安全管理的方法 ······ 70
　第四节　托幼机构环境创设管理 ······ 75
　　一、早教机构环境创设管理 ·········· 75
　　二、幼儿园环境创设管理 ·············· 79
第四章　托幼机构保教工作管理 ·········· 85
　第一节　托幼机构保教工作管理的
　　　　　地位及原则 ····························· 85
　　一、托幼机构保教工作管理
　　　　的地位 ······································· 85
　　二、托幼机构保教工作管理的
　　　　原则 ··· 87
　第二节　托幼机构保教工作管理的
　　　　　内容和过程 ····························· 88

一、托幼机构保教工作管理的
　　　　内容 …………………………… 88
　　二、托幼机构保教工作管理的
　　　　过程 …………………………… 89

第五章　托幼机构课程与教研管理 …… 100
　第一节　托幼机构课程管理 ……… 100
　　一、托幼机构课程的内涵 ……… 100
　　二、托幼机构课程管理的内涵与
　　　　意义 …………………………… 101
　　三、托幼机构课程管理的内容与
　　　　过程 …………………………… 104
　第二节　托幼机构教研活动管理 … 115
　　一、托幼机构园本教研管理 …… 115
　　二、托幼机构教育科研管理 …… 121

第六章　托幼机构人员管理与教师队伍
　　　　建设 …………………………… 129
　第一节　托幼机构人员管理 ……… 129
　　一、早教机构人员管理 ………… 129
　　二、幼儿园工作人员管理 ……… 131
　第二节　托幼机构教师队伍建设 … 136
　　一、早教机构教师队伍建设 …… 136
　　二、幼儿园教师队伍建设 ……… 139

第七章　托幼机构资源管理 …………… 146
　第一节　托幼机构财力资源
　　　　　管理 …………………………… 146
　　一、托幼机构财力资源管理的
　　　　含义 …………………………… 146
　　二、托幼机构财力资源管理
　　　　措施 …………………………… 146
　第二节　托幼机构物力资源管理 … 150
　　一、托幼机构物力资源管理的
　　　　含义 …………………………… 150
　　二、托幼机构物力资源管理
　　　　措施 …………………………… 151

　第三节　托幼机构人力资源
　　　　　管理 …………………………… 154
　　一、人力资源管理的内涵 ……… 154
　　二、托幼机构人力资源管理的
　　　　意义 …………………………… 155
　　三、托幼机构人力资源管理的
　　　　原则 …………………………… 156
　　四、托幼机构人力资源管理的
　　　　策略 …………………………… 157

第八章　托幼机构组织文化建设 ……… 165
　第一节　托幼机构组织文化建设
　　　　　概述 …………………………… 165
　　一、托幼机构组织文化的概念 … 165
　　二、托幼机构组织文化建设的
　　　　意义 …………………………… 165
　　三、托幼机构组织文化的特征 … 166
　　四、托幼机构组织文化的结构 … 167
　　五、托幼机构组织文化的内容 … 168
　第二节　托幼机构组织文化的
　　　　　功能及实现 ………………… 171
　　一、托幼机构组织文化的功能 … 171
　　二、托幼机构组织文化建设的
　　　　途径 …………………………… 173
　　三、托幼机构组织文化建设的
　　　　方法 …………………………… 174
　第三节　托幼机构团队建设 ……… 175
　　一、托幼机构团队的内涵 ……… 175
　　二、托幼机构团队建设与组织文化的
　　　　关系 …………………………… 175
　　三、托幼机构团队建设的条件 … 176
　　四、托幼机构团队建设的策略 … 177

第九章　托幼机构公共关系管理 ……… 180
　第一节　托幼机构公共关系
　　　　　概述 …………………………… 180

一、托幼机构公共关系的内涵……180
　　二、托幼机构公共关系的价值……181
　　三、托幼机构公共关系的内容……182
　　四、托幼机构公共关系管理的
　　　　职能……………………183
　　五、托幼机构公共关系管理的
　　　　原则……………………184
第二节　托幼机构家长工作………184
　　一、托幼机构家长工作的意义……185
　　二、托幼机构家长工作的内容……186
　　三、托幼机构家长工作策略……187
　　四、托幼机构家长工作的形式与
　　　　方法……………………191
第三节　托幼机构与社区的关系……197
　　一、托幼机构与社区关系的
　　　　意义……………………197
　　二、托幼机构与社区关系建构的
　　　　策略……………………198
第四节　托幼机构与其他部门的
　　　　关系……………………202
　　一、托幼机构与上级教育行政
　　　　部门的关系………………202
　　二、托幼机构与新闻媒体之间的
　　　　关系……………………205
　　三、托幼机构之间的关系……205

第十章　托幼机构工作评价与管理……207
第一节　托幼机构工作评价概述……207
　　一、托幼机构工作评价的内涵和
　　　　作用……………………207
　　二、托幼机构工作评价的类型……209

　　三、托幼机构工作评价的内容……210
　　四、托幼机构工作评价的原则……212
第二节　托幼机构评价方案的
　　　　设计……………………213
　　一、确立评价标准………………213
　　二、确定托幼机构评价的内容和
　　　　范围……………………215
　　三、托幼机构工作评价方案的
　　　　设计……………………216
　　四、实施评价工作………………217
第三节　托幼机构工作评价的
　　　　组织与实施………………217
　　一、托幼机构工作评价的准备……217
　　二、托幼机构工作评价的实施……218
　　三、托幼机构工作评价的总结……218
　　四、托幼机构工作评价应该注意的
　　　　问题……………………219

第十一章　托幼机构品牌管理………222
第一节　托幼机构品牌概述…………222
　　一、托幼机构品牌的内涵…………222
　　二、托幼机构品牌的特点…………223
　　三、托幼机构品牌的效应…………223
　　四、托幼机构品牌建设的基本
　　　　要素……………………224
第二节　托幼机构品牌的建立………226
　　一、托幼机构品牌建立的策略……227
　　二、托幼机构品牌建立应注意的
　　　　问题……………………229

参考文献………………………231

第一章 概　述

第一节　管理概述

一、管理的内涵

管理是一种普遍的社会活动，存在于各行各业之中。纵观中外各管理学家对管理含义的阐述，可谓仁者见仁、智者见智。他们都从自己研究的角度提出了不同的见解。最早提出一般管理概念的法国管理学家法约尔认为："管理是普遍的一种单独活动，有自己的一套知识体系，由各种职能构成，是管理者通过完成各种职能来实现目标的一个过程。"美国管理学家孔茨提出："管理就是设计和保持一种良好的环境，使人在群体里高效率地完成既定目标。"此外，还有"管理就是决策""管理是为了实现预定的目标而组织的合理使用多种资源的过程""管理是在组织中总体协调各个子系统，并使之与环境相适应的活动""管理就是通过组织计划来行动，把一个机构所拥有的人力、物力、财力充分运用起来，使之发挥最大效果，以达到机构的目的，完成机构的任务"等理论。综合以上各种对管理内涵的解释，概括起来管理就是合理地组织和充分地利用各种资源，优质高效地实现预定组织目标的过程。

二、管理理论的形成与发展

管理实践活动的出现同人类历史一样悠久，但管理成为一门科学却只有近百年的历史。随着工业大生产的发展，组织对分工与协作的要求越来越高，对高效率生产的追求越来越紧迫，人们最早从企业生产过程中开始关注管理问题，并发现了更多影响生产效率的因素，从而推动了管理理论的发展。

(一) 古典管理理论时期

1. 泰勒的科学管理

泰勒(1856—1915)是美国古典管理学家,科学管理的创始人,被管理界誉为"科学管理之父",如图 1-1 所示。泰勒的科学研究是从"车床前的工人"开始的。由于他本人 18 岁就一直在车间参与生产劳动,对工人的情绪、状态和效率有着最直接的观察和体验,因此他对管理理论的研究主要集中于如何提高效率等操作层面的具体问题,提出"管理就是确切地知道要别人干什么,并注意使他们用最好的办法去干"。在米德维尔工厂的工作中,他从一名学徒工开始,先后被提拔为车间管理员、技师、小组长、工长、设计室主任和总工程师。在这家工厂的经历使他感到缺乏有效的管理手段是提高生产率的严重障碍。为此,泰勒开始探索科学的管理方法和理论,并重点研究了企业内部具体工作的效率。他在管理实践中,不断在工厂进行实验,系统地研究和分析了工人的操作方法和动作所花费的时间,逐渐形成其管理的科学体系。

图 1-1　泰勒(1856—1915)

泰勒的铁砂和煤炭的挖掘实验

泰勒在钢铁厂时,厂里的 600 多名工人都自己带铲子铲铁矿石和煤。泰勒想:一铁锹的重量为几磅时工人感到最省力,并能达到最高工作效率呢?为此他选出两名工人做实验,记录当天每铲负荷及工人当天实际工作量。结果发现,当每铲负荷为 38 磅时,工人每天工作量是 25 吨;当每铲负荷为 34 磅时,工人每天工作量是 30 吨。但是,当每铲负荷下降到

21磅以下时，工人工作效率反而下降。于是，他得出每铲平均负荷为21磅时，工人工作效率最高。由此，他认为矿石重量较重，应使用小锹，而煤较轻，应使用大锹。他配备了一些不同的铲子，每种铲子只适合铲特定的物料，这不仅使工人的每铲负荷都达到了21磅，也方便了工人根据不同的情况选择不同的铲子。为此他还建立了一间大库房，里面存放各种工具，每个铲子的负荷都是21磅。他还设计了一种卡片，分别为白色和黄色两类。这种卡片不仅能说明工人在工具房所领到的工具和该在什么地方干活，还能说明该工人前一天的工作情况及收入。工人取得白色纸卡片时，说明工作良好；取得黄色纸卡片时就意味着要加油了，否则的话就要被调离。将不同的工具分给不同的工人，就要进行事先的计划，要有人对这项工作专门负责，需要增加管理人员，但是尽管这样，工厂也是受益很大的，据说这一项变革可为工厂每年节省8万美元。

泰勒认为科学管理的根本目的是谋求最高劳动生产率，而达到最高工作效率的重要手段是用科学化的、标准化的管理方法代替经验管理。泰勒认为最佳的管理方法是任务管理法。泰勒提出对工人操作的每个动作进行科学研究，用以替代以往的单凭经验的办法；科学地挑选工人，并进行培训和教育，使之成长；与工人亲密协作，以保证一切工作都按已发展起来的科学原则去办；科学管理不仅将科学化、标准化引入管理，更重要的是提出了实施科学管理的核心问题——精神革命。

泰勒在其主要著作《科学管理原理》中所阐述的科学管理理论，使人们认识到了管理学是一门建立在明确法规、条文和原则之上的科学，它适用于人类的各种活动，从最简单的个人行为到经过充分组织安排的大公司的业务活动。科学管理理论对管理学理论和管理实践的影响是深远的，直到今天，科学管理的许多思想和做法仍被许多国家参照采用。泰勒的成就巨大，总结起来，至少在以下几方面的影响延续至今，成为现代管理理论的智慧根基。

(1) 采用实验方法研究管理问题，开创实证式管理研究先河。泰勒不是坐在学院里进行饶有兴趣的逻辑性推论，而是走进工厂，深入车间，做了大量著名的实验，短则一周数天，长则26年，如其金属切削实验。这就如同培根和伽利略首先在哲学、科学上引进实验方法一样，他们使得近代哲学、科学真正进入科学层面，泰勒则使管理学由杂谈变成一门严谨的真科学。而其实证方法，则为管理学研究开辟了一片无限广阔的新天地。

(2) 开创局部工作流程分析，是过程管理学鼻祖。泰勒的创造性贡献还在于他首先选取整个企业经营管理的现场作业管理中的某一个局部，从小到大地来研究管理。这样一种方法与实证方法相配合，是一种归纳研究方法，即由许多具体案例或实验结果，归纳提升成为整体性结论。对于管理学等应用性或实践性科学来讲，归纳法比演绎法具有更加突出的重要性。泰勒对单一或局部工作流程的动作研究和时间研究，合起来即为流程效率研究，更为后世所效法，成为研究和改进管理工作的主要方法。现在热门的公司流程再造，只不过是承继了泰勒的精髓。

(3) 率先提出科学管理法代替经验管理法，开拓了管理视野。泰勒的管理理论之所以被尊称为科学管理理论，原因在于他首次突破了管理研究经验途径这一局限性视野，首次提出要以效率、效益更高的科学性管理，来取代传统小作坊师傅凭个人经验带徒弟或个人自己积累经验的经验型管理。这就告诉我们，经验对于管理虽然是重要的基础，但却不具有决定性和唯一性，任何工作和业务流程，通过科学的研讨，更能够接近并在一定程度上达到完美。从此，人们认识到在管理上引进科学研究方法的重要性和必要性。

(4) 率先提出工作标准化思想，是标准化或基准化管理的创始人。泰勒以作业管理为核心的管理理论，其目的是达到现实生产条件下最高生产效率，但其研究成果却是以各个环节和要素的标准化为表现形式。这是一个很重要的标准量化管理的研究成果，开启了标准化管理的先河。现在的许多标准如 ISO、GMP 等大量标准化管理体系，其沿用的仍然是泰勒的思想和工作方法。标准化管理已成为现代管理的核心构成部分。

(5) 将管理者和被管理者的工作区分开，"管理"首次被认定为一门可研究的科学。泰勒在工作和研究中认识到，强调分工和专业化能提高生产效率，因此，他首先提出了管理者和被管理者的工作其实是不一样的。简单来说，管理者的工作主要是做计划，而被管理者的工作主要是执行计划，另外，管理者还要进行例外管理。泰勒甚至设计出了一种职能工长制管理模式，以实现其管理理论。这种模式可能已经不适用了，但它的思想精髓仍然适用。把管理从生产中分离出来，是管理专业化、职业化的重要标志，管理因此被公认为一门需要独立研究的科学。

(6) 首次提出管理转变必须考虑人性。在今天看来，泰勒的科学管理方法的提出并不是什么惊天动地的事，但对于泰勒本人和当时时代来说却是有重要意义的。泰勒认为："科学管理在实质上要求任何一个具体机构或机构中的工人及管理人员进行一场全面的心理革命，没有这样的心理革命，科学管理就不存在。"这里"不存在"是指不可能被正确理解、接受和很好地顺利实施。泰勒在管理中考虑到人性的许多层面，他虽然没有展开深入研究，但他建议企业要考虑各个层面人们的感受，尤其是强调工人要能够愉快地胜任新方法下的工作并获得更高报酬，这说明泰勒虽然较多关心提高社会生产总效率问题，但并不完全无视人性。

2. 法约尔的一般管理理论

法约尔(1841—1925)是与泰勒处于同一时代的法国管理学家，被誉为"管理理论之父"。如果说泰勒的科学管理研究是从"车床前的工人"开始的，那么法约尔对管理的研究则可以说是从"办公桌前的总经理"开始的。法约尔于 1916 年出版的《工业管理与一般管理》标志着他的一般管理思想的诞生。

法约尔 19 岁当上工程师，此后一直从事企业管理工作，其工作经历和经验与泰勒完全不同。法约尔更善于从宏观出发研究企业内部管理，他从经营职能中分离出管理活动，总结出适用于不同类型企业的一般管理原则，即管理活动计划、组织、指挥、协调和控制的五大职能。法约尔是管理史上第一个明确提出并阐述"一般管理"理论的人，并提出了管理的如下原则。

(1) 劳动分工原则。法约尔认为，劳动分工属于自然规律。劳动分工不只适用于技术工作，也适用于管理工作，应该通过分工来提高管理工作的效率。但是，法约尔又认为："劳动分工有一定的限度，经验与尺度感告诉我们不应超越这些限度。"

(2) 权力与责任原则。有权力的地方，就有责任。责任是权力的孪生物，是权力的当然结果和必要补充。这就是著名的权力与责任相符的原则。法约尔认为，要贯彻权力与责任相符的原则，就应该制定有效的奖励和惩罚制度，即"应该鼓励有益的行动而制止与其相反行动"。实际上，这就是现在我们讲的权、责、利相结合的原则。

(3) 纪律原则。法约尔认为纪律应包括两个方面，即企业与下属人员之间的协定和人们对这个协定的态度及其对协定遵守的情况。法约尔认为纪律是一个企业兴旺发达的关键，没有纪律，任何一个企业都不能兴旺繁荣。他认为制定和维持纪律最有效的办法是各级都有优秀的领导、尽可能明确而又公平的协定、合理执行惩罚。因为"纪律是领导人造就的……无论哪个社会组织，其纪律状况主要取决于其领导人的道德状况"。

(4) 统一指挥原则。统一指挥是一个重要的管理原则，按照这个原则的要求，一个下级人员只能接受一个上级的命令。如果两个领导人同时对同一个人或同一件事行使他们的权力，就会出现混乱。在任何情况下，都不会有适应双重指挥的社会组织。

(5) 统一领导原则。统一领导原则是指对于力求达到同一目的的全部活动，只能有一个领导人和一项计划。法约尔认为："人类社会和动物界一样，一个身体有两个脑袋，就是个怪物，就难以生存。"统一领导原则指出一个下级只能有一个直接上级。它与统一指挥原则不同，统一指挥原则强调一个下级只能接受一个上级的指令。这两个原则之间既有区别又有联系。统一领导原则讲的是组织机构设置的问题，即在设置组织机构的时候，一个下级不能有两个直接上级。而统一指挥原则讲的是组织机构设置以后运转的问题，即当组织机构建立起来以后，在运转的过程中，一个下级不能同时接受两个上级的指令。"统一指挥"里"指挥"一词词义偏重于动词，而"统一领导"中"领导"一词偏重于名词，指的是组织机构的一个环节。

(6) 个人利益服从整体利益的原则。对于这个原则，法约尔认为这是人们都十分清楚的原则，但是，往往"无知、贪婪、自私、懒惰以及人类的一切冲动总是使人为了个人利益而忘掉整体利益"。为了能坚持这个原则，法约尔认为，成功的办法有三种：①领导人具有坚定性，做好榜样；②尽可能签订公平的协定；③认真搞好监督。

(7) 人员的报酬原则。法约尔认为，人员报酬"首先取决于不受雇主的意愿和所属人员的才能影响的一些情况，如生活费用的高低、可雇人员的多少、业务的一般状况、企业的经济地位等，然后再看人员的才能，最后看采用的报酬方式"。也就是说，确定人员的报酬标准时首先要考虑的是维持职工的最低生活消费和企业的基本经营状况，这是确定人员报酬的一个基本出发点。在此基础上，再根据职工的劳动贡献来决定采用哪种报酬方式。对于各种报酬方式，法约尔认为不管采用什么报酬方式，都应该做到以下几点：①保证报酬公平；②奖励有益的努力和激发热情；③不应导致超过合理限度的过多的报酬。

(8) 集中原则。法约尔讲的"集中原则"指的是组织的权力集中与分散的问题。法约尔认为，权力的集中或分散的问题是一个简单的尺度问题，关键在于找到该企业最适合的集中程度。在小型企业，可以由上级领导者直接把命令传到下层人员，所以权力就相对比较集中；而在大型企业里，在高层领导者与基层人员之间，还有许多中间环节，因此，权力就比较分散。按照法约尔的观点，影响一个企业宜集中管理还是宜分散管理的因素有两个：一个是领导者的权力；另一个是领导者对发挥下级人员积极性的态度。"如果领导人的才能、精力、智慧、经验、理解速度……允许他扩大活动范围，他就可以加强集中管理的力度，把其助手作用降低为普通执行人的作用。相反，如果他愿意一方面保留全面领导的特权，一方面更多地采用协作者的经验、意见和建议，那么可以实行广泛的权力分散……所有提高部下作用的重要性的做法就是分散，降低这种作用的重要性的做法则是集中。"

(9) 等级制度原则。等级制度就是从最高权力机构直到低层管理人员的领导系列。而贯彻等级制度原则就是要在组织中建立这样一个不中断的等级链，这个等级链说明了两个方面的问题：一是表明了组织中各个环节之间的权力关系，通过这个等级链，组织中的成员就可以明确谁可以对谁下指令，谁应该对谁负责。二是表明了组织中信息传递的路线，即在一个正式组织中，信息是按照组织的等级链来传递的。贯彻等级制度原则，有利于组织加强统一指挥，保证组织内信息联系的畅通。但是，一个组织如果严格地按照等级进行信息的沟通，则可能由于信息沟通的路线太长而使得信息联系的时间长，同时容易造成信息在传递的过程中失真。因此，在沟通过程中应该将等级制度与保持行动迅速结合起来。为了解决这个矛盾，法约尔设计了一种"联系板"的方法，以便使组织中不同等级线路中相同层次的人员能在有关上级同意的情况下直接联系。

(10) 秩序原则。法约尔所指的秩序原则包括物品的秩序原则和人的社会秩序原则。对于物品的秩序原则，他认为，每一件物品都有一个最适合它存放的地方，坚持物品的秩序原则就是要使每一件物品都在它应该放的地方。

对于人的社会秩序原则，他认为，每个人都有他的长处和短处，贯彻社会秩序原则就是要确定最适合每个人的能力发挥的工作岗位，然后使每个人都在最能使自己的能力得到发挥的岗位上工作。为了能贯彻社会的秩序原则，法约尔认为首先要对企业的社会需要与资源有确切的了解，并保持两者之间平衡；同时，要注意消除任人唯亲、偏爱徇私、野心奢望和无知等弊病。

(11) 公平原则。法约尔把公平与公道区分开来。他说："公道是实现已订立的协定。但这些协定不能什么都预测到，要经常地说明它，补充其不足之处。为了鼓励其所属人员能全心全意和无限忠诚地执行他的职责，应该以善意来对待他。公平就是由善意与公道产生的。"也就是说，贯彻公道原则就是要按已定的协定办。但是在未来的执行过程中可能会因为各种因素的变化使得原来制定的"公道"的协定变成"不公道"的协定，这样一来，即使严格地贯彻"公道"原则，也会使职工的努力得不到公平的体现，从而不能充分地调动职工的劳动积极性。因此，在管理中要贯彻"公平"原则。所谓"公平"原则就是"公道"原则加上善意地对待职工。也就是说在贯彻"公道"原则的基础上，还要根据实际情况对职工的劳动表现进行"善意"的评价。当然，在贯彻"公平"原则时，还要求管理者不能"忽视任何原则，不忘掉总体利益"。

(12) 人员的稳定原则。法约尔认为，一个人要适应他的新职位，并做到能很好地完成他的工作，这需要时间，这就是"人员的稳定原则"。按照"人员的稳定原则"，要使一个人的能力得到充分的发挥，就要使他在一个工作岗位上相对稳定地工作一段时间，使他能有一段时间来熟悉自己的工作，了解自己的工作环境，并取得别人对自己的信任。但是人员的稳定是相对的，而不是绝对的，年老、疾病、退休、死亡等都会造成企业中人员的流动。企业要掌握人员的稳定和流动的合适的度，以利于企业中成员能力得到充分的发挥。

3. 韦伯的组织管理

韦伯(1864—1920)是德国社会学家和经济学家，被誉为"组织管理之父"。

韦伯把对社会现象中领袖权力的认识运用于思考管理问题，认为任何组织都必须有某种形式的权力作为基础，才能实现目标。同时，他对由人们崇拜上帝而获得的神授权力作为基础以及由世袭而获得的传统权力的弊端进行深刻的剖析，指出这两种权力的运用都是非理性的，都不能作为理想组织体系的基础，只有建立在法理基础上的行政组织权力才是最合理、最合法的。

韦伯对组织、权力和领导等问题的论述体现在 1910 年的著作《社会和经济组织的理论》一书中，其管理理论有以下几种观点：组织应是一个类似金字塔的层峰结构，应将组织内部分成自上而下的等级，明确各等级的分工；各类人员的职责、权利、义务、工资、奖罚等都应严格按照明文规定来执行；对组织内各成员只讲理性，即制度要求、纪律、原则，不讲感情。韦伯的组织理论主张集权、明确职责和严格的管理，而不考虑人的情感因素。

(二) 人际关系与行为科学时期

古典管理理论时期的三位代表人物都没有关注被管理者的问题，管理过程中对人的重要性认识是由美国哈佛大学教授梅奥博士在人际关系理论中首次提出来的，他所建构的人际关系理论主要来源于霍桑实验的研究结果。

1. 梅奥的霍桑实验

霍桑实验的主要研究结果表明，工作条件和工作报酬不是影响工效的第一要素，工效的高低主要取决于人和人之间的和谐关系；劳动是一种群体活动，成人的世界主要是通过劳动形成的，工厂的非正式组织对个人的劳动态度和工作量具有极大的影响。

梅奥(见图 1-2)是原籍澳大利亚的美国行为科学家，人际关系理论的创始人，美国艺术与科学院院士，进行著名的霍桑实验，主要代表著作有《组织中的人》和《工业文明的社会问题》。

图 1-2 梅奥(1880—1949)

梅奥的霍桑实验

  霍桑实验是管理心理学中的一个著名实验，是关于人群关系运动的实验研究。这是一项 1924—1932 年在美国芝加哥郊外的西方电器公司霍桑工厂所进行的一系列实验。

  霍桑工厂是从事电话、电报设备制造的工厂，该工厂在 20 世纪 20 年代是技术设备较先进并实行较完备科学管理的工厂，但是工人有强烈的不满情绪，因而生产效率不理想。为了查明原因，专家针对该工厂的管理开展了一系列实验，前期实验无果而终，后来由哈佛大学心理学教授梅奥组成研究组，会同西方电气公司职员进行实验研究。其中，从 1927 年 4 月至 1929 年 6 月，梅奥等人用两年多时间对物质条件、福利、工资及管理方法等因素对工作绩效的影响做了一系列实验。结果发现，不管物质、福利、工资等待遇如何变化，生产量都没有上升，工人自己对产量不能上升的原因也说不清楚。他们只感到自己参加主要实验有一种光荣感；没有工头监督工作，自由了；研究人员与工人建立了良好的关系；工余时间增加了工人之间的接触，融洽了人际关系，产生了团结互助的感情。这一发现给研究者极大鼓舞，从此开始了对人的社会心理需要的思考，实验的关注点从物质条件转向了人际关系。研究发现工人不是只受金钱刺激的"经济人"，个人的态度在决定其行为方面也起重要作用。

  梅奥关于人际关系理论的观点集中反映在其 1935 年发表的《工业文明的社会问题》一书中，他以独特的视角构建了管理理论的新观点。其主要贡献表现在以下三方面。

(1) 人际关系论首次提出了"以人为中心"的管理主张，使人们将管理的焦点从注重工作转到注重人的作用这一方面，对人性的认识更为深刻，从而开辟了管理理论研究的新方向。

(2) 发现企业中除了正式组织之外，还存在非正式组织，并进一步揭示了非正式组织的重要作用。

(3) 提出新的领导能力应该体现在提高员工的满意度方面。

2. 行为科学管理理论

1949年，美国芝加哥大学召开了一次跨学科的学术研讨会，正式提出了"行为科学"这一名称。行为科学理论对人性问题有较多的讨论，提出了工具人、经济人、自我实现人、复杂人的观点。后来，日本管理学家又提出了一种"理念人"，从而形成了对人性观的完整认识。

"工具人"的观点认为"人是会说话的工具""工人就是整个机器中的一个齿轮"，将劳动者与牛马的作用等同起来。

"经济人"的观点认为人"是为金钱和利益而工作的"。泰勒对人性的理解建立在经济人的基础上，重视生产任务的完成，依赖金钱的刺激来激发工人的积极性。

"社会人"的观点认为"人生活在社会中"，强调"人与人之间的尊重、情谊"。以梅奥为代表的这种人性假设强调群体内人与人之间的互相尊重、互相关心，从而形成亲密和谐的人际关系。在这种组织氛围中，爱与归属的需要才可以得到充分满足，从而产生积极的情绪和工作积极性。

"自我实现人"的观点认为人并无好逸恶劳的天性，人需要发挥自己的潜力，表现自己的才能，实现自己的人生价值，才会感受到工作的快乐，才会感到满足，才会觉得活着有意义。这种人性观看到了人的高层次需要。

"复杂人"的观点认为除"工具人"之外，以上人性观各有其合理性，但又都具有片面性。首先，由于年龄、生活境况等不同，现实中的人往往具有不同的需要，从而表现出不同的人性特点。其次，随着人的发展和生活环境的变化，同一个人处于不同时期，其需要的侧重点也会有所不同。再者，在社会管理实践中，很多人往往同时具有多种需要。既需要高工资，满足提高生活水平的需要；也需要有良好的群体关系，希望获得集体接纳和尊重；同时还需要获得个人发展和展示才能的机会，实现自己的价值，集经济人、社会人、自我实现于一身。由于人性的复杂性、多面性和多变性，领导和管理者必须学会分析人的不同特点，以选择合适的管理方法和策略，使管理活动充分发挥效能。

"理念人"的观点强调人的精神观念在人的欲望及其活动中的统驭作用，认为人性是个性和群体性的统一，组织中员工的工作行为受群体理念的制约，良好的群体性能克服个性的缺点。在理念人观点的影响下，管理者特别强调企业文化的重要性，强调通过良好企业文化的感染来发挥员工的创造性。

(三) 当代管理理论的丛林时期

这一时期，众多管理观点并存于管理理论中，相对独立又相互交叉，出现了更综合的管理理论，主要有六大学派，即社会系统学派、系统管理学派、经验主义学派、决策理论学派、管理科学学派和权变理论学派。其中，系统管理学派和权变理论学派已经成为现代管理的基本思维方式。

1. 系统理论学派

系统理论是从整体出发研究事物的一种理论。最早产生于生物学的研究，后来广泛应用于管理领域。其理论要求既要看到各子系统的独立作用，又要看到子系统与整个大系统的相互联系。此外，该理论还认识到这个系统本身并不是闭合的，它会经常且必须与外界环境相互作用，以寻求更完善的发展。

2. 权变理论学派

权变理论认为并不存在放之四海而皆准的、绝对正确可行的管理方法。管理应该根据具体情况灵活选择适当的管理方法，用个性化、动态化管理代替僵化的管理模式。该理论认为，只有灵活管理才能适应多变的环境。

第二节　托幼机构管理概述

一、托幼机构管理的内涵

托幼机构管理的概念从广义和狭义两个方面来界定。广义的托幼机构管理可以理解为自上而下的各级教育行政部门通过制定国家教育方针政策与制度法规，规定教育行政体制，实施教育规划与督导等方式对托幼机构进行管理的宏观调控过程。在国家教育部门的控制和指导下，托幼机构各项工作的管理相对稳定、统一，同时托幼机构管理在一定程度上可以保持相对的独立性，可以根据自身的特点进行本园的教育与管理。狭义的托幼机构管理是指在托幼机构管理者的组织领导下，以国家教育方针和教育工作的客观规律为依据，采用科学的管理方法和管理手段对人、财、物等各种管理要素进行良好的组织与利用，以优质高效地完成托幼机构工作任务。

二、托幼机构管理的任务

托幼机构管理的任务就是通过组织、指挥、协调和控制等管理职能，充分利用机构内、外各种教育资源，优质高效地实现托幼机构的管理工作目标，较好地完成教育好婴幼儿、服务好家长的双重任务。托幼机构各项管理活动的根本目标就是实现托幼机构的双重任务，这是托幼机构管理活动的出发点，也是衡量托幼机构管理活动成败的主要依据。

三、托幼机构管理的要素

托幼机构管理的要素分为人、财、物、事、空间、时间、信息七类。

(一) 人的管理

人是管理的核心要素，事在人为，财在人理，物在人管，信息在人用，只有做好人的工作，才能真正利用好教育资源，提高管理效能。托幼机构中的人主要有园长、副园长、教师、保育员、医务人员和其他后勤工作人员。每一个人工作质量的好坏直接影响托幼机构的整体管理水平，管理者在对教职工进行管理的过程中，要充分尊重和信任教职工，真正做到"以人为本"，投入真诚的情感和关怀，才能有效调动教职工的积极性，发挥教职工潜能。

(二) 财和物的管理

财和物是托幼机构有效开展各项工作的物质基础。在资金管理上，托幼机构一方面要通过多种途径筹措资金，如争取上级部门拨款和企业捐助，通过多种形式的教育服务合理收取费用等；另一方面要坚持勤俭办园，合理利用有限资金，尽可能节省不必要开支。在物品管理上，托幼机构一方面要充分发挥现有物品的功能，做到物尽其用；另一方面做好物品的维修和保养，延长其使用年限。

(三) 事的管理

任何一个组织的管理内容都包括许多事务性的工作。托幼机构的工作更加复杂多样，有保育与教育、卫生保健、总务后勤等方方面面的工作。这些事务性工作的管理必须围绕托幼机构工作总目标进行，要注意各项工作的全面安排与协调，使之有条不紊、井然有序地进行。

(四) 空间管理

空间可以划分为物理空间环境和社会空间环境，其中前者为有形环境，后者为无形环境。安全、整齐、卫生、和谐的物理空间环境本身就是重要的教育内容和课程。托幼机构是育人的机构，不仅优美的物理空间环境具有重要的教育作用，良好的人际关系，友爱、尊重、积极向上的园风所营造的心理空间环境也会对孩子产生深远的影响。这些软环境，反映了托幼机构的整体风貌，可以使置身其中的每一名成员受到熏陶和感染。所以，托幼机构要做好空间规划和管理，充分发挥空间环境的教育作用。

(五) 时间管理

"时间是最稀有、最特殊的资源,它不能储存、替代、租借和购置。"相信每个人对时间的特殊性和重要性都有深刻的认识,但是仍有许多人不会有效管理时间。托幼机构的工作细致、琐碎,这就更要求管理人员做好时间管理工作,才能优质高效地实现托幼机构的保教工作任务。对时间的管理要善于抓住主、重、急的工作,放下次、轻、缓的工作,学会统筹时间。这样才能避免出现频繁抓小事、贻误主要工作、因小失大的现象。

(六) 信息管理

21世纪是信息爆炸的时代,在信息社会里,谁先掌握了信息,谁就掌握了优先发展的机会。托幼机构要善于收集各方面的信息。一方面,随着国内外幼教事业的飞速发展,新思想、新理念、新方法层出不穷,托幼机构要保持自己的敏感性,必须注意及时获取多种教育信息,与时俱进,开拓创新;另一方面,托幼机构普遍面临激烈的竞争和巨大的生存挑战,及时捕捉市场信息、了解市场需求可以为托幼机构找到更大的发展空间。同时,还要注意信息量应适度,并非多多益善。信息量过少,造成托幼机构不能及时把握教育与管理方面的前沿动态,不利于托幼机构正确认识本园与同行的差距;信息量过大容易在信息的海洋中迷失方向,无所适从。托幼机构应对信息管理提高认识,最大化地发挥信息流通的作用。

四、托幼机构管理的原则

托幼机构管理的原则是指为实现托幼机构的工作目标,正确处理管理过程中的各种关系或问题的基本行动准则。它反映了托幼机构管理活动的客观规律,对统筹安排托幼机构的各项工作,保证托幼机构的有效运转起着重要作用。

(一) 坚持正确办园方向的原则

管理是一种有目的的活动,它要求人们按一定的目标开展工作。托幼机构的管理目标就是实现托幼机构的教育工作任务,教育好幼儿,服务好家长,这是托幼机构管理工作的总方向。

(二) 提高家长教育理念的原则

家长对托幼机构工作的支持和配合对托幼机构的生存与发展都是至关重要的。一方面,家长的配合可以帮助托幼机构不断提高保教工作质量,更好地完成保教工作任务;另一方面,家长对托幼机构的信赖和良好评价可以影响社区居民对托幼机构的看法,帮助托幼机构树立良好的公众形象,从而直接影响托幼机构的招生工作。所以,托幼机构要增强为家长服务的意识,切实满足家长的各种教育需要,这既是完成托幼机构工作任务的需要,也是托幼机构自身发展的需要。

需要注意的是,托幼机构不能完全满足家长的要求,托幼机构要做好家长的教育指导工作,帮助家长形成正确的教育观念,不能为获得短期的经济效益而盲目迎合家长的要求。托幼机构要本着真正为孩子的发展负责,在遵循科学教育规律的前提下满足家长的合理要求。

(三) 注重整体安排的原则

整体安排的原则是指在托幼机构工作管理中,整体把握托幼机构各项工作内容,组织各部门、各类人员协调工作,充分发挥整体功能,以达到托幼机构管理的最佳效果。

贯彻这一原则时,托幼机构各部门和各类人员要做好整体协调,密切配合托幼机构一线教育工作,始终确保以一线教育工作为中心,其他部门和托幼机构开展的各类活动都应向一线教育工作倾斜。托幼机构内部各类人员、各个部门都应全面、有序地协调起来,尽量避免矛盾的出现,维持正常的教学秩序,通过协同活动,为实现托幼机构的培养目标提供有力的保障。

整体安排原则要求协调家长、社区各方面的力量。托幼机构是整个社会系统中的一个子系统,托幼机构的教育越来越受到家庭和社区的影响。一方面,托幼机构可以通过积极发挥教育的辐射功能,充分利用机构的人力与信息资源优势,宣传教育科学知识,服务于家庭和社会,在产生一定的社会效益的同时,扩大托幼机构在社会中的影响;另一方面托幼机构又要善于利用机构外的一切有效资源,将能对托幼机构教育质量产生积极影响的外部因素纳入托幼机构的管理体系,促进托幼机构的健康发展。

(四) 强调民主管理的原则

民主管理是现代管理的精髓,是"以人为本"管理思想的具体体现。托幼机构实行民主管理,可以使教职工有机会参与托幼机构的决策和管理过程,发挥其主体作用,最大限度地调动他们的积极性。托幼机构可通过以下方法实现民主管理。

(1) 管理者要具备全心全意依靠教职工办学的民主管理思想与作风。托幼机构负责人应充分认识到自身的能力再强,也需要依赖教职工的整体配合。这是因为教职工最了解托幼机构实际工作的特点与过程,托幼机构的管理离不开教职工的支持。

(2) 管理者要依靠制度实现民主管理。在托幼机构管理中,仅仅有民主的作风还不够,还必须依靠制度来保障民主原则的真正落实。例如,让教职工通过教职工代表大会和托幼机构委员会等形式来参与重大问题的决策,对托幼机构的发展和日常管理工作提出自己的意见和建议。

(3) 在托幼机构管理中,还要注意民主与集中相结合。在充分发扬民主的同时,托幼机构负责人还要用好决策权,注意把握正确的方向和原则。负责人不能在众多意见前失去判断能力,或者为顾及大多数人的意见而充当老好人,而应该从大局出发、从长远发展出发，既要依靠教职工，又要领导教职工，既要向教职工学习，又要引导教职工，善于通过良好地沟通与协调，真正做出符合集体利益的决策。

(五) 重视效益性原则

效益性原则是指在托幼机构管理工作中，合理而有效地运用人力、物力、财力和时间等要素，以最低的消耗取得最佳的效果，即追求高效率、高质量。换句话说，重视效益就是要以最少的时间处理最多、最主要的事；以最少的钱办最好的事；以最少的投入得到更多的回报……当然这种效益既包括经济效益，也包括社会效益；既包括效率，也包括效果，这是管理工作本质特点的反映。

贯彻这一原则，要对托幼机构各项工作进行合理安排，使托幼机构在井然有序的工作中不断提高工作效率。首先，合理安排组织架构，使组织成员各在其位、各司其职。在管理过程中设置完善、科学的组织机构，建立、健全岗位责任制，使各类人员明确职责，按部就班工作，以提高组织效能。其次，建立健全规章制度，规范组织成员的行为。建章立制对任何组织来说都是一项重要的工作。通过合理的规章制度规范组织成员的行为，加强纪律性约束，使托幼机构的整体工作有序进行。如果缺少制度要求，组织成员的行为不受任何控制，容易一盘散沙，最终必然导致巨大的浪费。再次，加强工作计划管理，避免盲目性和随意性。计划具有预定性，但有了计划并不代表一定取得好的工作结果。只有通过对计划的严格执行，才能避免工作中随意现象的产生。一步步地落实计划，可以有效地推进托幼机构各项工作进程。最后，增强经营意识，开发多种形式的教育服务，提高托幼机构的经济收益。

现在不管托幼机构的体制如何，大都是财物独立核算单位，并且随着托幼机构不断被推向市场，生存与发展问题是每个托幼机构都必然要面临的问题，因此，避开经济而单纯地谈生存是不可能的。每所托幼机构都要做好经营，否则可能意味着倒闭。因此，托幼机构负责人应顺应时代发展需求，开办多种形式的教育服务。例如，托幼机构在周末和假期对社区内的学前儿童开放、组织亲子游戏、开展不同年龄段儿童的各种形式的教学活动等，并合理地收取一定费用，实现托幼机构与被服务者双方的互惠互利。这样托幼机构可以通过过硬的教育质量和科学有效的管理、灵活开发托幼机构的有限资源，提高托幼机构的竞争实力。

课后思考与练习

1. 什么是管理？管理的作用是什么？
2. 管理理论的发展经历了哪些时期？你认同哪种管理理论？
3. 如何理解托幼机构管理的内涵和任务？
4. 托幼机构管理的要素有哪些？
5. 托幼机构管理应遵循哪些原则？

第二章 托幼机构筹建与运营

第一节 托幼机构筹建前期准备

一、开办托幼机构的相关法律与政策

国家的法律和教育政策是托幼机构开办过程中应遵循的基本规范,同时也是托幼机构权益的保障体系。筹建托幼机构首先必须了解我国当前与教育相关的法律与政策,这样才能依法开办托幼机构,依法保障托幼机构的权益。目前我国涉及教育的法律规范性文件主要有宪法、教育行政法、地方性教育法规、自治性教育法规、教育行政规章、教育法律解释和国际教育条约。

(一) 国家性教育法规

开办托幼机构涉及的国家性教育法规主要有《中华人民共和国教育法》《中华人民共和国教师法》《中华人民共和国民办教育促进法》《中华人民共和国未成年保护法》《中华人民共和国收养法》《中华人民共和国预防未成年人犯罪法》《中华人民共和国食品安全法》《中华人民共和国妇女儿童权益保障法》《幼儿园管理条例》《幼儿园工作规程》《学生伤害事故处理办法》等。

《中华人民共和国民办教育促进法》(节选)

(2002年12月28日第九届全国人民代表大会常务委员会第三十一次会议通过。根据2013年6月29日第十二届全国人民代表大会常务委员会第三次会议《关于修改〈中华人民共和国文物保护法〉等十二部法律的决定》第一次修正 根据2016年11月7日第十二届全国人民代表大会常务委员会第二十四次会议《关于修改〈中华人民共和国民办教育促进法〉的决定》第二次修正　根据 2018 年 12 月 29 日第十三届全国人民代表大会常务委员会第七次会议《关于修改〈中华人民共和国劳动法〉等七部法律的决定》第三次修正)

第一章　总则

第一条　为实施科教兴国战略，促进民办教育事业的健康发展，维护民办学校和受教育者的合法权益，根据宪法和教育法制定本法。

第二条　国家机构以外的社会组织或者个人，利用非国家财政性经费，面向社会举办学校及其他教育机构的活动，适用本法。本法未作规定的，依照教育法和其他有关教育法律执行。

第三条　民办教育事业属于公益性事业，是社会主义教育事业的组成部分。国家对民办教育实行积极鼓励、大力支持、正确引导、依法管理的方针。各级人民政府应当将民办教育事业纳入国民经济和社会发展规划。

第四条　民办学校应当遵守法律、法规，贯彻国家的教育方针，保证教育质量，致力于培养社会主义建设事业的各类人才。民办学校应当贯彻教育与宗教相分离的原则。任何组织和个人不得利用宗教进行妨碍国家教育制度的活动。

第五条　民办学校与公办学校具有同等的法律地位，国家保障民办学校的办学自主权。国家保障民办学校举办者、校长、教职工和受教育者的合法权益。

第六条　国家鼓励捐资办学。国家对为发展民办教育事业做出突出贡献的组织和个人，给予奖励和表彰。

第七条　国务院教育行政部门负责全国民办教育工作的统筹规划、综合协调和宏观管理。国务院劳动和社会保障行政部门及其他有关部门在国务院规定的职责范围内分别负责有关的民办教育工作。

第八条　县级以上地方各级人民政府教育行政部门主管本行政区域内的民办教育工作。县级以上地方各级人民政府劳动和社会保障行政部门及其他有关部门在各自的职责范围内，分别负责有关的民办教育工作。

第二章　设立

第九条　举办民办学校的社会组织，应当具有法人资格。举办民办学校的个人，应当具有政治权利和完全民事行为能力。民办学校应当具备法人条件。

第十条　设立民办学校应当符合当地教育发展的需求，具备教育法和其他有关法律、法规规定的条件。民办学校的设置标准参照同级同类公办学校的设置标准执行。

第十一条　举办实施学历教育、学前教育、自学考试助学及其他文化教育的民办学校，由县级以上人民政府教育行政部门按照国家规定的权限审批；举办实施以职业技能为主的职业资格培训、职业技能培训的民办学校，由县级以上人民政府劳动和社会保障行政部门按照国家规定的权限审批，并抄送同级教育行政部门备案。

第十二条　申请筹设民办学校，举办者应当向审批机关提交下列材料：

（一）申办报告，内容应当主要包括举办者、培养目标、办学规模、办学层次、办学形式、办学条件、内部管理体制、经费筹措与管理使用等；

(二) 举办者的姓名、住址或者名称、地址；

(三) 资产来源、资金数额及有效证明文件，并载明产权；

(四) 属捐赠性质的校产须提交捐赠协议，载明捐赠人的姓名、所捐资产的数额、用途和管理方法及相关有效证明文件。

第十三条 审批机关应当自受理筹设民办学校的申请之日起三十日内以书面形式做出是否同意的决定。同意筹设的，发给筹设批准书。不同意筹设的，应当说明理由。筹设期不得超过三年。超过三年的，举办者应当重新申报。

第十四条 申请正式设立民办学校的，举办者应当向审批机关提交下列材料：

(一) 筹设批准书；

(二) 筹设情况报告；

(三) 学校章程、首届学校理事会、董事会或者其他决策机构组成人员名单；

(四) 学校资产的有效证明文件；

(五) 校长、教师、财会人员的资格证明文件。

第十五条 具备办学条件，达到设置标准的，可以直接申请正式设立，并应当提交本法第十二条和第十四条(三)、(四)、(五)项规定的材料。

第十六条 申请正式设立民办学校的，审批机关应当自受理之日起三个月内以书面形式做出是否批准的决定，并送达申请人；其中申请正式设立民办高等学校的，审批机关也可以自受理之日起六个月内以书面形式做出是否批准的决定，并送达申请人。

第十七条 审批机关对批准正式设立的民办学校发给办学许可证。审批机关对不批准正式设立的，应当说明理由。

第十八条 民办学校取得办学许可证，并依照有关的法律、行政法规进行登记，登记机关应当按照有关规定即时予以办理。

第四章 教师与受教育者

第二十七条 民办学校的教师、受教育者与公办学校的教师、受教育者具有同等的法律地位。

第二十八条 民办学校聘任的教师，应当具有国家规定的任教资格。

第二十九条 民办学校应当对教师进行思想品德教育和业务培训。

第三十条 民办学校应当依法保障教职工的工资、福利待遇，并为教职工缴纳社会保险费。

第三十一条 民办学校教职工在业务培训、职务聘任、教龄和工龄计算、表彰奖励、社会活动等方面依法享有与公办学校教职工同等权利。

第三十二条 民办学校依法保障受教育者的合法权益。民办学校按照国家规定建立学籍管理制度，对受教育者实施奖励或者处分。

第三十三条 民办学校的受教育者在升学、就业、社会优待以及参加先进评选等方面享有与同级同类公办学校的受教育者同等权利。

第五章 学校资产与财务管理

第三十四条 民办学校应当依法建立财务、会计制度和资产管理制度,并按照国家有关规定设置会计账簿。

第三十五条 民办学校对举办者投入民办学校的资产、国有资产、受赠的财产以及办学积累,享有法人财产权。

第三十六条 民办学校存续期间,所有资产由民办学校依法管理和使用,任何组织和个人不得侵占。任何组织和个人都不得违反法律、法规向民办教育机构收取任何费用。

第三十七条 民办学校对接受学历教育的受教育者收取费用的项目和标准由学校制定,报有关部门批准并公示;对其他受教育者收取费用的项目和标准由学校制定,报有关部门备案并公示。民办学校收取的费用应当主要用于教育教学活动和改善办学条件。

第三十八条 民办学校资产的使用和财务管理受审批机关和其他有关部门的监督。民办学校应当在每个会计年度结束时制作财务会计报告,委托会计师事务所依法进行审计,并公布审计结果。

第六章 管理与监督

第三十九条 教育行政部门及有关部门应当对民办学校的教育教学工作、教师培训工作进行指导。

第四十条 教育行政部门及有关部门依法对民办学校实行督导,促进提高办学质量;组织或者委托社会中介组织评估办学水平和教育质量,并将评估结果向社会公布。

第四十一条 民办学校的招生简章和广告,应当报审批机关备案。

第四十二条 民办学校侵犯受教育者的合法权益,受教育者及其亲属有权向教育行政部门和其他有关部门申诉,有关部门应当及时予以处理。

第四十三条 国家支持和鼓励社会中介组织为民办学校提供服务。

《幼儿园工作规程》(节选)

第一章 总则

第一条 为了加强幼儿园的科学管理,规范办园行为,提高保育和教育质量,促进幼儿身心健康,依据《中华人民共和国教育法》等法律法规,制定本规程。

第二条 幼儿园是对3周岁以上学龄前幼儿实施保育和教育的机构。幼儿园教育是基础教育的重要组成部分,是学校教育制度的基础阶段。

第三条 幼儿园的任务是贯彻国家的教育方针,按照保育与教育相结合的原则,遵循幼儿身心发展特点和规律,实施德、智、体、美等方面全面发展的教育,促进幼儿身心和谐发展。幼儿园同时面向幼儿家长提供科学育儿指导。

第四条 幼儿园适龄幼儿一般为3周岁至6周岁。幼儿园一般为3年制。

第五条 幼儿园保育和教育的主要目标

(一)促进幼儿身体正常发育和机能的协调发展,增强体质,促进心理健康,培养良好的生活习惯、卫生习惯和参加体育活动的兴趣。

(二) 发展幼儿智力，培养正确运用感官和运用语言交往的基本能力，增进对环境的认识，培养有益的兴趣和求知欲望，培养初步的动手探究能力。

(三) 萌发幼儿爱祖国、爱家乡、爱集体、爱劳动、爱科学的情感，培养诚实、自信、友爱、勇敢、勤学、好问、爱护公物、克服困难、讲礼貌、守纪律等良好的品德行为和习惯，以及活泼开朗的性格。

(四) 培养幼儿初步感受美和表现美的情趣和能力。

第六条 幼儿园教职工应当尊重、爱护幼儿，严禁虐待、歧视、体罚和变相体罚、侮辱幼儿人格等损害幼儿身心健康的行为。

第七条 幼儿园可分为全日制、半日制、定时制、季节制和寄宿制等。上述形式可分别设置，也可混合设置。

第二章 幼儿入园和编班

第八条 幼儿园每年秋季招生。平时如有缺额，可随时补招。幼儿园对烈士子女、家中无人照顾的残疾人子女、孤儿、家庭经济困难幼儿、具有接受普通教育能力的残疾儿童等入园，按照国家和地方的有关规定予以照顾。

第九条 企业、事业单位和机关、团体、部队设置的幼儿园，除招收本单位工作人员的子女外，应当积极创造条件向社会开放，招收附近居民子女入园。

第十条 幼儿入园前，应当按照卫生部门制定的卫生保健制度进行健康检查，合格者方可入园。幼儿入园除进行健康检查外，禁止任何形式的考试或测查。

第十一条 幼儿园规模应当有利于幼儿身心健康，便于管理，一般不超过360人。

幼儿园每班幼儿人数一般小班(3周岁至4周岁)为25人，中班(4周岁至5周岁)为30人，大班(5周岁至6周岁)为35人，混合班为30人。寄宿制幼儿园每班幼儿人数酌减。

幼儿园可以按年龄分别编班，也可以混合编班。

第三章 幼儿园的安全

第十二条 幼儿园应当严格执行国家和地方幼儿园安全管理的相关规定，建立健全门卫、房屋、设备、消防、交通、食品、药物、幼儿接送交接、活动组织和幼儿就寝值守等安全防护和检查制度，建立安全责任制和应急预案。

第十三条 幼儿园的园舍应当符合国家和地方的建设标准，以及相关安全、卫生等方面的规范，定期检查维护，保障安全。幼儿园不得设置在污染区和危险区，不得使用危房。幼儿园的设备设施、装修装饰材料、用品用具和玩教具材料等，应当符合国家相关的安全质量标准和环保要求。入园幼儿应当由监护人或者其委托的成年人接送。

第十四条 幼儿园应当严格执行国家有关食品药品安全的法律法规，保障饮食饮水卫生安全。

第十五条 幼儿园教职工必须具有安全意识，掌握基本急救常识和防范、避险、逃生、自救的基本方法，在紧急情况下应当优先保护幼儿的人身安全。

幼儿园应当把安全教育融入一日生活，并定期组织开展多种形式的安全教育和事故预防演练。幼儿园应当结合幼儿年龄特点和接受能力开展反家庭暴力教育，发现幼儿遭受或者疑似遭受家庭暴力的，应当依法及时向公安机关报案。

第十六条　幼儿园应当投保校方责任险。

第五章　幼儿园的教育

第二十五条　幼儿园教育应当贯彻以下原则和要求

（一）德、智、体、美等方面的教育应当互相渗透，有机结合。

（二）遵循幼儿身心发展规律，符合幼儿年龄特点，注重个体差异，因人施教，引导幼儿个性健康发展。

（三）面向全体幼儿，热爱幼儿，坚持积极鼓励、启发引导的正面教育。

（四）综合组织健康、语言、社会、科学、艺术各领域的教育内容，渗透于幼儿一日生活的各项活动中，充分发挥各种教育手段的交互作用。

（五）以游戏为基本活动，寓教育于各项活动之中。

（六）创设与教育相适应的良好环境，为幼儿提供活动和表现能力的机会与条件。

第二十六条　幼儿一日活动的组织应当动静交替，注重幼儿的直接感知、实际操作和亲身体验，保证幼儿愉快的、有益的自由活动。

第二十七条　幼儿园日常生活组织，应当从实际出发，建立必要、合理的常规，坚持一贯性和灵活性相结合，培养幼儿的良好习惯和初步的生活自理能力。

第二十八条　幼儿园应当为幼儿提供丰富多样的教育活动。教育活动内容应当根据教育目标、幼儿的实际水平和兴趣确定，以循序渐进为原则，有计划地选择和组织。教育活动的组织应当灵活地运用集体、小组和个别活动等形式，为每个幼儿提供充分参与的机会，满足幼儿多方面发展的需要，促进每个幼儿在不同水平上得到发展。教育活动的过程应注重支持幼儿的主动探索、操作实践、合作交流和表达表现，不应片面追求活动结果。

第二十九条　幼儿园应当将游戏作为对幼儿进行全面发展教育的重要形式。幼儿园应当因地制宜创设游戏条件，提供丰富、适宜的游戏材料，保证充足的游戏时间，开展多种游戏。幼儿园应当根据幼儿的年龄特点指导游戏，鼓励和支持幼儿根据自身兴趣、需要和经验水平，自主选择游戏内容、游戏材料和伙伴，使幼儿在游戏过程中获得积极的情绪情感，促进幼儿能力和个性的全面发展。

第三十条　幼儿园应当将环境作为重要的教育资源，合理利用室内外环境，创设开放的、多样的区域活动空间，提供适合幼儿年龄特点的丰富的玩具、操作材料和幼儿读物，支持幼儿自主选择和主动学习，激发幼儿学习的兴趣与探究的愿望。

幼儿园应当营造尊重、接纳和关爱的氛围，建立良好的同伴和师生关系。幼儿园应当充分利用家庭和社区的有利条件，丰富和拓展幼儿园的教育资源。

第三十一条　幼儿园的品德教育应当以情感教育和培养良好行为习惯为主，注重潜移默化的影响，并贯穿于幼儿生活以及各项活动之中。

第三十二条 幼儿园应当充分尊重幼儿的个体差异，根据幼儿不同的心理发展水平，研究有效的活动形式和方法，注重培养幼儿良好的个性心理品质。幼儿园应当为在园残疾儿童提供更多的帮助和指导。

第三十三条 幼儿园和小学应当密切联系，互相配合，注意两个阶段教育的相互衔接。幼儿园不得提前教授小学教育内容，不得开展任何违背幼儿身心发展规律的活动。

第六章 幼儿园的园舍、设备

第三十四条 幼儿园应当按照国家的相关规定设活动室、寝室、卫生间、保健室、综合活动室、厨房和办公用房等，并达到相应的建设标准。有条件的幼儿园应当优先扩大幼儿游戏和活动空间。寄宿制幼儿园应当增设隔离室、浴室和教职工值班室等。

第三十五条 幼儿园应当有与其规模相适应的户外活动场地，配备必要的游戏和体育活动设施，创造条件开辟沙地、水池、种植园地等，并根据幼儿活动的需要绿化、美化园地。

第三十六条 幼儿园应当配备适合幼儿特点的桌椅、玩具架、盥洗卫生用具，以及必要的玩教具、图书和乐器等。玩教具应当具有教育意义并符合安全、卫生要求。幼儿园应当因地制宜，就地取材，自制玩教具。

第三十七条 幼儿园的建筑规划面积、建筑设计和功能要求，以及设施设备、玩教具配备，按照国家和地方的相关规定执行。

第八章 幼儿园的经费

第四十六条 幼儿园的经费由举办者依法筹措，保障有必备的办园资金和稳定的经费来源。按照国家和地方相关规定接受财政扶持的提供普惠性服务的国有企事业单位办园、集体办园和民办园等幼儿园，应当接受财务、审计等有关部门的监督检查。

第四十七条 幼儿园收费按照国家和地方的有关规定执行。幼儿园实行收费公示制度，收费项目和标准向家长公示，接受社会监督，不得以任何名义收取与新生入园相挂钩的赞助费。幼儿园不得以培养幼儿某种专项技能、组织或参与竞赛等为由，另外收取费用；不得以营利为目的组织幼儿表演、竞赛等活动。

第四十八条 幼儿园的经费应当按照规定的使用范围合理开支，坚持专款专用，不得挪作他用。

第四十九条 幼儿园举办者筹措的经费，应当保证保育和教育的需要，有一定比例用于改善办园条件和开展教职工培训。

第五十条 幼儿膳食费应当实行民主管理制度，保证全部用于幼儿膳食，每月向家长公布账目。

第五十一条 幼儿园应当建立经费预算和决算审核制度，经费预算和决算应当提交园务委员会审议，并接受财务和审计部门的监督检查。幼儿园应当依法建立资产配置、使用、处置、产权登记、信息管理等管理制度，严格执行有关财务制度。

第九章 幼儿园、家庭和社区

第五十二条 幼儿园应当主动与幼儿家庭沟通合作，为家长提供科学育儿宣传指导，帮助家长创设良好的家庭教育环境，共同担负教育幼儿的任务。

第五十三条　幼儿园应当建立幼儿园与家长联系的制度。幼儿园可采取多种形式，指导家长正确了解幼儿园保育和教育的内容、方法，定期召开家长会议，并接待家长的来访和咨询。幼儿园应当认真分析、吸收家长对幼儿园教育与管理工作的意见与建议。

幼儿园应当建立家长开放日制度。

第五十四条　幼儿园应当成立家长委员会。家长委员会的主要任务是：对幼儿园重要决策和事关幼儿切身利益的事项提出意见和建议；发挥家长的专业和资源优势，支持幼儿园保育教育工作；帮助家长了解幼儿园工作计划和要求，协助幼儿园开展家庭教育指导和交流。家长委员会在幼儿园园长指导下工作。

第五十五条　幼儿园应当加强与社区的联系与合作，面向社区宣传科学育儿知识，开展灵活多样的公益性早期教育服务，争取社区对幼儿园的多方面支持。

第十章　幼儿园的管理

第五十六条　幼儿园实行园长负责制。

幼儿园应当建立园务委员会。园务委员会由园长、副园长、党组织负责人和保教、卫生保健、财会等方面工作人员的代表以及幼儿家长代表组成。园长任园务委员会主任。

园长定期召开园务委员会会议，遇重大问题可临时召集，对规章制度的建立、修改、废除，全园工作计划，工作总结，人员奖惩，财务预算和决算方案，以及其他涉及全园工作的重要问题进行审议。

第五十七条　幼儿园应当加强党组织建设，充分发挥党组织政治核心作用、战斗堡垒作用。幼儿园应当为工会、共青团等其他组织开展工作创造有利条件，充分发挥其在幼儿园工作中的作用。

第五十八条　幼儿园应当建立教职工大会制度或者教职工代表大会制度，依法加强民主管理和监督。

第五十九条　幼儿园应当建立教研制度，研究解决保教工作中的实际问题。

第六十条　幼儿园应当制订年度工作计划，定期部署、总结和报告工作。每学年年末应当向教育等行政主管部门报告工作，必要时随时报告。

第六十一条　幼儿园应当接受上级教育、卫生、公安、消防等部门的检查、监督和指导，如实报告工作和反映情况。幼儿园应当依法接受教育督导部门的督导。

第六十二条　幼儿园应当建立业务档案、财务管理、园务会议、人员奖惩、安全管理以及与家庭、小学联系等制度。幼儿园应当建立信息管理制度，按照规定采集、更新、报送幼儿园管理信息系统的相关信息，每年向主管教育行政部门报送统计信息。

第六十三条　幼儿园教师依法享受寒暑假期的带薪休假。幼儿园应当创造条件，在寒暑假期间，安排工作人员轮流休假。具体办法由举办者制定。

附则

第六十四条　本规程适用于城乡各类幼儿园。

第六十五条 省、自治区、直辖市教育行政部门可根据本规程,制订具体实施办法。

第六十六条 本规程自 2016 年 3 月 1 日起施行。1996 年 3 月 9 日由原国家教育委员会令第 25 号发布的《幼儿园工作规程》同时废止。

(二) 地方性教育法规

地方性教育法规是地方立法机关制定或认可的,其效力不及全国,而只在地方区域内发生法律效力的教育领域的规范性法律文件。例如《重庆市民办非学历文化教育培训机构设置标准》《四川省未成年人保护条例》《上海市幼儿园管理办法》《北京市幼儿园收费管理实施细则》。

《四川省未成年人保护条例》(节选)

《四川省未成年人保护条例》经 1990 年 9 月 5 日四川省七届人大常委会第 18 次会议通过,2011 年 9 月 29 日四川省十一届人大常委会第 25 次会议修订。2011 年 9 月 29 日四川省人民代表大会常务委员会公告第 62 号发布。该《条例》分总则、未成年人的权利、家庭保护、学校保护、社会保护、国家机关保护、特殊保护、法律责任、附则 9 章 84 条,自 2012 年 1 月 1 日起施行。

第一章 总则

第一条 为了保护未成年人的身心健康,保障未成年人的合法权益,促进未成年人在品德、智力、体质等方面全面发展,根据《中华人民共和国未成年人保护法》《中华人民共和国预防未成年人犯罪法》和相关法律法规,结合四川省实际,制定本条例。

第二条 四川省行政区域内未成年人的保护,适用本条例。

本条例所称未成年人是指未满十八周岁的公民。

第三条 国家、社会、学校和家庭应当根据未成年人身心发展的规律与特点,特殊、优先保护未成年人合法权益,保障未成年人安全健康成长。

保护未成年人的工作,应当遵循下列原则:

(一) 尊重未成年人的人格尊严;

(二) 适应未成年人身心发展的规律和特点;

(三) 教育与保护相结合。

第四条 保护未成年人,是国家机关、社会团体、企业事业组织、村(居)民委员会、未成年人的监护人和其他成年公民的共同责任。

国家、社会、学校和家庭应当教育和帮助未成年人树立正确的人生观、世界观和价值观。未成年人有义务接受法律、人身安全和心理健康等知识宣传,遵守法律法规和社会公德,诚实守信,珍爱生命,掌握基本的生存常识,提高应对突发事件的能力,增强自我保护意识和社会责任感，增强辨别是非和自我保护的能力，抵制不良行为和违法犯罪行为。

国家、社会、学校和家庭在处理与未成年人权益有关的事务时，应当根据未成年人的身心发展规律和特点听取其意见。

第五条 未成年人保护工作由地方各级人民政府领导并组织实施。

县级以上地方各级人民政府设立未成年人保护委员会。未成年人保护委员会由同级人民政府及有关部门、司法机关、社会团体等成员单位组成，主任委员由同级人民政府负责人担任。共产主义青年团委员会协助同级人民政府做好未成年人保护工作，承担未成年人保护委员会的日常工作，并配备专职工作人员。

乡镇人民政府、街道办事处根据需要设立未成年人保护委员会；不设立的，应当指定专人负责未成年人保护工作，督促并指导社区的未成年人保护工作。

第六条 未成年人保护委员会在同级地方人民政府领导下，履行下列职责：

（一）宣传、贯彻有关未成年人保护的法律、法规和政策；

（二）督促国家机关、社会、学校和家庭做好未成年人保护工作；

（三）对未成年人进行理想教育、道德教育、纪律和法制教育，进行爱国主义、集体主义和社会主义的教育；

（四）接受对侵害未成年人合法权益行为的举报、投诉，督促、协调有关部门调查处理，为未成年人提供或者寻求法律帮助；

（五）制定未成年人保护工作发展规划，建立和完善未成年人保护工作制度；

（六）研究未成年人保护工作中的重大事项，向有关国家机关提出意见和建议；

（七）对本级未成年人保护委员会的成员单位和下一级未成年人保护委员会履行职责情况进行年度考核；

（八）处理其他有关未成年人保护工作的事项。

第七条 妇女联合会、工会、青年联合会、学生联合会、少年先锋队以及其他有关社会团体，协助各级人民政府做好下列工作：

（一）宣传保护未成年人合法权益的法律、法规和政策；

（二）组织开展对未成年人的革命传统、纪律和法制等教育；

（三）组织开展未成年人自我保护教育；

（四）组织开展适合未成年人特点的文化娱乐与科技活动；

（五）做好预防未成年人违法犯罪和帮教工作；

（六）开展未成年人保护的理论研究工作；

（七）其他有关工作。

第八条 对在未成年人保护工作中做出显著成绩的组织和个人，由地方各级人民政府和有关部门联合或者分别给予表彰、奖励。未成年人的合法权益受到侵害的，任何单位或者个人有权向有关部门反映、投诉或者举报。有关部门接到举报，应当记录，并及时依法调查、处理；对不属于本部门职责范围的，应当及时移送相关部门。

第四章 学校保护

第三十条 学校应当建立未成年人保护工作责任制,保持与未成年学生家庭、所在村(居)民委员会和相关单位的联系,共同做好未成年人保护工作。教育行政主管部门应当将未成年人保护工作纳入对学校的考核范围。

第三十一条 学校、幼儿园、托儿所及其教职员工应当尊重未成年学生的人格尊严,不得有下列行为:

(一) 对未成年学生实施侮辱、恐吓、体罚、变相体罚或者其他有损人格尊严及生命健康的行为;

(二) 组织未成年学生参加商业性剪彩、奠基、庆典等活动,或者以牟利为目的要求未成年学生从事劳动;

(三) 实行有偿家教、有偿补课或者违反国家规定滥收费用;

(四) 索要或者变相索要礼品和财物;

(五) 强迫、变相强迫推销读物、印制作业等;

(六) 在发生突发事件等危急情形下未优先组织未成年学生疏散躲避;

(七) 其他侵害未成年学生合法权益的行为。

第三十二条 地方各级人民政府应当保障义务教育阶段未成年学生在户籍所在地、父母或者其他监护人工作、居住地平等接受义务教育。义务教育学校应当坚持免试就近入学原则。

第三十三条 学校应当严格执行国家和地方课程方案要求以及课时、课外作业量、组织未成年学生补课的有关规定。学校应当保证未成年学生的课外活动时间,组织开展课外文化、体育、科普等活动,保障未成年学生的休息、娱乐,保障每天不少于1小时的体育锻炼。节假日期间,中小学校的图书馆、体育馆等文化体育设施、互联网上网服务设施等应当向本校未成年学生免费或者优惠开放。

第三十四条 学校应当将涉及公民行为的基本法律原则和具体行为规范纳入教学计划,配备法律教材,开设法律基本知识课程,培养未成年学生的法律意识。

第三十五条 学校应当配备心理健康辅导员,对未成年学生进行生理、心理健康教育,对行为有偏差、心理有障碍的未成年学生及时给予关心和指导。

第三十六条 学校应当规范未成年学生在校园内使用移动通信工具的时间与空间区域,禁止使用手机等移动通信工具干扰正常的教学、生活秩序。学校应当向未成年学生宣传互联网法律法规,教育未成年学生合理、正确使用手机、电脑等上网工具,抵制不良信息的侵害。学校应当建立防范未成年学生在校期间逃课上网或者进入互联网上网服务营业场所的有关制度。

第三十七条 学校、幼儿园和托儿所的建筑物、构筑物的建设、装修和设备设施的配置必须符合国家或者行业有关安全与质量标准,严格依法验收,并应当建立健全定期检查维修制度。学校、幼儿园和托儿所应当建立健全饮食安全管理制度,严格执行国家有关食品安全规定,保证未成年人的饮食安全。学校、幼儿园和托儿所应当依法建立健全校园门卫安全、寄宿学生安全、实验室安全、接送未成年人校车安全、幼儿和低年级学生上学放学交接安全等管理制度，确保未成年人的人身安全。学校发现未成年学生有逃课、暴力等不良行为或者发生其他涉及未成年人安全情形时应当及时通知其父母或者其他监护人。

第三十八条　学校、幼儿园和托儿所应当向未成年学生普及各类安全常识及应对突发事件的知识与能力，制定各类突发事件的应急预案，组织未成年人进行逃生自救演练。演练每学期不少于一次。发生突发事件和群体性人身伤害事故时，应当优先保护未成年人的安全。

第三十九条　学校相关设施建设和使用，应当根据未成年男女学生的生理特点区别对待，并应当照顾未成年女学生。学校与老师在未成年女学生经期内不得安排其超过生理承受强度的体育活动等。

第四十条　学校不得违反国家规定对未完成义务教育的未成年学生实行停课、转学、退学、开除。因故处分未成年学生的，应当听取未成年学生及监护人的陈述和申辩，并在处分决定中说明是否采纳的理由。未成年学生及监护人对处分决定不服的，可以向学校或者当地教育行政部门提出申诉。教育行政部门应当进行核查，并在10日内给予书面答复和说明理由。

《上海市幼儿园管理办法》(节选)

第一章　总则

第一条　为了加强幼儿园管理，促进本市幼儿教育事业的发展，根据《幼儿园管理条例》，结合本市实际情况，制定本办法。

第二条　本办法适用于本市范围内招收三周岁以上学龄前儿童的幼儿园。

第三条　幼儿园的保育和教育工作，应当促进幼儿在体、智、德、美方面和谐发展，并为幼儿家长安心工作提供便利条件。

第四条　各级人民政府应当根据本地区的社会发展和人口分布状况，制定幼儿园的发展规划，设置全日制、半日制、寄宿制和季节性等多种类型的幼儿园。

第五条　幼儿教育事业应当坚持国家、集体和个人多方办的原则；鼓励社会各界人士自愿捐助兴办幼儿园。

第六条　上海市教育局是本市幼儿园的行政主管部门。区、县教育局负责本地区幼儿园的行政管理工作，并对各类幼儿园进行业务指导。

第二章　幼儿园设置的条件

第七条　幼儿园应当设置在安全区域内。禁止在污染区和危险区内设置幼儿园。

第八条　设置幼儿园必须具备下列条件：

(一) 幼儿园园舍场地应相对独立；与住宅楼、单位用房等相连的幼儿园，必须有独立的出入口和相应的安全防护措施。

(二) 有幼儿活动室、厕所、盥洗室(或流动水洗手池)、保健室(橱)、厨房、教师办公室等基本用房及户外活动场地；寄宿制幼儿园必须有幼儿专用、每人一床的独立寝室，疾病隔离室，浴室，洗衣房，教职工值班室，家长接待室等。

(三) 配备适合幼儿的桌椅、玩具架、盥洗卫生用具，以及保证幼儿教育和生活所必需的其他设备和用品。

(四) 幼儿园的教具和玩具必须符合安全、卫生和教育的要求；教具、玩具必须按照国家和本市的有关规定配备。

第九条 除符合本办法第七条、第八条规定外，新建、改建、扩建幼儿园的建筑面积和建筑设计必须符合国家和本市的有关规定。

第十条 幼儿园的工作人员应当符合下列条件：

(一) 幼儿园的园长应当具有幼儿师范学校(包括职业学校幼儿教育专业)毕业文化程度或者取得幼儿园教师专业合格证书，并有三年以上幼儿园工作实践经验。

(二) 幼儿园的教师必须具有幼儿师范学校(包括职业学校幼儿教育专业)毕业文化程度或者取得幼儿园教师专业合格证书。

(三) 幼儿园的保健人员应当具有高中毕业文化程度，并经过一年以上保健专业培训。

(四) 幼儿园的保育员应当具有初中毕业以上文化程度，并经过保育职业培训。

第十一条 幼儿园的工作人员上岗前必须进行全面体格检查。凡患有慢性传染病、精神病者，不得在幼儿园工作。

第三章 设置幼儿园的审批程序

第十二条 任何单位和个人举办幼儿园，必须按下列规定申请登记注册：

(一) 在市区、县属镇、独立工业区举办幼儿园的，在设置前两个月向所在区(县)教育局提出申请。

(二) 在郊县乡(镇)、村举办幼儿园的，在设置前两个月向所在地的乡(镇)人民政府提出申请。

第十三条 区(县)教育局、乡(镇)人民政府应当在接到申请的次日起十五日内做出决定，对符合设置条件的幼儿园，准予办理登记注册；对不符合设置条件的幼儿园，不予登记注册，并说明理由。

第十四条 乡(镇)人民政府应当将准予登记注册的幼儿园报区(县)教育局备案。区(县)教育局应当将准予登记注册的幼儿园报市教育局备案。

第十五条 幼儿园需要停办的，必须在三个月前向原登记注册部门提出申请，经区、县教育局批准后办理注销手续。

第五章 幼儿园行政事务

第三十五条 幼儿园的经费来源：

(一) 国家举办的幼儿园经费以财政拨款为主，按规定收取的管理费作为补充。

(二) 集体性质幼儿园的经费以收取的管理费为主，财政适当补贴。

(三) 单位和个人举办的幼儿园的经费由设置者自行筹措,并按规定收取管理费。

幼儿园可接受境内外企业、其他组织和个人的捐资,作为幼儿园经费的补充。幼儿园接受的捐资应按教育行政部门的规定使用。

第三十六条　幼儿园必须遵守财务制度,并接受财政和审计部门的监督检查。

第三十七条　幼儿园办园水平评估和定级的标准,由市教育局另行制定。

第六章　罚则

第三十八条　违反本办法第七条、第八条规定,幼儿园园舍、设施不符合国家和本市卫生标准、安全标准,妨害幼儿身体健康或威胁幼儿生命安全的,由教育行政部门责令限期改正;情节严重的,责令停止办园。

第三十九条　违反本办法第十二条规定,未经登记注册,擅自举办幼儿园的,由教育行政部门责令停止招生或停止办园。

第四十条　违反本办法第十九条、第二十条规定,教育内容和方法违背幼儿教育规律、损害幼儿身心健康的,由教育行政部门责令限期改正;情节严重的,责令停止招生或停止办园。

第四十一条　违反本办法,具有下列情况之一的,由教育行政部门按下列规定对直接责任人员给予行政处罚,或者由教育行政部门建议有关部门对责任人员给予行政处分:

(一) 体罚或变相体罚幼儿的,予以警告并可处一百元以上一千元以下罚款。

(二) 使用有毒、有害物质制作教具、玩具的,予以警告并可处二百元以上一千元以下罚款。

(三) 克扣、挪用幼儿园经费的,处五百元以上二千元以下罚款。

第四十二条　违反本办法,具有下列情况之一的,由教育行政部门建议有关部门对责任人员给予行政处分,或由教育行政部门建议有关行政管理部门给予行政处罚:

(一) 侵占、破坏幼儿园园舍、设备的。

(二) 干扰幼儿园正常工作秩序的。

(三) 在幼儿园周围设置有危险、有污染或者影响幼儿园采光的建筑和设备的。

第四十三条　对违反本办法行为的行政处罚,由市、区(县)教育行政部门决定。教育行政部门做出行政处罚决定,必须出具行政处罚决定书;收缴罚款、非法所得,必须出具罚没款收据。罚没收入按国家规定上缴国库。

第四十四条　当事人对行政机关的具体行政行为不服的,可按《行政诉讼法》《行政复议条例》的规定,申请行政复议或向人民法院起诉。

第七章　附则

第四十五条　本办法施行前已举办的幼儿园,应在本办法施行后六个月内,按本办法的规定办理申请登记注册手续。

第四十六条　本办法由市教育局解释。

第四十七条　本办法自一九九二年十一月一日起施行。

二、托幼机构的类型与等级划分

(一) 早教机构的类型

1. 按照早教机构的经营模式划分

本书所指的"早教机构"主要指对 0~3 岁婴儿实行保育和教育的机构，包括全日制托儿所、自创品牌早教机构、加盟品牌早教机构、公办早期教育指导中心等，通常针对 0~3 岁婴儿进行教育。目前，我国早教机构主要分为两类：一类是全日制的早教机构，如全日制托儿所及向家长宣传早期科学教养理念和育儿知识的早教指导中心；另一类是非全日制早教机构，大多按婴儿月龄进行的阶段性的教养，由家长或看护人员定期带婴儿到机构接受早期教养服务，如加盟品牌早教机构及自创品牌早教机构。本章重点关注非全日制的早教机构，即针对 0~3 岁婴儿进行教养，并为家长提供科学育儿咨询指导的机构。

按照经营模式，早教机构可分为加盟店早教机构和自营店早教机构。

美吉姆早期教育机构

美吉姆于 1983 年由威廉·凯普林(William Caplin)和雅可夫、苏西·谢尔曼夫妇(Yakov & Susi Sherman)共同努力合作创立，最初的两家中心位于加利福尼亚的圣莫尼卡市和范奈斯市。利用其在儿童早期教育、运动机能学、体育、舞蹈以及体操领域的专业经验，这几位创始人研发出了一套完整的符合孩子天性的课程体系和教学设备，旨在通过每周一次的结构性课程，帮助孩子构建强健的体魄，培养良好的社交能力，同时树立自尊心和自信心。

1989 年，毕业于加利福尼亚大学圣巴巴拉分校 MBA 专业的科瑞·博迪斯(Cory Bertisch)和莫尼克·瑞妮斯(Monique Vranesh)对美吉姆发生兴趣，购买了其位于范奈斯市的教育中心，运用其在商业推广领域的专业能力，使美吉姆在短时间内获得了成功。1989 年到 1994 年，美吉姆最初的缔造者威廉·凯普林和谢尔曼夫妇，同博迪斯和瑞妮斯一道努力，在 5 年时间里，进一步改进和完善了美吉姆课程体系，并发展出了美吉姆独有的定制化的教学设备，同时对其整个运营体系进行了优化调整，从而使美吉姆获得了快速的发展。

2009 年初，美吉姆来到中国，在北京开设了第一家中心。先进的教学设备、训练有素的教师、众多获奖的课程、合理的学生与老师配比，都为美吉姆在中国早期教育领域赢得了极高的声誉。美吉姆在中国迅速成长，如今足迹已遍布大半个中国。2010 年美吉姆中国全面引进了拥有 30 多年历史、美国领先的音乐早教课程 Music Together 和全美极具综合性的儿童艺术教育课程 Abrakadoodle，成为国内屈指可数的一站式全素质儿童早期教育机构。

2. 按照早教机构资质划分

按照早教机构资质可将早教机构划分为三种类型。第一种是从事幼儿教育的教育集团将业务领域向前延伸至0～3岁婴儿的，此类早教机构有一定的幼师与教育专业基础；第二种是各种培训学校向早教领域延伸业务，此类培训机构虽然不是专门针对早教的，但在培训场地、师资与管理上具备一些教育的基本条件；第三种是以咨询公司名义从事早教业务的。第一种、第二种资质类型的主体机构需要经过教育行政部门审批、备案。第三种资质类型的早教机构只需要在工商行政部门注册即可。我国现在市场上大部分早教机构属于第三种资质类型。

（二）幼儿园类型与等级划分

1. 幼儿园类型

按照在园时间，幼儿园可分为全日制幼儿园和寄宿制幼儿园。

按照办园特色，幼儿园可以分为双语幼儿园、音乐幼儿园等。

按照幼儿园规模(包括托、幼合建)，可分为大型幼儿园(10个班至12个班)、中型幼儿园(6个班至9个班)和小型幼儿园(5个班以下)。

按照体制，幼儿园可分为民办幼儿园和公办幼儿园。公办幼儿园又可以分为全民所有、企业所有、事业单位办园、教育办园等。

2. 幼儿园等级划分

(1) 根据类级划分等级。目前，我国幼儿园的等级分为四种，排名第一的是示范，其次是一类和一级，然后是二类和二级，最后是三类和三级。一般刚开办的幼儿园经审核后为三类和三级幼儿园。等级由有关专家来评定，规定各区县争创市级示范园不分公办园还是民办园，只要符合评审标准，就能获得评定。在评审标准里，专家们不仅要看硬件，更看重软件等一系列的标准，而前面所说的"级"就代表幼儿园的软件等级评定，包括人均占地、人均绿化面积、玩教具和图书的数量、房间设置等，"类"则代表硬件等级评定，包括教师师德、课题研究、办学特色、卫生保健规范等。根据规定，每一所获得市级示范园评定的幼儿园都要与一所薄弱园结成帮扶对子。

(2) 根据品牌及市场认可度划分。根据品牌及市场认可度划分，可以分为高端幼儿园、中端幼儿园和低端幼儿园。高端幼儿园一般在收费标准、教师素质、师幼比例上都优于中低端幼儿园。根据我国目前幼教市场情况，一线城市国际高端幼儿园收费一般每月在12000元以上。一线城市中端幼儿园收费为3000～8000元/月。一线城市低端幼儿园一般为1200～2000元/月。教师配置上，高端幼儿园配置外教主管、外教班长、外教辅助、中教助理、中教/外教保育老师；中端幼儿园配置中教主管、外教班长、中教辅助、中教保育员；低端幼儿园配置中教主管、中教辅助、中教保育员，外教轮班制。师生比例上，一线城市高端一般1∶4，中端幼儿园一般1∶5至1∶6。

案例

北京市第一幼儿园

北京市第一幼儿园创建于1949年，原名北京市第一托儿所，1954年改为北京市第一幼儿园。1989年被认定为北京市一级一类幼儿园。北京市第一幼儿园与共和国同龄，一代代干部教师在这里普洒爱心，辛勤耕耘，开拓创新，无私奉献，在历史发展的不同时期均取得了令人瞩目的成绩。先后被评为"北京市一级一类幼儿园""北京市卫生保健示范园""北京市示范幼儿园"。特别是1972年在周恩来总理的亲自关怀下，开始接收外国驻华使馆子女的入托，成为北京市学前教育对外交流的一个重要窗口，成为一所在北京市有较高知名度和办园声誉的幼儿园。

在长期的教育实践和研究中，北京市第一幼儿园形成了以艺术教育、双语教育、早期教育等为主要内容的办园特色。作为终身教育的起步和奠基阶段的0~3岁早期教育越来越受到人们的重视，为此，北京市第一幼儿园于2003年成立了零点早期教育培训中心，中心为0~3岁的婴幼儿及家长分别在总园和分园两地创设了"零点宝宝亲子园"，这是宝宝成长的乐园和家长育儿的学校。在两园教师的努力下，两园相继被评为"北京市社区儿童早期教育示范基地"。

该园的办园目标是："高水平的管理机制；高素质的干部教师队伍；市级示范园标准的保教质量；与大都市相匹配的园舍设备。"以"爱、勤、精、新"为办园精神；以"艺术教育启迪幼儿的心灵，促进幼儿全面发展"为办园特色，重点突出民族艺术教育，以民歌、民舞、民乐、民艺、民族文学等向幼儿进行传统艺术启蒙教育。为了适应21世纪人才培养的要求，满足中外儿童生长、发展的需要，该园确立办园理念：坚持以教科研为先导，以管理为基础，以质量求生存，以改革促发展，以特色创品牌，把北京市第一幼儿园办成一所具有浓厚艺术教育氛围、儿童身心和谐发展的、与国际大都市相匹配的现代化学前教育窗口幼儿园。

三、托幼机构定位与运营

(一) 早教机构的定位与运营

1. 早教机构的定位

(1) 前期预算。有效的前期预算可以让创建者明确究竟要以何种模式投资建设早教机构。目前市场上的经营方式主要为早教中心加盟方式。一般的早教投资者需要制定一份相关预算清单，全方位统筹规划，让投资者对后期的建设有一个明确的了解。

(2) 消费者定位。准确的消费者定位可以有效提高经营的效率。目前婴幼儿早教的消费对象多为"80后""90后"的年轻父母。因为他们是在竞争压力下成长起来的一代,他们非常了解教育的重要性;同时他们对子女的期望值较高,注重对子女的早期教育。都说顾客是上帝,所以选择早教品牌时要着重考虑客户群体,要看品牌定位如何,是高端、中端,还是实惠,然后结合自身情况酌情选择,才能给未来长久的运营打下基础。

(3) 品牌定位。早教机构的投资者必须要有品牌意识,或者是自己创立一个独特的早教品牌,或者选择一个好的早教品牌加盟。只有好的早教加盟品牌,才能在课程体系和后期运营上给予好的服务和督导。在加盟前要对总部和加盟店面详细考察,任何一方面都大意不得。

2. 早教机构运营背景

早期教育是一项很有意义、造福人类的事业,同时也是一项具有长期性、持久性和稳定收益性的投资选择。在《2010—2020年国家中长期教育改革和发展规划纲要》中,"重视0~3岁早期婴幼儿教育"首次提出并被放在重要位置,成为发展早期教育的政策基础。目前,城市早教的市场渗透率在5%~15%,早教行业进入了发展的快车道,也将面临一个重新规范、洗牌的过程。一些管理混乱、课程不成体系的机构将在市场中逐渐被淘汰,这是大的投资环境。从消费者的角度来看,人们对早教的重视程度不断加强,需求也随之加强。所以,目前是投资早教的一个"黄金时期"。

目前,中国约有0~6岁幼儿1.8亿人,每年新生儿2000多万人。庞大的基数、稳定的增长,奠定了婴幼儿教育市场坚实的客户基础。

3. 早教机构运营策略

(1) 区域分层招生办法。早教机构的经营有很强的地域性,每个早教机构基于自己的规模、发展规划和影响力都有一个基本的地理辐射范围。"分层"就是按地理远近分为招生核心层、有效辐射层、边缘层,对关系招生核心利益的核心层进行重点管理,保证在此区域达到高度的知名度,并结合早教机构经营获得的美誉度,确保这一区域的生源不外流。"重点区域"就是核心层里生源密集的区域,如大企业、机关单位或规范管理的大型社区。早教机构可以通过与其管理机构合作进行招生。"有效辐射层"是核心区域的外围,早教机构可以在这些区域扩大招生,运作时可以把重点区域操作法和分众传播结合起来,车体广告、精心设计的形象标示物等都可以取得不错的宣传效果,此区域管理效果的衡量以知名度为主,以美誉度为辅。

(2) 开办前做好家长调查工作。通过开展这项工作,早教机构能充分了解家长的受教育水平、幼儿教育观念。幼教不仅仅是早教机构的事,家长的参与和配合也很重要。早教机构通过调查,既可以传达早教机构的教育观念,又可以充分了解家长情况,便于教学管理工作的开展。调查应做得彻底,避免表面化,问卷需要精心设计。通过调查掌握对招生有利的信息,比如有的家长比较热心,有的在居委会等机构里面有号召力,他们的一句话有时候比一千张传单都有效。

(3) 定期开展专题讲座。专题讲座主要宣讲幼儿教育的先进理念和方法，有利于早教机构和家长统一认识，提高早教机构管理水平，现场交流时也能发现一些平常不易发现的问题。专题培训可以小规模地不定期举行，作为对大规模宣讲的补充，又增加了与家长深入沟通交流的机会，如饮食、保健、医疗等。早教机构教师的亲情化内训也可以邀请家长参加。专题讲座的内容要选择家长关心或头疼的问题，比如独生子女问题、孩子健康成长的经验等。

(4) 设计早教机构品牌形象。由于早教机构的特殊性，早教机构的品牌形象一般以卡通形象为主，要求色调简洁明快，富有趣味性，符合儿童发展的特点。同时，早教机构可以制作一些印有幼儿园形象、名称、电话号码的小玩具或标贴，广泛散播到交通站点、商场等地方，会增加宣传的趣味性和长效性。

(5) 培养优秀的团队。早教机构的任何一种服务，都是靠团队来实现的。优秀团队应具备两种品质，第一是要有共同的目标，第二是要有使命与奉献精神。所以，早教机构在运营阶段要招聘与选拔具有高度责任感和合作意识的人，并在平时的工作过程中注重培养团队的合作精神，例如开展职业素质拓展活动。

(二) 幼儿园的定位与运营

1. 幼儿园的定位

(1) 推行有效管理。科学有效的管理是幼儿园工作顺利开展的良好保障，倡导管理的效益，通过多种手段不断细化制度，使各项工作科学、规范、和谐地开展。将办园思路、教学理念最终落实到每一个幼儿身上，通过丰富多彩的师德教育及教研活动，促使教师不断学习、反思，不断提高自身修养，更新教育观念，提高自身素质与教育教学水平。

(2) 用爱养育，用心教育。正处在生长发育期的幼儿是稚嫩的，需要幼儿园全体教职工的精心呵护，全体教职工都要以"爱孩子"为前提做好教育保育工作，让孩子在幼儿园这个温馨的家园里健康成长。

幼儿教育是充满艺术和智慧的工作，需要教师灵活、创造性地开展，需要教师全身心放在幼儿教育岗位上、潜心钻研教育业务、精心组织教学活动、耐心辅导幼儿学习。通过全体教职工的用爱养育、用心教育，不断提高教育质量，为办人民满意的幼教事业做出贡献。

2. 幼儿园运营背景

目前，我国的幼儿园正处在变革时期，无论是公办还是民办幼儿园都需要进行变革，机遇和挑战并存，能否抓住机遇决定着很多幼儿园的生死存亡，对于民办幼儿园更是如此。

我国幼儿园发展存在不少难题，面对越来越多孩子的入园需求，首先要解决的是入园难的矛盾。但随着入园难问题的逐步解决，必然会面临幼儿园水平参差不齐的状况。有些地区不存在入园难的问题，而存在入好园难或入好园贵的问题。

未来面对日益激烈的竞争，无论是公办幼儿园还是民办幼儿园；都无法回避的突出问题是随着幼儿园的普及，家长有了更多的选择权，一所幼儿园能否得到家长的认同成为能否生存的关键，这是摆在所有幼儿教育工作者面前的一个紧迫的命题。

3. 幼儿园运营策略

(1) 扎根地方文化，创建园本特色。传承与发扬地方文化，强化精神文化、制度文化、行为文化等园所文化理念，通过静态的校园文化环境、动态的校园人文环境等多种途径，凸显"人文和谐"的园风，"乐教、尚智、博学、善导"的教风以及"乐学、勤动、善思、探究"的学风。

具体方法有以下几种：一是紧密结合地方文化设置特色课程，在教师的工作学习区、幼儿的主题活动区创设富有教育性、艺术性的物质文化环境，体现园本特色。二是加强对园本课程的构建，不断提炼课程的文化内涵，梳理园本课程评价标准。三是紧扣班级特点，创设特色鲜明的班级文化，用文化培养幼儿。

(2) 建立亲密的师幼关系。主张教师与教师之间、教师与幼儿之间、幼儿与幼儿之间、教师与家长之间建立和谐的互动交流关系。在教师层面，根据个人专业发展追求制订自我发展规划，从多途径、多角度为教师创设机会、提供舞台，成就教师发展。在幼儿层面，遵循幼儿的年龄特点与心理发展需求，促进幼儿健康成长。在家长层面，定期召开家长会，加强家园沟通。

(3) 构建科学民主的管理模式。加强常规管理，优化保教管理模式，在精细中求规范。继续推行条线负责制，园长全面负责，各条线具体落实到每一个行政班子成员，小、中、大各年级组由中层蹲点分管。建立"谁的班级谁负责""谁的岗位谁负责""谁分管谁负责"的岗位责任制，提升教师的目标感、责任感、团队协作感，进而提升管理工作的"执行力、时效性、问责制"。

强化教师参与的民主管理意识，提高群体管理水平及协作水平，进一步明确教师和保育员的岗位责任制和岗位职能，全面实施《幼儿园一日活动常规细则》，做好一日活动各环节的保育及教育配合工作，照顾好幼儿的一日生活。以良好的班级形象、优质的服务态度、全新的工作理念，出色完成教育保育任务，确保保教质量的提升。

(4) 形成幼儿园、家庭、社会三位一体的教育网络。加强与社会、家庭的联系，形成三位一体的教育网络。一是建立幼儿园、班级两级家校委员会，定期召开联系会。二是建立园长定期接待家长来信来访制度，公开园长办公电话和上级主管部门举报电话，形成自由、平等、公正、法治的育人环境和浓厚的园所法治文化氛围，推动幼儿园发展。三是幼儿园坚持每学期1~2次向幼儿、家长、教师发放书面调查问卷，健全依法治园评价机制。四是主动加强与社区的联系，引导社区和有关专业人士参与幼儿园管理和监督。

第二节 开办托幼机构的物质准备

一、托幼机构的选址与园舍整体规划

(一) 托幼机构的选址

1. 托幼机构选址的含义

托幼机构选址是指早教机构和幼儿园在开办以前,投资人与负责人通过一定调查研究,根据一定的原则与方法,选定最适合开办早教机构与幼儿园的地址。选址是成功开办托幼机构的重要因素,必须考虑托幼机构的周边环境、交通情况、居民居住情况等,因为这些问题往往决定了托幼机构能否成功开办。

2. 托幼机构选址的原则

(1) 就近入园原则。如果生源充足,可在区域东、西、南、北、中各新建一所配套托幼机构,如果生源不足,可在区域的相对中心位置新建所需的托幼机构。

(2) 环境适宜原则。托幼机构周围 300～500 米的区域内应保证无娱乐场所,且不靠近化工厂等污染严重的地方。另外,选择的地段必须保证土质层坚固且地势较高。

(3) 合理定位原则。在选址时要考虑周边的客户群体,如果托幼机构的定位是高端的,那么就要在高收入水平群体的居住区附近建园;如果托幼机构的定位是普惠性的,那么就要在普通收入群体居住区附近建园。所以在选址时,一定要有正确的园所定位。

(4) 人口集中原则。居民聚居的地方,生源也就比较多,对托幼机构的需求量也大。另外,新建的小区附近年轻人相对较多,孩子的出生率也高,后续生源会比较好。

3. 托幼机构选址的方法

托幼机构选址通常被认为是开办前的必备条件之一,理想的园址对经营的成败有着举足轻重的影响。

(1) 确定、分析目标市场。首先确定目标市场,其次是综合分析市场。确定目标市场在今后的发展中能容纳几所托幼机构,然后再确定前期适合选址的目标区域,以免后期开发新托幼机构造成资源浪费。对目标市场进行调查和分析,了解当地居民的人均收入、消费水平及教育支出在家庭支出中所占的比例。了解当地所有知名的同行业托幼机构名称、开设课程、开班形式、学费收费方式、收费标准、教室数量、教学设备、师资力量、教学特色、分支教学机构的分布情况(覆盖区域)、宣传模式及渠道、教学场所的装潢档次等。目标区域应选择学校比较集中、人口密度高、人口数量多、居住人年龄在 30 岁出头的成熟

中高档小区。

(2) 便利的交通条件。优良的园址应该靠近进出畅通的道路，只有在交通方便的地方设立托幼机构，才能给家长提供方便，吸引更多的顾客。一般来说，与托幼机构有关的街道应尽量交通便利、道路宽阔且附近最好有公交车站和停车场。

(3) 选择适宜的建筑与布局。房屋结构要求双通道，确保消防过关。内部结构方正，柱子越少越好，提高利用率。尽量保证每个教室都有窗户，这样空气流通好、采光好。外部能安装广告牌的位置大，正对街面且无遮挡。水路、电路清晰且供量足。房屋产权清晰，无产权纠纷，物业管理费、水电费及其他费用清晰。各类证件齐全，比如房产证、土地证、房屋合格鉴定、水电费缴费账号等。在考察与选择地址的时候我们需要携带测量工具，包括卷尺、照相机、地图、铅笔、A4纸、橡皮擦、直尺等。对房屋进行拍照，包括户外正面和侧面，对房屋内部结构拍照，附带房屋结构草图，便于进行装修设计。

(4) 考虑幼儿与家长的便利。选址中会出现很多不可预测的变量，因此我们要学会在一个区域内寻找细微的差异来获取位置上的最大优势。例如，方向、当地主要建筑物或地势等都会对托幼机构的招生造成影响。通常在有红绿灯的地方，越过红绿灯的位置最佳，因为它便于家长进入，又不会造成门口的拥挤堵塞现象。不同气候的城市园址也有优劣差别，在北方城市，如果园门朝风(一般朝西北方向)，冬季寒风会不断地侵袭，因此风口位置要慎选。有的地方前面有树木或建筑物等，这些障碍物可能影响园所的能见度，从而影响客流。

总之，托幼机构园区位置是一项关乎发展的重要因素。在选址的过程中，不仅要从人口密度、地理环境、地形特点等常规的方面进行考量，还要从区域经济、收入水平、居住区规划等发展趋势加以考虑。另外，托幼机构选址时，也要把道路的特点、建筑造型纳入考虑因素之中，综合考量多种因素，并借鉴其他托幼机构的经验对选址进行评估论证，切忌盲目开办。

(二) 托幼机构园舍整体规划

1. 托幼机构园舍整体规划的含义

托幼机构的投资人与负责人在选择并确定一个园址以后，依据托幼机构的发展目标与方向，通过对托幼机构的整体建筑、室内外环境进行综合评估与分析，制订出相应的整体规划。

托幼机构园舍整体规划对于下一步进行具体装修与布置至关重要，它起到一个导向性作用，是后续具体物质准备的基础。

2. 托幼机构园舍整体规划的原则

(1) 以人为本的原则。园舍环境仅仅提供一个舞台、一个背景，幼儿才是真正的主人，这是园舍环境设计的基本原则。室外空间环境规划应体现"以人为本"的原则，强调幼儿在场所中的体验，强调幼儿在空间环境中的活动，所以园舍的整体规划应特别注意宜人性、多层次性，增加环境空间的安全感、领域感、归属感、舒适感和人性化。

(2) 隐语作用的原则。园舍的整体规划是一项充满创造力的工作。教育的目标应是激发幼儿的创造力与学习的热情和主动性。对园舍室内外空间进行合理设计，可以有效引导幼儿的行为，以达到隐性课堂的作用。

(3) 整合性原则。在对园舍进行规划设计时，托幼机构应对建筑空间与周边环境统一进行设计，使环境各元素与建筑之间配合默契，相得益彰，使园舍自身作为一个元素和谐地融入托幼机构之中，却又不失个性。整合性是个动态的概念，应考虑人在行进过程中功能层面的需求与变化，要注意连续性视觉意象的层次、节奏与变化。

(4) 生态化的原则。对生态的追求与对功能和形式的追求同等重要，有时甚至超越后两者，良好的自然生态对于营造一个可居、可憩、可玩、可思的景色优美、空气清新的快乐成长环境，其重要意义自不待言，而且美好的自然环境给人的印象之深有时超过了园舍个体。

3. 托幼机构园舍整体规划的方法

(1) 科学规划，布局合理。设计装修时必须符合当初建筑设计的主要特色与功能，从总体布局上分析。

(2) 适宜婴幼儿年龄特征。0~6岁的孩子一般喜欢亮丽和谐的颜色，这既符合他们的心理特点，也符合他们的心理需要。从色彩学上来讲，高透明度、高饱和度的颜色，暖色的搭配和创意，可以使孩子产生欢快、兴奋及喜悦的心情。所以在装修设计中，一般采用豆黄、湖蓝及紫色。这几种颜色具有感情和自然气息，互相搭配可以形成活泼、欢快的良好育儿氛围。

另外，通常选择乳白色、蛋黄色和原木色家具增加活泼、雅致的效果。天然的木纹本色能营造出和谐自然的氛围，既体现环保与时尚，也更符合多数家长的审美意愿。

(3) 空间宽敞，设计合理。走廊以及其他活动空间是根据相应的人员活动流量、人体工效学以及相应的国家建筑标准设计的，保证孩子有宽敞的活动场地是在托幼机构规划初期需要重点考虑的问题。不同年龄、不同高度的孩子应使用不同高度的桌椅、玩具柜。高度合理、色彩鲜艳、外形有趣的桌椅能给予幼儿温馨、愉悦的感觉。一般以圆形、菱形圆角桌椅以及蛋黄色、蓝绿色桌椅为最佳。

室外共用场地应根据适当的资金投入建造跑道、沙坑和不超过0.3米深的戏水池等。托幼机构的平面规划布置应在功能上分清区域，方便管理，利于疏散。

(4) 无安全隐患，环保实用。在托幼机构规划设计时，在考虑利用现有的主体布局的基础上，完善托幼机构使用功能，掩盖处理原有主体结构的安全隐患。特别是上下楼梯，安全隐患比较多，在此处一般设置有一定图案的地毯或塑胶地板，楼梯扶手一般要经过认真的工艺处理或用软质材料加以保护，例如用小毛巾包扎。教室内地面一般采用实木地板，室外地面以塑胶地板为最佳。

托幼机构的外观装修实用环保即可，要以最小的投入，做出最好的外部形象。对于接待区可重点装修，其他局部的装修不要过于奢华，实用即可。

二、托幼机构建筑设计要求

托幼机构建筑设计是指为满足托幼机构的建造目的(包括人们对它的使用功能的要求、对它的视觉感受的要求)而进行的设计，使物质材料在技术经济等方面可行条件下形成能够成为审美对象的产物。狭义上，它指的是托幼机构的室内外的建筑设计。广义上，托幼机构建筑设计包括形成托幼机构建筑物的相关设计。

(一) 托幼机构建筑的基本要求

1. 应满足幼儿的生理和心理需求

托幼机构建筑应满足幼儿的生理需求，符合幼儿特点，从环境设计、建筑造型到窗台、台阶等构造细节，都要考虑，要反映托幼机构建筑的特点。托幼机构建筑应满足幼儿心理的需求，能充分满足"童心"，能激发幼儿对周围事物的好奇心和认识的兴趣，促进幼儿个性和情感的良好发展。

2. 应适合幼儿生活规律

幼儿的动态活动时间长，要保证足够面积的室内外游戏场地和环境良好的活动空间，必须把室外活动场地作为托幼机构建筑设计的重要组成部分。注重幼儿生理的特点，做好幼儿生活活动单元的设计，使幼儿掌握粗浅的知识和简单生活技能，创造舒适、良好的教学活动环境。

3. 应创造良好的卫生、防疫环境

托幼机构建筑的设计应满足绿化、美化、净化、儿童化的要求。选址、进行总图设计时必须将托幼机构设置在安全区域内，严禁在污染区和危险区内设置托幼机构。在建筑设计中应满足日照、通风的要求以及班级之间的卫生距离。

4. 应满足保障幼儿安全的要求

幼儿身体各部分机能的发育尚未成熟，动作还不十分协调，防护意识差，同时好奇心强烈，很容易导致安全事故的发生，因此在托幼机构建筑设计中，要特别注意幼儿的安全问题。

5. 应有利于保教人员的管理

托幼机构建筑设计则要密切配合幼儿教育的要求，方便办公，利于管理。随着时代和科技的发展，托幼机构建筑设计应注意与时俱进，符合现代化教育管理模式的需要。

(二) 托幼机构建筑的组合方式

托幼机构建筑的组合方式主要有 5 种，即毗连式、集中式、枝状式、分散式、屋面式。

1. 毗连式

班活动场地与班活动室相衔接，班活动场地成为活动室的室外延伸部分即为毗连式。毗连式组合有如下几个特点：班活动场地与活动室连接自然，使用方便，贯穿一体的布置方式有利于室内外空间环境的相互渗透；班活动场地一般在建筑南侧，有利于获得良好的日照条件及阻挡冬季寒风；班活动场地之间可利用绿篱、玩具等自然分隔；视线开阔，便于保教人员管理。毗连式组合如图 2-1 所示。

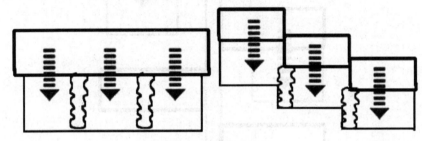

图 2-1　毗连式组合

2. 集中式

当建筑墙面较短时，托幼机构不宜与建筑物相连布置活动场地，一般围绕建筑物集中设置于建筑南部或端部即为集中式。集中式组合有如下几个特点：班活动场地与活动室没有直接的联系，设计时应注意使场地与活动室有方便的交通联系；各班活动场地布置相对集中，应注意减少各班活动时相互影响，且避免交通路线的交叉干扰；各班活动场地设置应有一定的独立性，分隔力求自然，避免生硬分隔。集中式组合如图 2-2 所示。

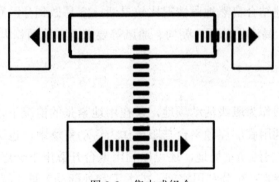

图 2-2　集中式组合

3. 枝状式

当班活动室呈肋形时，班活动场地也呈枝状自然布置于半封闭的建筑庭园中，即为枝状式。枝状式组合有如下几个特点：班活动场地与活动室关系与毗连式相似，有着室内外贯穿一体、联系、使用方便的特点；各班活动场地独立性好，班级之间活动时互不干扰，场地形成内院，围合感较强，形成安静、安全的活动空间；班活动场地有利于冬季阻挡寒风，但冬季活动场地阴影较多，设计时应考虑建筑间距以满足日照、通风要求。枝状式组合如图 2-3 所示。

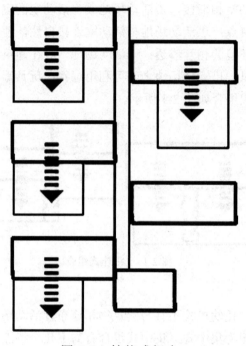

图 2-3　枝状式组合

4. 分散式

当托幼机构建筑物本身分散时，班级活动场地自然也分散设置。分散式组合有如下几个特点：班级活动场地结合自然地段情况比较灵活，容易做到分区布置；班、组活动的独立性强，互相干扰少；易满足分区、朝向、通风等要求；占地面积大，场地间联系不方便。分散式组合如图 2-4 所示。

5. 屋面式

屋面式是利用屋顶作为班级活动场地，是在用地紧张的情况下，解决室外活动场地的一个很好途径。可以利用底层屋顶平台与阳台作为活动室场地，也可以利用下面一层屋面(南向屋顶平台)作同楼层活动室场地，还可以利用退台开辟出下一层屋顶作同层活动场地。屋面式具有如下几个特点：充分利用空间，扩大了室外活动场地，缓解了用地紧张的矛盾；屋顶场地处理得好能使垂直交通量下降；可能减少各班之间不同活动的相互干扰。

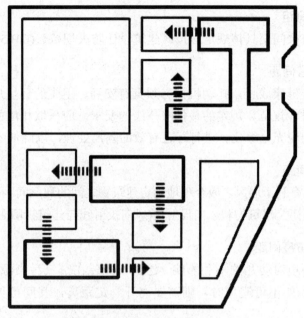

图 2-4　分散式组合

因活动场地处于屋顶，应加强安全措施，如设置安全牢固的护栏、宽绿化带，为防止儿童攀爬，发生危险，护栏不应设水平分格栏杆，竖向栏杆间隙应小于 30 厘米，以免儿童钻出而发生意外。与平地一样，屋顶活动场地也可设置绿化、沙池等，增加场地趣味性和活动内容。

(三) 托幼机构建筑的布置要求

托幼机构建筑的布置是托幼机构总体环境设计的主要内容，应根据园区及周围环境的具体条件，如用地的大小、形状、地质、地貌、方位、主导风向、出入口位置、周围建筑、与环境的关系、道路交通及人流流线特点等因素综合地加以确定，并初步考虑其层数、平面形式和建筑体型是否具有可能性。在总平面中布置建筑物应综合考虑托幼机构本身的使用特点和功能要求。

1. 建筑物朝向

托幼机构建筑朝向，首先应保证幼儿生活用房布置在园区最好的地段及当地最好的日照方位，以保证幼儿生活用房能够获得良好的日照条件，使幼儿冬季能够沐浴温暖阳光，夏季避免灼热日晒。日照不仅能改善室内小气候，阳光的紫外线还可以消毒杀菌，促进幼儿细胞的发育，增加血液中的白细胞、血色素、钙、磷、铁等，预防和治疗某些疾病。为使幼儿健康成长，适宜的幼儿园建筑的朝向至关重要。

我国幅员辽阔，各地气温差异很大，由于地理纬度不同，日照的角度也不相同，但总体来说，我国大部分地区正南及南偏东是较理想的方位。同时，还要满足建筑日照间距的要求，使建筑物与建筑物之间取得理想的日照，不受南向建筑的阴影所遮挡。

2. 建筑物防火间距

托幼机构建筑防火间距具体规定应按《建筑设计防火规范》(GB 50016—2014)执行。

3. 建筑物防噪音间距

为保证幼儿身心健康成长，托幼机构必须具有安静、卫生的环境质量，为满足《托儿所、托幼机构建筑设计规范》规定的最低噪声级的要求，应采取相应的措施，合理地选址及布局，建筑物之间应充分绿化，进行行之有效的隔声处理，以降低噪声对幼儿的影响。

4. 建筑物通风间距

为使建筑物布置有利于通风，应合理地确定建筑物之间的通风间距。建筑物之间的通风距离与空气流动的规律及建筑物和风向投射角(风向投射线与建筑物墙面法线的夹角)有关。

5. 建筑物卫生防疫间距

为了避免周围环境对幼儿的不利影响，建筑不应建在空气污染源的下风向，如畜圈、消毒室、垃圾箱等，如不可避免时，则需要离开一定距离，其间可种植树木或采取其他措施。

6. 建筑物层数

从幼儿年龄和生理特点考虑，为保障幼儿的安全并有利于开展各种教学活动，托幼机构建筑合理的层数是两层或局部三层。

《建筑设计防火规范》(GB 50016—2014)中对托幼机构建筑层数的要求：耐火等级为一、二级的托幼机构建筑不应设置在四层及四层以上；耐火等级为三级的托幼机构建筑不应设置在三层及三层以上；耐火等级为四级的托幼机构建筑不应超过一层。如果园区面积和经济条件允许，托幼机构建筑宜为平房，其优点如下：无垂直交通，幼儿使用方便；能充分与室外活动场地结合，使室内外空间互相渗透，互相补充；利于幼儿的安全和疏散；易于保教人员照管；采光方式灵活，可采用高窗、高侧窗、屋面天窗等多种采光形式，利于改善通风条件；建筑体量小巧、灵活，符合儿童的人体尺度要求。

7. 建筑物面积要求

托幼机构建筑面积要求主要针对室内建筑，即各个教室和办公室。室内使用面积应为达到400平方米以上。室内功能区具体面积要求如下：前台接待面积应为15平方米以上；洽谈区面积应为15平方米以上；家长休闲区面积应为10平方米以上；儿童游乐区面积应该在60平方米以上；教室分为大、中、小三种类型，大型教室面积应该在60平方米以上，中型教室面积在40~50平方米，小型教室面积在25平方米左右；卫生间面积应为15平方米以上(如有条件把员工和顾客的卫生间分开)；教师办公室面积应为20平方米以上；市场办公室面积应为10平方米以上；经理办公室面积应为10平方米以上。

8. 建筑物灯光要求

灯光照明可丰富环境的色彩与美感。暖色的光源投射在暖色调的墙壁上可增加其色彩度和空间感。利用强光或弱光来表现服务的特征与风格，增加机构吸引力；经色光演变所产生的柔和感，也可增加机构亲和力。总之，灯光照明不仅能使托幼机构的质量、档次、格调得到充分展现，还可以通过光色的联想、背景的烘托、灯具的陪衬以及投光角度等创造出一种引人入胜的空间感受。

9. 建筑物周围环境要求

(1) 周围绿化面积不能低于用地面积的 25%，托幼机构内部的绿化面积也最好不低于用地面积的 25%。绿色环境能为孩子营造一个更为自然的活动和视野空间，有助于孩子身心的发育，使孩子能够健康成长。

(2) 远离空气污染源。孩子们抵抗力较差，容易患呼吸道感染等疾病，园区周围不能存在有害气体，不能处于排放大量有害气体的工厂附近，要远离污染源。托幼机构内部也要保持空气流通，孩子所处的房间的空气应该保持新鲜，没有室内装修异味。

(3) 无噪声污染。远离市场、工地、大型娱乐场所、机场等。嘈杂的声音让孩子的耳朵无休止地受到噪声的伤害，无论其他条件多么诱人，家长们都会毫不犹豫地选择放弃。应选择在酒家、商店、博物馆、儿童主题公园等公共场所集中的地方开办托幼机构。但是，殡仪馆、垃圾场、污水处理站，以及生产、经营和贮藏有毒有害危险品、易燃易爆物品的场所等，不适宜和托幼机构做"邻居"。

三、托幼机构设备要求

为了保证托幼机构正常教学工作开展和教学活动的进行，托幼机构的投资人和负责人，依据所在托幼机构的实际情况与需求，制订相应采买计划并完成设备的配备。托幼机构的设备是顺利进行各种教育教学活动的物质基础与物质保障。

(一) 托幼机构室内设备要求

1. 主体土建设备

托幼机构的土建设备包括墙体、棚顶、地面、壁柜等，都属于基本装修内容。

(1) 墙体和顶棚。涂料一定要用环保耐用的，顶棚可以用白色或辅助色。在托幼机构，墙体彩色涂料不能用过多的颜色，主色调宜为绿色、黄色。

(2) 吊顶。吊顶要美观坚固，局部的装点(线脚、灯具)是为了掩盖建筑的缺陷而做。

(3) 地面。有水的地方一定要用防滑地砖。走廊及公共区域建议用环保的亚麻油地面。朝门的一边要留通气孔。教室和活动区地面铺软体地垫、专用防滑地垫。

(4) 壁柜。可以选择在墙上做壁柜，尽量在靠墙的地方做壁柜，以节约面积。

(5) 教具柜。教室内大教具柜的长深高宜为1090厘米×300厘米×550厘米，可使用白色漆板，为了保证安全，边为圆滑形状；小教具柜的长深高宜为1090厘米×300厘米×300厘米。

2. 教具室设备

教具室用来存放教具和工作中使用的物品，要求带锁。存放教具的房间需在15平方米左右。可制作教具柜或教具分类摆放架，室内安装灭菌灯(定期消毒灭菌)，室内靠墙摆放教具架(可定做)，地面为普通地板即可，室内粘贴教具使用制度说明，准备教具取放登记簿。

3. 活动室

专业活动室设备应根据专业特点进行配置。例如，科学发现室应配备操作台和材料柜，提供水源及用于开展各种探索活动的玩具、教具、操作材料。图书阅览室应配备图书、杂志、声像读物等，并配备足够数量的开放式书架及桌椅。儿童图书应以绘本为主，建议人均5册以上，复本不超过5册，且每年及时剔旧更新。教师专业用书建议不少于30种，报刊不少于8种，其中学前教育杂志不少于5种。

活动室地面以木质为宜，天花板和墙面宜进行吸音处理。活动室内宜按照教学区、活动区、生活区设置。

教学区配备儿童桌椅、钢琴(或电子琴)、磁性黑板、钟表、多媒体设备等。

活动区应根据幼儿发展的需要和认知水平选设角色游戏区、表演区、建构区、美工区、木工区、益智区、图书区、音乐区、科学区、自然观察区等，配备足够的操作材料和儿童图书，并随儿童发展水平、季节变换和教育内容及时更换。橱柜采用开放式，其大小、高度与儿童人数、身高相适应，便于儿童自由取放。

生活区应配备饮水、消毒设备。每班配备保温桶、水杯柜、消毒柜等。保温桶应具备锁定装置。每生一杯(无毒、不易碎、耐高温)，并有明显区分标记。

活动室配备的儿童桌椅应符合《学校课桌椅功能尺寸标准》(GB/T 3976—2002)，见表2-1。儿童桌面长度应保证每位儿童占有50～55厘米，宽度为35～50厘米。桌椅使用环保材质，无棱角，应与儿童身高相适宜，每班不必强求同一标准。

表2-1 桌椅型号及尺寸与儿童身高范围对应表　　　　　　厘米

桌椅型号	课桌尺寸		座椅尺寸					儿童身高适应范围
	桌面高	桌下净空高	座面高	座面有效深	座面宽	靠背上缘距座面高	靠背下缘距座面高	
幼1号	52	≥45	29	29	27	24	13	≥113
幼2号	49	≥42	27	27	27	23	12	105～119
幼3号	46	≥39	25	25	25	22	11	98～112
幼4号	43	≥36	23	23	25	21	10	90～104
幼5号	40	≥33	21	21	23	20	9	83～97
幼6号	37	≥30	19	19	23	19	8	75～89

4. 卫生间设备

托幼机构卫生间包括盥洗室和厕所,并应分间或分隔,通风良好,地面应防滑、易清洗。盥洗室配备与儿童的身高、数量相适应的梳洗镜、洗手盆和防溅水龙头。儿童每人一巾,毛巾之间要有合理间隔,并以安全方式悬挂。应有儿童无法直接接触到的清洁用具、消毒用品存放处,并有专用标志。厕所采用水冲式,配置适量的儿童坐便器或沟槽式便池,沟槽式便池应设置幼儿扶手。提倡男女分厕。严禁在盥洗室安装煤气、燃气热水器。

5. 寝室设备

儿童寝室应分班使用。寝室内配备供儿童午休的单层固定床,每生一床,也可根据实际情况配置可折叠的硬板床或床垫。床的长度应符合儿童身高要求,床间通道不得小于60厘米。如大班确需使用双层床,须配备固定式双层床,总高度不应高于120厘米,四周设高度不低于30厘米的护栏,且只能沿墙体处摆放。儿童床铺具体标准见表2-2。寄宿制托幼机构应设置专用寝室,配备固定式单层床、不同照度的灯具和儿童专用衣橱、被褥等,设置教师值班设施。

表2-2 托幼机构儿童床铺基本尺寸标准

床铺标准/厘米	年龄/岁	2~3	3~4	4~5	5~6
	高度	30	30	35	40
	宽度	60	70	70	70
	长度	130	130	140	150

6. 公共生活设施设备配备

办公设备包括办公桌椅、资料柜、储物柜、计算机、打印机、数码相机、电话等必要设备。有条件的应配备教师用计算机、摄像机。

卫生保健设备和用品包括必要的体检、简易外伤处理器械、常见外用药品和卫生消毒设备。

生活设备包括卫生用具、食堂设施设备等各种必要的生活服务设备。食堂应配备蒸饭车、和面机、冰箱、烤箱等必要的设备及防蝇、防鼠、防尘、防腐、消毒等设施。

(二) 托幼机构室外设备要求

室外设备是指托幼机构户外的游戏场地中所需的设备,可分为沙、水、运动器材、种植区设备和饲养角设备等。

1. 沙

幼儿对沙非常感兴趣,4岁半到6岁半的孩子玩的时间最长、次数最多的是沙箱角。沙的可塑性大,富于变化,可满足儿童丰富的想象力、创造力。

2. 水

戏水是幼儿极喜爱的,可促进幼儿的感觉发展,使幼儿获得许多不同的感觉经验。幼儿玩水时,应给予最少的监视,注意水深不超过30厘米,另外水应经常清毒或更换,保持卫生。

3. 锻炼大肌肉的运动设备

幼儿体能运动可训练其自发性、协调性,发泄过剩精力,培养爽朗、大方合作的运动员性格。例如,秋千培养对振荡的适应能力和胆量;滑梯有助幼儿的手臂、躯体、腿部的肌肉发展;攀爬可锻炼幼儿手臂、臀部肌肉,启发思考力,培养其克服困难的勇气以及顾及别人的习惯;跷跷板、浪木、转椅、摇船、平衡板、吊环等培养幼儿身体协调及集体协作精神等多种社会性品质。

4. 种植区设备与饲养角设备

托幼机构的种植区与饲养角可让幼儿观察植物的生长、参与植物的种植和动物的饲养,培养热爱自然的情操。在种植区种植花木、蔬菜,为其浇水、施肥,观察其生长变化。种植区应设置在有充足的阳光、水分的位置,最好在建筑物的南方,同时要避免种植有刺、有毒植物。饲养角可饲养小鸡、小兔等,让幼儿观察动物的生长变化,培养幼儿的爱心与责任心等。

第三节 开办托幼机构的其他准备

一、托幼机构人员配备的原则

(一) 以儿童为中心的原则

托幼机构主要服务与教育对象是婴幼儿,因此在配备人员的过程中要把以儿童为中心作为首要原则。托幼机构所有工作人员都要了解儿童生理与心理发育特点,尊重儿童发展的科学规律,用心关爱孩子,将儿童健康快乐成长作为工作的使命。

(二) 经济性原则

托幼机构组织人员配备计划的拟定,要以组织需要为依据,以保证经济效益提高为前提。既不要盲目扩大教职工队伍,更不要单纯为解决人员就业而招聘教职工。

(三) 程序化原则

托幼机构员工的选拔必须遵循一定的标准和程序。科学合理地确定教职员工选拔标准和聘任程序是聘任优秀人才的重要保证,只有严格按照规定的程序和标准办事,才能选聘到真正愿为组织发展做贡献的人才。

(四) 用人所长原则

所谓"用人所长",是指在用人时不能够求全责备,管理者应注重发挥人的长处。在现实中,由于人的知识、能力、个性发展是不平衡的,组织中的工作任务又具有多样性,因此"通才"或"全才"是不存在的,即使存在也不一定非要选择这种"通才",而应该选择最适合空缺职位要求的候选人。有效的管理就是发挥人的长处,并使其弱点减少到最少。

二、托幼机构的命名

(一) 托幼机构命名的重要性

托幼机构的名字是一所托幼机构的象征和"眼睛",这个名字会伴随托幼机构的成长,成为托幼机构的一笔无形资产。好名字会带来好的影响力,获得好的效益。好名字是事业的良好开端,对于托幼机构发展起着至关重要的作用。对于筹建中的托幼机构,命名宜早不宜迟,早一点为自己的机构命名,可以方便与人交流,更早地进行形象宣传和信息发布。

(二) 托幼机构命名的方法

1. **以知名企业命名**

有些企业为了扩大自己的经营领域,或者是为了更好地服务社会,树立自己的托幼机构形象,也会涉足幼教领域,借助企业公司命名的名字比较容易打造品牌。

2. **以国际著名学府命名**

为了表达自己想把孩子培养成为什么样的人,有时可以人才培养目标起名字,例如小牛津、小哈佛、清华园等,还会让人产生国际教育品牌的联想。

3. **以幼儿的童真童趣命名**

以幼儿喜爱的事物和幼儿天真烂漫的特点命名,可以给人一种活泼、充满幼儿教育特色的感觉,例如小豆子、阳光宝贝、大风车等。

4. **以字母或数字命名**

以数字和字母命名,有时最能直接反映托幼机构的形象,简练独特,令人记忆深刻,有些还有深刻的寓意,例如三之三托幼机构,三之三代表幼儿教育划分为 0~3 岁和 3~6 岁两个不同的教育阶段。两个数字就表达了教育的一体化特点,可谓简洁明快、耐人寻味。

5. **符合公众口味和时代特色的命名**

以公众口味命名的托幼机构,如金钥匙、明星、金太阳等;以树木花鸟、植物和色彩命名的托幼机构,如小橡树、蓝天、长颈鹿、小海龟等;以时代特色命名的托幼机构,如红缨、新干线、启明星、朝阳等。

托幼机构命名的范例

"卡乐卡蒂"(ColorKid)广告语为快乐色彩,命名创意是 ColorKid =Color+Kid,多彩的孩子,"卡乐卡蒂"意为快乐的、卡通的、耀眼的孩子们。

"明朵早教中心",寓意为宝贝就像明亮阳光下快乐的花朵。

"贝翼托幼机构"意为宝贝插上梦想之翼。

"七彩光托幼机构"意为播种七彩种子,培育七彩未来! 普照七彩阳光,点亮七彩人生!

"连心托幼机构"意为母子连心,心连心,放心。

"乐贝多托幼机构"(Le Bedouin Kindergarten),寓意为快乐宝贝趣多多,幸福童年喜洋洋。

"哈贝谷早教中心"(HAPPY GO),寓意孩子快乐地成长进步——"哈",彰显孩子的天真无邪——"贝",彰显托幼机构特色——"谷",彰显早教中心的安详美好。

"天使托幼机构",寓意阳光大气,时尚可爱。融入行业特色,迎合大众心理,彰显托幼机构魅力。

"启卓早教中心",启为启蒙,卓为卓越、优势。名称含义积极,读音向上,字形简单易记。

"七彩乐迪早教中心","七彩"寓意为儿童是祖国未来的花朵,各有各的色彩,相当于雨后彩虹。"乐迪"寓意为在快快乐乐的生活中指导孩子开启他们的智慧。

"双馨艺术托幼机构"取成语"德艺双馨"之意。

"沃龙托幼机构",沃为灌溉,引申为"教学""培养";龙为"望子成龙",寓意孩子们在这里将学到真才实学,实现自己的梦想。"沃龙"与"卧龙"谐音,而"卧龙"又是诸葛亮的代名词,寓意孩子们他日都会成为栋梁之材。

总之,托幼机构的命名要遵循形象生动、好听好记、寓意深刻的原则,避免使用生僻字、易读错音的字或难以辨认的字。

三、托幼机构宣传与招生

(一) 托幼机构宣传与招生的原则

1. 简明性原则

托幼机构的宣传首先要做到简单明了,让家长一下子就能抓住托幼机构的特色与亮点,尤其是在宣传海报和宣传手册制作方面,不能密密麻麻遍布文字。而应将本机构特点突出放大,用对比鲜明的彩色字体标示，给幼儿家长以视觉冲击。

2. 口碑性原则

家长是最好的招生宣传者，托幼机构应和家长建立良好的关系，让家长认同机构的教育与管理。当家长发现孩子在托幼机构很快乐，各方面都按照理想的方向发展，托幼机构自然就有了口碑。通过各个家长的宣传，托幼机构的生源自然就有了。

3. 专业性原则

现在的托幼机构多如雨后春笋，专业性会让托幼机构脱颖而出，家长最看重的也是托幼机构教育的专业性。专业的教育理念、专业的师资、专业的早期教育课程、专业的管理团队才是宣传的亮点，是招生的硬道理。

(二) 托幼机构宣传与招生的策略

1. 宣传前要进行调查分析

托幼机构首先要了解、熟悉周边环境，深入小区和公共场所，了解入住率、消费情况以及适龄儿童人数；了解周边近期和未来 5 年的发展情况，了解周边 5 千米以内的托幼机构(收费、特色、课程、人数、消费人群、管理模式及教师来源等)；了解家长为孩子选择托幼机构时的心理(如了解家长选择托幼机构的关键因素是什么、家长希望孩子哪些方面得到发展等)。对托幼机构的分析主要从环境优势与不足、费用优势与不足、师资优势与不足、课程优势与不足等方面进行。

2. 根据调查结果确定宣传内容

经过调查后，托幼机构对家长的心理进行分析，结合托幼机构自身优势与家长需求，进行有针对性的宣传。例如，针对现在公立托幼机构比私立托幼机构收费低，我们可以让家长了解，付出与回报是成正比的，强调托幼机构提供服务的质量与课程的专业性，让家长觉得"物"有所值。

3. 多种宣传方法有机组合

宣传要兼顾线上、线下两个方面，协同带动。随着互联网时代网络传播影响力的不断增强，线上宣传已是各行业宣传的主要阵地。

(1) 线上宣传。在线上可以制作专题页或进行广告投放，通过新媒体进行宣传；可以通过软文传播，结合社会实事、热点话题把托幼机构的优势凸现出来；也可以策划一些主题新颖、操作简便的活动，吸引家长参与其中。

(2) 线下宣传。线下宣传是传统的推广方式。托幼机构可根据收费标准分析入园的适宜人群，在人流较大的中大型超市、商场及就近的超市进行宣传，然后逐步延伸到周边各公众场所；还可以联合小区在节假日做宣传活动，根据不同的节日组织不同的活动，如亲子手工制作、亲子游戏等；还可以在托幼机构周边小区、商场超市设置宣传点，和家长进

4. 先试学后入园活动

托幼机构在招生过程中，可针对新入园幼儿采取试学策略，即先体验，满意再交费，这种对于家长来说"零"风险的活动，可以吸引那些"举棋不定"的家长。托幼机构采取试学的方式，可以让家长一步一步真实地了解托幼机构教育与管理水平。实践证明，试学满意后的家长一般会很爽快地缴费，办理入园手续。

5. 异业合作

托幼机构可以在周边选取合适的异业结盟对象，凭借对方的品牌形象与名气，来达到吸引家长、完成招生的任务。例如，可以与某儿童服装品牌企业、玩具企业、儿童摄影企业等合作；还可以和周边单位合作，让该单位职工子女享受优惠待遇，从单位的立场来说，增加了职工福利，从托幼机构方面来说，则扩大了机构的影响力，增加了固定生源。

6. 进行招生系统培训

在招生过程中，要想对每一位家长的问询都能应答自如，托幼机构必须编写《托幼机构百问百答》，包括接电话礼仪；前台接待礼仪；解答咨询问题的技巧；根据托幼机构自身的情况去揣测家长可能会问到的问题；托幼机构的规模、企业文化等；周边托幼机构的情况。知己知彼方能百战百胜，切勿诋毁其他托幼机构，只需告知家长本托幼机构的优势。

7. 建立完整的婴幼儿信息资料库

对于曾经咨询、参观过托幼机构的婴幼儿，及时获取婴幼儿信息，做好记录，建立婴幼儿个人信息资料库。建立信息资料库有助于根据婴幼儿的年龄来设计和实施相应的招生活动，使活动更加有针对性、目标性更强。从婴幼儿信息资料库中，找出婴幼儿的家庭住址，了解情况后初步筛选出目标人群。

××中心幼儿园招生简章

尊敬的家长朋友：您好！

孩子是校园的花朵，是家庭的希望，是祖国的未来。孩子的幸福快乐是每个家长的心愿。××中心幼儿园将是您孩子成长的摇篮，我们将尽心尽责地帮助您的孩子从小养成良好的生活、学习习惯，让您的孩子会讲、会唱、会写、会画、会做、会演。

我们的办园宗旨是：精心培育孩子，尽心关注孩子，真心发展孩子，全心服务家长。

我们的办园理念是：尊重幼儿身心发展规律和学习特点，坚持以游戏为基本活动，保教并举，培养幼儿个性发展，引导幼儿尽情发现、大胆创新，让其体验成功的喜悦。

一、我园预计开设小班2个、中班1个、大班1个和学前班1个，总共5个教学班。各班教室、活动室宽敞、明亮、整洁、舒适，并绘有适合幼儿特点、富有教育意义的图画，供幼儿欣赏学习；有幼儿休息的床铺；教室配有彩电、电钢琴、饮水机、空调、消毒柜等；每个班还布置3个活动区供幼儿开展游戏活动；我园为幼儿提供早、中餐。

二、我园有宽敞而又安全的活动场地、游戏场地，有培养幼儿观察能力的种植区，有培养幼儿动手能力和想象能力的玩沙区。活动场地铺设了绿色的塑胶地垫，并配有大中小型玩具。

三、我园制定了一套完整严格的安全管理制度及方案：①晨午检制度；②消毒制度；③疾病预防制度；④体检制度；⑤教师值班制度；⑥厨房卫生安全制度；⑦门卫管理制度；⑧幼儿午睡管理制度；⑨教师上下班管理制度；⑩各种安全管理应急预案及制度；⑪配备了一名专职保安人员，24小时值勤。

四、园长亲自选定具有丰富教学经验、爱岗敬业、责任心强的老师负责我园的管理及保教工作。所有教师都具有责任心、耐心和爱心。

五、招生范围：3~6岁年龄段幼儿。

六、需交费用：每学期保教费800元，早中餐费每月130元。

七、报名时间：××××年1月19日—23日。3月3日(即正月十三)正式上课。

八、携带证件：户口本或幼儿出生证的复印件，儿童保健手册。

九、报名地点：××中心幼儿园。

因招生人数有限，额满为止，请您务必在我园规定的报名时间前来报名，以便我园提前做好开学前的准备工作。

谢谢合作！

××中心幼儿园
××××年×月×日

四、幼儿的入园与编班

(一) 幼儿的入园

婴幼儿入园工作是托幼机构管理的首要工作，需要遵循科学管理、统筹管理的原则。

1. 入园流程

(1) 登记手续。登记手续是建立婴幼儿入园档案的基础，是入园工作的重要环节，登记手续时应做到细致周到、认真审核、耐心服务。家长应预交各种费用、填写幼儿入园报名单(见表2-3)、领取物品，进行婴幼儿出生后健康登记、幼儿安全保险登记、班级婴幼儿家庭情况登记等。

表 2-3　幼儿入园报名单

编号

幼儿姓名		性别		出生年月		所报班级	
家庭地址				所属街道		居委会	
审批情况							
家庭成员情况							
称谓及姓名、年龄							
工作职务							
工作单位及地址							
联系方式							
工资收入					休息日		
备注							

(2) 入园体检。体检是婴幼儿入园工作的最后环节和关键环节，由本地区幼儿保健指定医院对申请入园幼儿进行规定项目的身体健康检查，了解婴幼儿的身体、智力状况，作为婴幼儿入园的依据。入园体检的内容包括身高、体重、视力、智力、身体发育、心脏功能、肺功能、骨骼、传染病、营养状况等方面。可集中在托幼机构检查，也可到定点医院检查。体检工作由保健医生负责组织，收集报告，并向托幼机构负责人报告。

2. 入园方法与策略

当孩子进入托幼机构后，陌生的环境、陌生的人，会让他们不安，幼儿对以往照看者有着强烈的依恋感，与以往照看者分离会使他们产生"分离焦虑"，出现情绪波动，哭闹不安，乱发脾气，或者闷闷不乐，不愿与老师、小朋友交往等现象。让新入园的幼儿尽快适应集体生活，是托幼机构教育过程中一个不可忽视的重要内容。

(1) 分批入园。让幼儿分批入园，可以让教师有更多的时间照顾新生，进行重点引导。同时，先入园的幼儿已形成良好的行为习惯，他们的行为对后入园的幼儿可以起到潜移默化的影响。

(2) 转移婴幼儿对父母的依恋。第一，稳定幼儿情绪，做好入园接待工作。"接待"是新生入园教育的重要步骤。儿童入园时的情绪，往往会影响其一整天。新生入园，老师应亲切接待，直呼孩子的名字或小名，拥抱他，搀扶他，给他喜欢的玩具，给其抚慰和鼓励，并当着儿童的面要求家长下午早些来园接领，使儿童在情感上得到满足，使初入园的儿童感到温暖和安全。第二，营造整洁、温馨、优雅的室内环境。对于新入园幼儿来说，"家"是最有安全感、亲切感的地方。用幼儿喜欢的色彩、外形夸张逼真的图案来布置活动室或教室，婴幼儿喜欢的图案如小白兔、小鸟、红太阳等。同时，要提供适宜的玩具，如娃娃、积木、积塑等,同时,幼儿也可自带玩具。要让幼儿入园的第一天就看到一个新鲜而美丽的环境。第三,要设法转移幼儿的注意力,稳定幼儿情绪。教师可以设计丰富多彩的活动吸引幼儿的注意力,如教师化妆成幼儿喜爱的形象,利用大型组合玩具开展各种游戏,使幼儿在宽松、自由的氛围中愉快地生活。

(3) 开展"大带小"活动。由于刚离开父母,新入园的幼儿来到陌生的环境,一般会哭闹不停。孩子与孩子之间最容易相处与交流,良好的同伴关系能使孩子具有安全感和归属感,提高孩子对新环境的适应能力,培养幼儿乐意与人交往、互助、合作和分享的品质。托幼机构开展"大带小"活动,让大龄幼儿牵着新生的小手,陪他们玩积木、给他们讲故事、教他们洗手,带领他们看看周围的环境,认识园内的老师。让新入园幼儿在哥哥姐姐的感染下熟悉并适应新的环境,体验到游戏的快乐,逐步消除初入园时的恐惧与陌生。

(4) 加强常规培养,教给幼儿一些生活技能。新入园的幼儿不能像在家里一样随心所欲,喝水、吃饭、洗手、大小便、玩玩具,都要遵守规矩。老师不能迁就孩子不正当的要求,要适当地进行教育,教给他们一些生活技能,可以通过各种各样的活动和游戏,让幼儿在愉快的情绪下学到本领。

(5) 鼓励家长共同配合。托幼机构教育固然重要,但家庭环境教育也是必不可少的。教师要积极鼓励家长配合托幼机构的教育,家长在家时可多给孩子们讲讲托幼机构有趣的事情,配合老师指导孩子,让孩子按照托幼机构的要求做一些力所能及的家务。

(二) 编班

首先,托幼机构根据招生规模大小和实际招生人数编为若干个班级。可按照年龄编班,如大班、中班、小班或以其他名称指代,也可混龄编班(家庭分班)、分组教养。《幼儿园工作规程》中对编班人数有严格的规定,在保教人员比例正常情况下,增加人数不能超过15%~20%。在编班的过程中要考虑入园孩子的性别比例,根据特定比例进行编班,要求在编班过程中尽量做到每个班男女人数均衡;其次要考虑入园儿童的身体素质,在入园前对幼儿进行身体检查并且询问既往病史,对于体质弱和体质强的幼儿搭配分班,避免出现一个班都是"小病号"的现象;最后要考虑托幼机构所拥有的场地与空间,严格按照规定安排各班人数。

德国的混龄编班

德国托幼机构在编班上有一个非常鲜明的特点——混龄编班,即将不同年龄组的儿童编在一个班级(德国称之为小组)中进行游戏、生活和学习。这种混龄编班在德国全国范围内所有托幼机构实施。德国混龄班的孩子年龄跨度非常大,德国教育家早期研究3~6岁儿童之间的混龄编班,并进行实践,后来逐渐往两头延伸,为0~12岁的儿童混龄编班。目前一般以 3~6 岁混龄为主,但也有各种不同的情况,如"Thomizil 幼儿中心"共有 82 名儿童,年龄在 2~12 岁,分成 4 个班,其中两个班各为 21 人,另两个班各为 20 人。每个班的年龄分配相同,为 2 岁 2 人,3~6 岁 13 或 14 人,7~12 岁 5 人。又如在"Willy Althof"托幼机构,有 5 个班级,全部采用 8 个月~4 岁儿童的混龄编班(因为德国政府给予有 8 个月之前儿童的家庭一定的经济补助,所以 8 个月之前的儿童一般不入托),每个班的各年龄段儿童数基本相同,分别为 10、11、12、12、12 人。以 12 人的一个班级为例,其中 1 岁以下 2 人,1~2 岁 5 人,3~4 岁 5 人。在教师的配备上,基本为一个班级 2 名教师,包括一名幼儿教师(班级负责人),一名幼儿看护(教育的后备力量),有的班级另外配备一名准实习生(正在接受培训的学生)。

课后思考与练习

1. 托幼机构在筹建过程中需要做哪些准备?
2. 托幼机构有哪些类型?划分依据是什么?请分别举例说明。
3. 托幼机构包括哪些建筑?具体的建筑要求是什么?
4. 托幼机构人员配备的原则有哪些?
5. 假如你是一所托幼机构负责人,请拟定一份托幼机构宣传策划书,并设计一份招生简章。

第三章 托幼机构常规工作管理

第一节 托幼机构班级工作管理

托幼机构班级是托幼机构的核心单位，同时又是幼儿生活的"家园"。班级是幼儿一日常规生活，幼儿日常行为习惯养成，学习、游戏的主要场所。教师与家长的沟通、交流都是在班级的基础上开展的。托幼机构班级管理与中小学班级管理既有相同之处，又有明显区别和差异，托幼机构班级管理有其特殊性，这主要是由儿童的生理和心理特殊性所决定的。因此，托幼机构班级管理既平凡琐碎、服务性强，又具有教育性和保育性相结合的特点。幼儿的学习与生活是以托幼机构班级管理为前提的，它本身就是一种潜在的、隐性的教育，对幼儿的身心发展有重大意义。

一、托幼机构班级管理的含义

教育家克鲁斯卡娅说："只有在集体中儿童的个性才能得到最充分、最全面的发展。"班级是托幼机构的有机组成部分，是托幼机构的核心单位。幼儿与教师所有活动都是在班级中展开的，幼儿的所有游戏、学习、活动都是在班级所在空间展开的。

托幼机构班级是托幼机构的基层组织，是托幼机构实施保教任务的基本单位，是托幼机构组织、安排教育活动和生活活动的重要场所，整个托幼机构的工作都是通过各个班级的工作来实现的。幼儿的健康成长离不开良好的班级管理工作。

因此我们可以将托幼机构班级管理定义为"幼儿教师以幼儿身心发展规律为依据，以学前教育原则与观念为指导，实现班级中的人、事、物的互动，进而实现各种教育目标和幼儿发展的动态过程"。现代托幼机构班级管理应"以人为本"，即以幼儿的发展为本，以服务家长、提高家长的育儿水平为本，以教师的成长为本，实现幼儿、家长、教师三方共同成长。

二、托幼机构班级管理的内容

托幼机构的班级管理不同于中小学的班级管理,具有其独特的方面,这是由幼儿的特殊性和托幼机构的独特功能所决定的。托幼机构的班级管理不仅包括日常的教育教学常规管理,还包括幼儿生活常规管理,涉及幼儿的生活、常规课程、班级环境与人际关系等方面,因此,托幼机构的班级管理具有显著的综合性特点。其中各个方面的管理都是紧紧围绕幼儿养育生活管理而展开的,注重对幼儿的引导和濡染。

托幼机构一般有小、中、大班三个年龄段的班级,每个年龄段的班级存在很大差异,而且幼儿年龄越小,年龄特征表现越明显,差异也就越大。因此各年龄段的特点不同,班级管理的内容和方法也应不同,教师在进行班级管理时要考虑班级幼儿的年龄特征,进行有针对性的班级管理,针对本班幼儿的特点创造出独特的管理方法,科学有效地进行班级管理。

(一) 小班班级管理的内容

托幼机构小班一般是指由3~4周岁幼儿组成的集体。部分托幼机构小班的儿童不足3岁,有的甚至2.5岁,他们白天时间离开了父母,初到一个陌生的地方学习与生活,会出现"分离焦虑"的情况,这是非常正常的一种现象,通常在1个月左右,大部分幼儿就可以适应这种情况。小班幼儿还具有生理发育不成熟、生活自理能力较差的特点,如有的幼儿不能自主如厕、进食等。另外,小班幼儿的语言和行为发展还不完善,幼儿有时候不能完整清楚表达自己的想法。

小班常规包括盥洗活动常规、饮食(正餐、间食、喝水)活动常规、睡眠活动常规、卫生习惯常规、入园离园常规、课间操和运动常规。幼儿应该按照各项常规的要求去做,逐渐养成良好的习惯。对于班级常规,小班幼儿主要通过直观动作进行学习,需要反复练习。教师要讲究方法,对幼儿要有耐心,可采用示范、模仿法,也可开展文学作品阅读或游戏活动,通过幼儿喜爱的玩具和动漫引导幼儿。教育方法有常规教学活动、开展幼儿喜爱的游戏活动、创设良好的环境、家园共建等。各项活动都有独特的方法与策略,教师要根据各自特征与优点开展班级管理活动,为今后的学习奠定良好的基础。

(二) 中班班级管理的内容

托幼机构中班一般指由4~5周岁幼儿组成的集体,是幼儿学前教育中承上启下的阶段,也是幼儿身心发展的关键时期。首先,中班幼儿自理能力有着显著的提高,生活能力增强,如厕、穿衣服、吃饭等简单活动可以独立完成。其次,愿意承担教师布置的任务,特别是一些简单、容易完成、机械操作、动手操作的任务,并努力去完成。最后,中班幼儿注意力、观察力及语言表达能力相比小班幼儿明显提高,游戏活动更加丰富,与同伴交往的能力增强,在活动中表现出了想象力和创造力。中班幼儿活动的目的性增强,初步的责任意识和任务意识开始萌芽。同时,由于中班幼儿身心发展阶段的特殊性,此阶段幼儿会出现告状、攻击行为等，根据这些特点，教师要对幼儿耐心引导，为幼儿创设良好的教育环境，在教学实践中教师要充分考虑幼儿年龄特征、所处的生活环境、兴趣、爱好、需要，为他们提供创造的空间和条件，创建和谐温馨的班级氛围，以减少不和谐因素。

中班生活常规包括卫生习惯，如饭前便后要洗手的习惯、独立完成大小便、按时喝水、正确使用手帕、保持个人身体清洁等；良好的饮食习惯，如爱惜粮食、文明用餐、用餐坐姿正确；保持良好的睡眠习惯，如良好的入眠方法、固定的睡眠时间等。对中班幼儿，教师可采用行为示范法，同时采用榜样法，让身边的良好行为对幼儿起示范作用，有针对地加以训练，因材施教，帮助他们养成良好的习惯，及时纠正幼儿的不良行为。

教育活动包括集体活动，如音乐、美术、体育活动、游戏活动等。幼儿对知识的掌握是在具体活动中进行的，离开了具体活动，单纯记忆知识是毫无效果的。教师要通过各种活动，帮助幼儿掌握基本知识和技能，并内化为自觉行为。教师给幼儿安排的任务要具体、明确，并要全程监督完成，达到真正的教育目的。

(三) 大班班级管理的内容

大班是幼儿在园的最后一年。首先，幼儿智力水平快速发展，他们身体更加强壮，活泼好动，学习能力进一步增强，开始有自己的想法，出现个性化的发展。其次，大班是幼儿语言能力与自我意识的发生与发展的关键时期。大班幼儿眼界更加开阔，掌握了更多的知识，出现强烈的好奇心与探索欲，经常会向教师、家长提出一些"是什么""为什么"等问题。大班幼儿具有强烈的集体意识，知道热爱自己的家庭、班级、集体。最后，大班幼儿具有强烈的责任感，对教师布置的任务能认真对待，努力完成。大班的孩子特别重视结果，如比赛结果、评比结果、获奖结果等。

对于大班幼儿，教师要进一步加强生活教育，巩固幼儿在小班和中班养成的良好习惯。要着重培养幼儿自我管理的能力，让幼儿学习自我管理，包括管理自己的行为、自己的生活、自己的物品、自己的语言等。增强幼儿的集体意识，让幼儿意识到自己是集体中的一员，应该遵守集体规则，为集体做贡献，增加责任感。教师可以组织集体竞赛等活动，在活动中教导幼儿不仅要考虑自己，也要考虑他人和集体，培养幼儿团队合作意识。大班班级管理的重点是为幼儿进入小学学习做好准备工作，在环境创设、活动开展、同学关系、学习习惯上都以小学为参考，还可以与附近的小学建立联系，带幼儿到小学去参观，让他们与小学生接触，了解小学生的学习与生活，让幼儿了解、适应、习惯小学生活，对小学生活充满期待，减少幼儿上小学的恐惧，让幼儿顺利升入小学。

某托幼机构教师工作职责

1. 严格遵守机构《教师行为规范 10 条》和各项规章制度。

2. 全面负责本班教育和保育工作，结合本班实际，制订教育工作计划(包括观察、分析、记录婴幼儿发展情况)，并认真执行。

3. 对婴幼儿要和蔼可亲，做到耐心、关心、细心、热心。

4. 认真执行婴幼儿的作息制度，认真安排好各项活动内容，做到动静交替，手脑并用，确保孩子身心健康成长。

5. 讨论每周工作内容，共同确定下周工作重点，与其他教师、工作人员共同开展教育活动。

6. 坚持正面教育原则，尊重幼儿，积极启发引导，严禁体罚和变相体罚。

7. 努力钻研业务，积极参加教研活动及业务学习。积极创编教材，制作教具，不断提高自身素质及水平。

8. 做好家长工作，向家长宣传正确的教养方法，每周向家长公布本周及下周的教育内容，以便家长心中有数，积极配合。

9. 认真填写"家园联系手册"，经常与家长保持联系，及时交换意见。

10. 认真做好教研活动记录和每周教育小结，每学期写出质量较高的教育工作总结或论文一至两篇。

11. 坚持英语学习，坚持用英语组织教学。

三、托幼机构班级管理的功能

托幼机构班级是托幼机构核心组成部分，托幼机构班级管理对于托幼机构正常运行起到至关重要的作用。

(一) 生活功能

生活功能是指托幼机构班级管理对幼儿成长具有基本的生活保障功能。幼儿一日生活包括幼儿生活与教育诸多方面，包括入园、晨检、早操、三餐、午睡、户外活动、自由活动、离园等。在班级管理中，要保证托幼机构各项活动有规律、有节奏地进行，使幼儿养成良好的生活习惯与作息规律，这是保障幼儿身体健康的重要前提。

托幼机构的卫生保健也是不可忽视的。托幼机构的卫生保健包括幼儿安全教育、疾病预防、卫生宣传等。在班级管理中，发挥卫生保健作用，有利于保护幼儿的生命安全，有利于促进幼儿身体器官的健康发育和各种机能的正常发展，有利于增强幼儿的体质，有利于培养幼儿良好的卫生行为和习惯。托幼机构班级管理中的卫生保健功能的发挥，对幼儿的健康成长意义重大。

(二) 教育功能

托幼机构班级管理是以促进幼儿在健康、认知、社会性、情感、个性等方面的全面、和谐发展为目标，通过各种教育手段促进幼儿身心健康成长。首先，托幼机构班级管理可以促进幼儿认知发展。例如发展幼儿智力、培养幼儿正确运用感觉和运用语言交往的基本能力、培养有益的兴趣和求知欲望以及初步的动手能力等。其次，托幼机构班级管理可以促进幼儿自我意识和个性化发展。通过各种丰富多彩的集体活动和集体生活，培养幼儿不同的兴趣、爱好、特点，并在此过程中塑造幼儿的性格，促进其形成各具特点的健康品质，促进每个幼儿个性的发展。最后，托幼机构班级管理可以促进幼儿社会性发展。有效的托幼机构班级管理具有促进幼儿社会性良好发展的功能，对培养幼儿社会性发展至关重要。例如，对于小班幼儿，应重点培养其形成初步的自我意识，初步的自我控制、适应能力，引导幼儿逐步适应并喜欢托幼机构集体生活，养成文明礼貌的习惯，习得简单、基本的社会行为规范等。对于大班幼儿，应重点培养托幼机构其自信心、自尊心以及诚实、勇敢、守纪、不怕挫折等品质；注重培养幼儿与他人交往能力，引导幼儿初步学习交往规则，掌握分享、合作、互助等技能；激发幼儿珍惜劳动成果、爱护公共财物、乐于参加力所能及的劳动等。

(三) 调整功能

托幼机构的班级管理对于幼儿教师的成长具有至关重要的作用，通过班级管理实施与操作，教师可以发现工作中存在的缺点与不足，并及时调整教育策略，提升教育能力。托幼机构教师在班级管理中，在与幼儿发生交互的过程中，不断对幼儿在生活活动和教育活动中的表现进行反思，改进自己的教育策略和行为，从而促进教师教育能力的提升，促进教师的专业化发展。

四、托幼机构班级管理的原则

班级管理原则是班级管理过程中必须遵循的普遍性行为准则，它对班级全面管理具有重要的指导意义。以人为本原则、整体协调原则、家园共建原则是托幼机构班级管理中应遵循的基本原则。

(一) 以人为本原则

以人的发展为本是托幼机构办园的根本原则。托幼机构班级管理首先应该遵循以人为本的原则，即一切以幼儿发展为本。《幼儿园教育指导纲要》指出："幼儿园教育应尊重幼儿的人格和权利，尊重幼儿身心发展的规律和学习特点。"以人为本就是要确立和尊重幼儿在班级中的主体地位，尊重他们的个性特点，让班级的一切活动都为满足幼儿的成长和发展而设计和组织，着力培养他们的自信心、全面而和谐的素质、鲜明的个性，尤其注重培养他们的创造力。

(二) 整体协调原则

整体协调原则是指班级管理应是面向全体幼儿并涉及班内所有管理要素的管理。整体协调原则保证了班级全体幼儿的共同进步而不是部分幼儿的超常发展，确保班级各种管理要素得到充分利用。

教师应把班集体中的每一个人都纳入管理工作的视野，切实地加以管理，把全班幼儿作为一个系统，作为一个整体来对待，这是当今科学的管理观、教育观所倡导的。整体性原则要求教师平等对待所有幼儿，让每个幼儿都有参与活动的机会，使每个幼儿在自己原有水平的基础上获得发展。

(三) 家园共建原则

家园有效互动有利于提高班级管理质量。《幼儿园教育指导纲要》指出："家庭是托幼机构重要的合作伙伴。教师应本着尊重、平等、合作的原则，争取家长的理解、支持和主动参与，并积极支持、帮助家长提高教育能力。"教师应从根本上提高家园互动的质量，加强家长的参与意识。

例如，在托幼机构的"艺术月"活动中，其中有一个节目是"巧手绘中华"，为了更好地开展这项活动，教师把家长召集起来，与家长共同商讨方案，家长们纷纷建议用各种形式来展现，有的说"画"，有的说"折"，有的说"用布做"……家长与教师一起，带动幼儿全身心参与到活动之中，开展了丰富多彩的亲子活动。在此过程中，由于教师的有效沟通，家长能够明确托幼机构班级的教育目标，与教师协同教育幼儿，在自身教育理念不断更新的同时，也使得家园形成教育合力，使教育价值最大化。

五、托幼机构班级管理的策略

班级是托幼机构的基层组织，是实施保教任务的基本单位。对幼儿来说，班级是他们具体的生活环境，幼儿的大部分活动都是在班级内进行的，为了确保管理规范化、科学化，教师应采取行之有效的策略，更合理地进行班级管理，进而增进幼儿身心健康，促进幼儿德智体美全面发展。

(一) 创建和谐关系是班级管理的基础

班级内教师之间的关系是班级管理的基础，其关系是否和谐、配合得是否默契直接关系到班级管理的好坏。形成有利的班级团体优势与和谐的教师关系，需要做到以下三点。

1. 教师之间应该坦诚相待，加强沟通

班级内的教师应相互信任、相互帮助，在相处中必须做到"真诚"两字，主班教师在处理班级中的事情时要与配班教师多沟通交流，例如，询问配班教师班级幼儿的表现是进

步了还是落后了，最近某幼儿有什么反常表现，对某幼儿应该用什么方法激励他，等等。主班教师及时与配班教师沟通，交流意见和看法，这样既加强了教师之间融洽的关系，又有利于幼儿的教育和班级的管理。主班教师只有坦诚地对待配班教师，配班教师才能自愿地服从主班教师的领导，这样班级才有凝聚力和向心力，班级管理工作效率也就大大提高了。

2. 教师之间应该相互学习，共同进步

主班教师既是指挥员又是战斗员，因而要做到严以律己，宽以待人，在处理班级工作时不应独断专行，而应多听其他老师的建议，学习好的做法，取他人之长，补自己之短，并把成功的经验运用到对幼儿的教育中，使教师之间共同进步，共同发展。

3. 教师之间既要分工明确，又要相互配合

托幼机构班级教师一般配备二教一保，三个人负责班级里的一切事务，他们是班级管理工作的主要承担者，每个人应承担起自己在班级中的一份责任，既要分工明确，又要配合默契，也就是我们通常说的"小分工，大合作"。例如在早晨锻炼时间，保教人员如果各自为政，那么就会在一定程度上使幼儿放任自流，造成管理上的困难，所以无论在哪一个时间段，班级里的三位保教人员都要有明确的分工，默契地配合，这样才能形成一定的秩序，避免不必要的紊乱而导致工作的无序。

(二) 抓好常规教育是班级管理的关键

《幼儿园教育指导纲要》明确指出："建立良好的常规，避免不必要的管理行为，逐步引导幼儿学习自我管理。"引导幼儿自我管理的方法和技巧主要有以下几个。

1. 师生共同讨论，制定活动规则

讨论是幼儿在学习生活过程中相互合作、相互交流而确定一种最佳方案的过程，讨论能让孩子获得正确的认识，调整自己的行为，是孩子学习知识时必不可少的一种方法。在制定班级活动常规时，建议经常与孩子们共同讨论制定活动的规则。教师在管理幼儿时，通过这种方法能充分调动孩子们的自主性，使托幼机构的常规教育由传统的要孩子们怎么做转化为孩子们自主地要怎么做，易于建立良好的行为规则，而且师生共同讨论出来的规则，幼儿能够明白为什么要这样做，理解其中的道理，能够自觉遵守，能更好地达到预期的效果。

2. 发挥评价功能，调整活动规则

孩子是在老师和同伴的评价中成长的，他们非常在意这种评价，所以每天幼儿即将离园时老师尽量对他们一天的表现进行评价。在评价中让幼儿知道什么该做，什么不该做。

3. 运用文学作品，促进规则养成

文学作品具有较强的感染性和表演性，适合幼儿的认知水平和学习特点。所以，在促进幼儿常规养成时，经常选择一些有意义的文学作品对幼儿进行教育，以养成良好行为习

惯。例如，为了培养幼儿爱惜粮食的行为，向他们讲述《大公鸡和漏嘴巴》的故事，并组织讨论故事中的不同角色，启发幼儿爱惜粮食。为了强化教育效果，教师还可以组织幼儿模仿故事中的角色进行表演，使幼儿在游戏中养成良好的行为品质。文学作品不仅能让孩子改正缺点，还能让他们记忆深刻，在幼儿的常规培养方面起着重要作用。例如，在幼儿洗手时，老师教幼儿念儿歌："搓搓搓，搓手心，搓搓搓，搓手背，换只手再搓搓，甩三下，一二三，关好水龙头，擦干手指头。"这样幼儿在不知不觉之中根据儿歌引导的步骤就完成了洗手任务。

此外，教师可将生活常规的内容设计成正规的、有目的、有计划的教育活动，以直观生动的方法，启发幼儿理解生活常规的内容，以活泼多样的形式帮助幼儿练习巩固，形成动力定型。例如，为了让幼儿懂得保护牙齿对人体健康的重要性，老师设计健康活动《小熊学刷牙》，通过故事《小熊拔牙》、出示牙齿模型，再进行实际练习，不仅让幼儿明白了要保护牙齿的道理，还能让幼儿掌握正确的爱护牙齿的方法。

(三) 实现家园共育是班级管理的保障

托幼机构的班级管理离不开家长的配合。在日常的管理过程中，教师尝试利用家长资源进行班级管理，能起到事半功倍的作用。例如，某小班开始培养幼儿"饭前洗手、饭后漱口"的习惯，首先通过便条、家校通等方式告知家长，让家长帮助指导幼儿养成此习惯，并号召家长以身作则，请家长配合学校教育，建立相应的家庭常规，有利于幼儿良好习惯的养成。

另外，引导家长转变观念，明确班级管理的重要性。让家长了解到，只有家长切实地参与，才能促进幼儿身心和谐地发展，才能使孩子所在的班级更好。托幼机构的班级管理工作并非一日之功，教师需要在《幼儿园教育指导纲要》理念的指导下，不断努力，不断探索班级管理的新思路，这样才能在实际工作中做到循序渐进、游刃有余。

(四) 通过游戏树立幼儿规则意识

幼儿规则意识和规则认知水平确实有一个发展的过程，按照皮亚杰的说法，就是"从规则他律走向规律自律"的过程，即从规则的外部强制性走向规则的内在自觉性，这是规则内化的过程。皮亚杰特别指出，"规则内化"是在与玩伴自由交往的过程中实现的，假若幼儿在权威规则强制下自律，那么一旦离开了权威，他就会违反规则，因为他们在接受规则时是被动的。而在自由交往中经常体验成功交往经验和失败交往教训的幼儿，能够自觉按照规则行事，因为规则的公正性常常使他们受益。

教师必须意识到游戏中的"自由"虽然容易引起纠纷，但纠纷意味着幼儿之间产生了社会认知冲突，这恰恰是幼儿社会性发展的契机。解决纠纷的过程就是幼儿学习和体验规则的过程，他们会体验到不同的解决方法所产生的不同结果：有时争抢会两败俱伤，霸道会导致孤立，暂时得益会丧失其他；有时这里吃点小亏那里赢得更多，退让一步反而玩得更开心，给予别人也会获得别人的给予。

第二节 托幼机构卫生保健管理

一、托幼机构卫生保健管理概述

(一) 托幼机构卫生保健管理的含义

《教育管理词典》中,对"幼儿卫生保健"的说明是:"对幼儿个人和集体采取的医疗保健和卫生防疫相结合的措施。"其目的是预防幼儿疾病、保护和促进幼儿的身体健康、生长发育和心理发展。托幼机构卫生保健就是在托幼机构内对幼儿个人和集体采取预防和保健相结合的综合性措施,以达到预防疾病、保护和促进幼儿身心健康的目的。

(二) 托幼机构卫生保健工作的主要任务

托幼机构卫生保健工作包括卫生保健人员和保健室的配备、保健管理、保健教育指导和卫生保健信息管理。其中,保健管理包括环境管理(卫生与消毒、环境安全)、健康管理(健康检查、疾病防治)和生活管理(作息制度、营养膳食和体格锻炼);保健教育指导包括健康教育和安全指导;卫生保健信息管理包括卫生保健信息的收集和统计分析。

贯彻预防为主、保教结合的工作方针,为儿童创造良好的生活环境,预防和控制传染病,降低常见病的发病率,培养健康的生活习惯,保障儿童的身心健康。幼儿阶段是儿童身体发育和机能发展极为迅速的时期,也是形成安全感和乐观态度的重要阶段。发育良好的身体、愉快的情绪、强健的体质、协调的动作、良好的生活习惯和基本生活能力是幼儿身心健康的重要标志,也是其他领域学习与发展的基础。

(三) 托幼机构卫生保健目的

1. 提高托幼机构卫生保健工作水平

通过提升托幼机构卫生保健的软件与硬件,从而提升整体托幼机构保健工作水平,为幼儿营造一个健康安全的环境。

2. 预防和减少疾病发生

由于托幼机构幼儿身心发展的特殊性,幼儿的身体具有易生病、抵抗力较差、自我保护能力较差的特点,因此托幼机构必须做好卫生保健工作以减少和预防疾病发生。

3. 保障儿童身心健康

托幼机构不仅要致力于增强幼儿的身体发育与健康,同时也要关注幼儿的心理健康,因为幼儿期是幼儿心理发展的关键期,而幼儿期的心理健康对一个人的一生有重要影响。

(四) 托幼机构卫生保健管理的依据

托幼机构卫生保健的管理依据包括两类，即法律依据与行政依据。法律依据包括《托儿所幼儿园卫生保健管理办法》(卫生部、教育部〔2010〕76号)；《托儿所幼儿园卫生保健工作规范》(卫生部、卫妇社发〔2012〕35号)；其他相关法律法规，包括地方法规与条例。在具体行政执行方面，卫生行政部门主管托幼机构卫生保健工作，妇幼保健院进行业务指导。从托幼机构角度来讲，园长是卫生保健工作第一责任人，保健人员牵头负责具体卫生保健实施，保育员在医生指导下执行卫生保健制度。

(五) 托幼机构卫生保健管理要求

1. 硬件要求

托幼机构的园舍、桌椅、教具、采光设施、照明设施、娱乐器具及运动器械必须适合儿童健康发育的需要，符合国家规定的卫生标准和安全要求。

2. 人员要求

医师必须取得医师执业证书，护士必须取得护士执业证书。保健员至少要有高中学历，必须取得岗位培训合格证，定期接受当地保健机构专业知识培训。

工作人员必须取得健康合格证，每年进行一次健康检查。保育员应具备初中以上学历，并受过幼儿保育职业培训。

二、托幼机构卫生保健管理的方法

(一) 宏观规定

1. 制定严格的卫生保健制度

孟子说："不以规矩，不能成方圆。"大到国家治理，小到游戏活动，都需要规则维系，托幼机构的规章制度就是"规矩"。托幼机构卫生保健工作繁杂，是一项全机构性的工作，需要对各项卫生保健工作的要求、常规做法、工作程序和工作人员职权和行为准则等做出系统的规定，并用条文的形式固定下来，形成制度，使全机构人员做事有章可循，以保障卫生保健工作的顺利开展。

2. 加强教师与保育人员培训

托幼机构的卫生保健工作繁杂，几乎涉及托幼机构每一个工作成员。首先要提高各类工作人员思想上的认识，理解"为什么要这样做"，使各类人员清楚地认识到卫生保健工作在托幼机构中所具有的特殊意义，明白需要做好卫生保健工作的原因。其次，各类人员工作性质不同，要根据教师、保育员、后勤人员等不同的工作性质制订不同的培训计划。教师需要严格按照制度组织幼儿的活动，做好班级幼儿身心保健工作，对其培训重点包括全日观察指导、体弱儿或肥胖儿等护理、意外伤害急救、疾病预防、家园联系等。保育员需要掌握消毒的技能，对其培训重点应该是各类物品的清洁保管、消毒方法、消毒记录以及幼儿的生活护理等。此外，尤其要加强对保教人员伤害预防相关知识和急救技能的培训。

3. 实行分片包干责任制

托幼机构应建立卫生保健组织机构，确定领导关系和职权分工，使托幼机构内部各人员、各部门之间各司其职，以较好完成卫生保健工作的目标。托幼机构应将卫生保健工作置于管理的重要位置，建立必要的组织机构，调动各方面的力量，具体负责全机构卫生保健工作的开展。

根据机构实际情况安排卫生保健组织机构的层次，明确各类人员的分工，将卫生保健工作层层分解，层层落实到卫生保健人员、班级保教人员，逐步形成园长主抓、主任分管、卫生保健人员指导检查、保教人员共同实施、家长密切配合的卫生保健网络。此外，要做好卫生方面的工作，托幼机构可成立卫生工作小组。托幼机构卫生工作小组包括园长、卫生保健人员、保教人员、勤杂工代表等。

4. 提高卫生保健信息管理水平

托幼机构的卫生保健资料记录了托幼机构卫生保健工作的历程，是机构管理重要的资料。准确、可靠、科学的资料可以保证工作的连续性，有利于积累经验、摸索规律，也可以为机构管理者的决策、各方面人员的工作评估和下阶段工作的安排提供依据，从而提高管理水平。因此，对卫生保健资料的管理也是卫生保健的一项重要内容。托幼机构卫生保健工作繁杂，相应的资料也多，如儿童出勤登记表、卫生消毒记录表、常见疾病登记表、传染病登记表、营养性疾病(体弱儿)登记表、儿童伤害登记表、健康教育登记表等，还要定期对儿童出勤、健康检查、疾病等进行统计分析。卫生保健信息的有效收集，有利于对整个卫生保健工作做出全面的评价，肯定成绩，找出不足，总结经验教训。

(二) 具体实施

1. 根据儿童不同年龄特点，建立科学、合理的一日生活制度

根据各年龄段儿童的生理、心理特点，结合季节变化和本托幼机构的实际情况，制定合理的生活制度，可以培养儿童良好的卫生习惯。

一般情况下，儿童正餐间隔 3.5~4 小时，每餐进餐 20~30 分钟，餐后安静活动或散步 10~15 分钟。3~6 岁儿童午睡时间以每日 2~2.5 小时为宜，3 岁以下儿童日间睡眠时间可适当延长。

2. 为儿童提供合理的营养膳食

(1) 科学制订食谱。定期进行膳食评价，保证膳食平衡，满足儿童正常生长发育需要，

托幼机构的炊管人员应接受有关儿童营养及食品卫生方面的专业培训。

(2) 保证儿童按需饮水。每日上午、下午各1~2次集中饮水，1~3岁儿童每次饮水量50~100毫升，3~6岁儿童每次饮水量100~150毫升。

(3) 进餐环境应当卫生、整洁、舒适。工作人员餐前做好充分准备，保证儿童按时进餐，使儿童情绪愉快，培养儿童良好的饮食行为和卫生习惯。

3. 制订与儿童生理特点相适应的身体锻炼计划

(1) 根据儿童年龄特点开展游戏及体育活动，保证儿童户外活动时间，增进儿童身心健康。全日制托幼机构坚持每天2小时以上的户外活动，寄宿制托幼机构机构不得少于每天3小时。掌握适宜的运动强度，保证运动量。

(2) 保证室内外运动场地和运动器械的清洁、卫生、安全，做好场地布置和运动器械的调试，定期进行室内外安全隐患排查。

(3) 患病儿童停止锻炼。病愈恢复期的儿童运动量要根据身体状况予以调整，体弱儿童的身体锻炼强度应当较健康儿童弱，时间缩短，并要对儿童运动反应进行仔细观察。

4. 建立健康检查制度，建立健康档案

(1) 配合妇幼保健机构定期开展儿童健康检查工作。1~2岁儿童半年一次，3岁以上儿童一年一次。坚持晨检及全日健康观察，做好常见病和传染病的预防，发现问题及时处理。

(2) 托幼机构教职工健康制度。教职工患有传染性疾病的，应当立即离岗治疗，治愈后方可上岗工作。精神病患者或者有精神病史者不得在托幼机构工作。

5. 严格执行卫生消毒制度

严格执行卫生消毒制度，做好室内外环境及个人卫生。加强饮食卫生管理，保证食品安全；保持室内空气清新、阳光充足；使用卫生洁具时，各班专用专放，并有标记；儿童使用日常生活用品时也要专人专用。培养儿童良好卫生习惯，注意个人卫生。使用符合国家标准或规定的消毒机械和消毒剂，加强预防性消毒。

6. 协助落实国家免疫规划

在儿童入园时应当查验其预防接种证，发现未按规定接种的儿童要告知其监护人，督促监护人带儿童到当地规定的接种单位补种；对因病缺勤的儿童，应当了解儿童的患病情况和可能的原因，对疑似患传染病的，要及时报告。发生传染病期间，托幼机构应当加强晨午检和全日健康观察，并采取必要的预防措施，保护易感儿童。

7. 加强日常保育护理工作，对体弱儿进行专案管理

托幼机构应配合妇幼保健机构定期开展儿童眼、耳、口腔保健，每半年进行一次视力筛查和口腔保健，每年进行一次听力筛查；积极开展儿童心理卫生保健，保证儿童身心健康；对贫血、营养不良、肥胖等营养性疾病儿童进行登记管理，对中重度贫血和营养不良儿童进行专案管理，督促家长及时带患病儿童进行治疗。

对患有先心病、哮喘、癫痫等疾病儿童及有药物过敏史或食物过敏史的儿童进行登记，加强日常健康观察和保育护理工作。

8. 建立卫生安全管理制度

托幼机构应落实各项卫生安全防护工作，预防伤害事故的发生；保教人员应当定期接受预防儿童伤害相关知识和急救技能的培训，做好儿童安全工作，消除安全隐患，预防跌落、溺水、交通事故、烧(烫)伤、中毒、动物致伤等的发生。托幼机构应当建立重大自然灾害、食物中毒、踩踏、火灾、暴力等突发事件的应急预案，定期进行安全演练，普及安全知识，提高自我保护和自救的能力。

9. 制订健康教育计划

托幼机构应定期对儿童及其家长开展多种形式的健康教育活动。健康教育的内容包括膳食营养、心理卫生、疾病预防、儿童安全以及良好行为习惯的培养等。健康教育的形式包括健康教育课堂、健康教育资料、宣传专栏、咨询指导、家长开放日等。

10. 建立健全卫生保健工作的各种登记、统计制度

托幼机构应当建立健康档案，包括托幼机构工作人员健康合格证、托幼机构儿童健康证和预防接种证、儿童转园(所)健康证明。

托幼机构卫生保健工作记录内容包括：①晨午检及全日健康观察记录表；②在园(所)儿童带药服药记录表；③儿童出勤登记表；④儿童传染病登记表；⑤儿童营养性疾病及常见疾病登记表；⑥班级卫生消毒检查记录表；⑦健康教育记录表；⑧膳食委员会会议记录表；⑨儿童伤害登记表；⑩营养性疾病儿童个案管理表，其中包括肥胖儿童专案管理记录、小儿营养不良专案管理记录、缺铁性贫血患儿专案管理记录、其他高危儿的专案管理记录(如活动期佝偻病、先心病、癫痫、反复上呼吸道感染、残疾儿等)。

为有效促进幼儿身心健康发展，教师及家长应为幼儿提供合理均衡的营养，保证充足的睡眠和适宜的锻炼，满足幼儿生长发育的需要；创设温馨的人际环境，让幼儿充分感受到亲情和关爱，形成积极稳定的情绪情感；帮助幼儿养成良好的生活与卫生习惯，提高自我保护能力，形成使其终身受益的生活能力和生活方式。

11. 保育工作的要点

保育工作有以下几个要点。
(1) 从实际出发，建立合理的生活常规。
(2) 坚持一贯性、一致性和灵活性。
(3) 切不可忽视日常的生活活动。
(4) 保教职责、分工要明确、具体，彼此要密切配合。
(5) 示范、帮助、要求和鼓励是目标达成的关键。

12. 疾病预防的主要环节

(1) 接待入园。儿童入园后对本班进行通风和清洁，观察孩子情绪并与家长沟通。

(2) 注重晨检筛查。晨检的内容包括一问、二看、三摸、四查。"一问"即询问儿童在家有无异常情况；"二看"即观察儿童精神状况；"三摸"即检查儿童有无发热和皮肤异常；"四查"即检查儿童有无携带不安全物品等。

(3) 盥洗。正确洗手、擦手及使用护肤品，注意口杯、毛巾的清洗和消毒，节约用水和肥皂。洗手时间包括入园、如厕前后、餐前、饮水前。正确洗手步骤如图3-1所示。

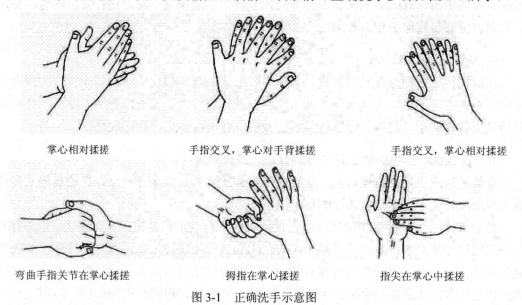

图3-1 正确洗手示意图

在盥洗时揉搓双手至少15秒钟；注意清洗指甲、指尖、指甲缝和指关节等部位；注意彻底清洗戴戒指等饰物的部位；注意随时清洁水龙头；注意干手方式，防止再次污染。

某托幼机构传染病防治宣传教育制度

1. 开学初，在新生家长会上向家长宣传传染病防治知识。

2. 通过每周一次橱窗展示、两周一次黑板报向教师、家长宣传传染病防治知识。

3. 班内每月一次向幼儿传授针对性较强的传染病预防知识，切实增强幼儿的卫生防病意识；教育幼儿主动维护环境卫生，养成良好的个人卫生习惯。

4. 对工作人员，尤其是食堂工作人员、保育人员进行传染病防治的专题教育，增强他们的卫生防病意识和高度的职业责任感和职业道德观念。

5. 保健老师每月提醒漏种及应补种疫苗的幼儿，使其家长知道接种的好处，并配合防疫站接种疫苗和登记。

某托幼机构手足口病预防控制措施

1. 每日晨检，发现有发热、皮疹的儿童，立即要求家长带儿童去医院就诊；做好缺课儿童病因追查，将晨检结果报告卫生室。
2. 发现患病儿童，立即让其去医院诊治，患病儿童痊愈两周后上课。
3. 立即对患病学生接触过的桌椅、体育器材等进行消毒，同时对教室、食堂、厕所等进行消毒处理。
4. 每天早晚园所通风或消毒半小时。
5. 上一堂手足口病健康教育课，让学生了解防治知识和正确洗手方法。
6. 不要让儿童喝生水、吃生冷食物。饭前便后洗手，不接触患病儿童。
7. 在与患者接触后，触摸眼、口、鼻前，打喷嚏或咳嗽后，如厕后，戴口罩前及摘口罩后，接触公共设施(如扶手、门柄、电梯按钮、公共电话)后，从外面回家后，均需要立即洗手。洗手时肥皂液或洗手液在手上保持6秒钟以上。
8. 发现教师和其他工作人员有发热伴皮疹的，应立即暂停其工作。
9. 在托幼机构门口和班级门口张贴手足口病宣传画和宣传单，通过黑板报宣传手足口病防治知识。
10. 每天用消毒液对托幼机构门把手、楼梯扶手、桌面等物体表面进行擦拭消毒。
11. 给家长发放防治知识手足口病宣传单，让家长了解相关知识。
12. 在疾病流行季节避免儿童或外来人员的往来或交流活动。

第三节　托幼机构安全管理

一、托幼机构安全管理概述

(一) 托幼机构安全管理的含义

托幼机构安全管理是指对0～6岁的婴幼儿实施教育的机构，通过一套系统的有效管理措施与方法，保障婴幼儿、家长、教师的生命安全和财产安全。托幼机构安全管理包括出入机构安全、食品安全、工作人员安全、对婴幼儿安全教育、安全事故处理等。

安全教育是指幼儿教师在幼儿日常生活和学习中对幼儿进行安全常识的普及，对幼儿安全意识和自我保护意识进行培养的过程。安全教育分为日常教育和专题教育，涉及幼儿的防拐骗、防性侵、防溺水、防食物中毒、防触电、防火灾、防地震、防摔伤、防烫伤、防交通事故等方面的教育。日常教育是指在日常生活学习中不定时地穿插对幼儿进行常识性的安全教育;专题教育是针对幼儿容易受到伤害的某一具体问题来进行讲授与模拟演练。

(二) 托幼机构安全管理的原则

1. 安全第一的原则

"安全第一"的原则是指在教育教学工作中应当将安全工作放在首要位置。当安全工作与其他教育教学工作发生矛盾和冲突时,要以安全工作为重。安全既是一切教育教学活动的基本目标,也是教育教学活动有效开展的基本保障。

2. 预防为主的原则

要坚持防患于未然的原则,消除事故隐患,提前采取应对措施。因此,应秉承"凡事预则立,不预则废""预防胜于补救"的理念,对可能发生危险的人、事、物等因素,妥善规划,在事前就进行评估、推测、检查与预防,以避免事故发生。事实证明,事前的预防及防范方法胜于事后被动型的救灾方法。因此,人们应该通过各种合理的对策和方法,从根本上消除事故发生的隐患,把托幼机构事故的发生率降到最低。在托幼机构安全工作实践中,"预防为主"是保证安全最明智、最根本、最重要的指导思想。

3. 科学性原则

科学性原则是指在托幼机构安全工作当中根据自身条件,将理论与实践相结合,合理、高效地开展安全工作。托幼机构安全工作不能仅仅依赖以往的经验,一定要建立在科学理论的基础之上,以科学的安全管理理论来指导安全工作。另外,信息时代的科技运用已相当普遍,作为托幼机构安全管理的科技支撑,高科技产品能起到及时、有效、远程的作用。

4. 尊重人性的原则

托幼机构教育的对象是低龄的幼儿,一切安全管理的设施,皆应尊重人性需求,以幼儿健全人格的发展为重要考虑因素,提供安全无障碍的学习环境,是安全管理的重要任务。所以,托幼机构安全工作不能以牺牲幼儿各方面的发展为代价,要以尊重人性为基本的原则。

二、托幼机构安全管理的方法

(一) 宏观规划

1. 制定完善的安全管理制度

为保证托幼机构正常教学秩序,保护幼儿健康成长,确保国家(园所财产)不受损失,杜绝或尽量减少安全事故的发生,遵循"注意防范、自救互救、确保平安、减少损失"的原则,根据本地实际情况,制定完善的安全管理制度。

首先,托幼机构的园长是安全工作的第一责任人,托幼机构安全工作由园长领导下的安全工作领导小组负责,实行责任追究制。

其次，加强对托幼机构教师的师德教育，树立敬业爱生思想，提高教学水平和质量，随时观察幼儿心理变化，防患于未然，不得体罚和变相体罚幼儿。

最后，托幼机构要定期对园舍进行安全检查，发现隐患及时消除。经常检查园内围墙、栏杆、扶手、门窗，以及各种体育、课外活动、消防、基建等设施的安全情况，对有不安全因素的设施要立即予以维修和拆除，确保师幼工作、学习、生活的场所和相应设施既安全又可靠。

2. 将消防工作纳入日常管理工作之中

为加强消防安全工作，保护公共财产、师生的生命及财产安全，把消防安全工作纳入托幼机构的日常管理工作之中势在必行。首先，保障园内的各种灭火设施的良好。定期检查、维护设施，保证设备完好率达到100%，并做好检查记录。其次，教室和办公室安全出口、疏散通道保持畅通，安全疏散指示标志明显，应急照明完好。幼儿聚集场所(如教室、活动室、操场等)不得用耐火等级低的材料装修。再次，托幼机构应加强用电安全检查，电工必须经常对机构内的用电线路、器材等进行检查，如发现安全隐患，要及时进行整改、维护，以确保安全。

3. 教育主管部门应加大对托幼机构安全管理和保障力度

教育主管部门应加大对托幼机构的安全管理制度、措施、设施等方面进行安全评估和审核。明确政府、托幼机构管理者、教师、托幼机构后勤职工、家长等各方面的权利、义务和责任，将各责任相关者应做的安全管理和安全教育的工作写入法条之中，促进托幼机构安全保障和安全教育的长效发展。同时，政府应对幼儿教师的教育能力和切身利益予以明确保障，调动教师的荣誉感和责任心，保证孩子在托幼机构中安全健康地成长。

现阶段我国很难实现对私立托幼机构全额的经费保障，然而可根据地方财政水平和地方办园成绩，鼓励地方政府抽出一定的财政经费设立专项经费，用于奖励或补贴私立托幼机构办学，专门用于安全设施和园所的维护，设立托幼机构安全管理经费小组，用于监督和审计该笔经费的去向。教育主管部门也可以规定托幼机构教育经费投入的最低限额，确保托幼机构教育经费的稳定，这样可以确保托幼机构基础设施建设的投入。

教育主管部门提高托幼机构办学资格标准，加大托幼机构办学审批程序，重点查处安全不过关的托幼机构。对于非法开办的托幼机构，教育主管部门严格履行管理条例，处以罚款并闭园，补办手续且符合办学资格后再予以准入。

(二) 具体实施

1. 建立全面的安全评估机制

托幼机构可以建立一支安全评估小组，可由管理者、幼儿家长、教师等组成，专门定期检查托幼机构安全管理状况。托幼机构还可以建立一支安全管理交流小组，经常到其他托幼机构学习、交流经验，提高托幼机构安全管理水平，完善托幼机构安全管理机制，同时可以举办针对教师的安全教育培训，与家长合作建立安全监督系统，有效发挥安全教育的监督作用。

2. 加强对幼儿教师的安全教育培训和人文关怀

我国托幼机构教师师资力量薄弱，幼儿教师从业人数少、幼师整体受教育程度较低、教师安全教育素质较差、幼儿教师后续教育缺乏、工资待遇偏低、工作量大，这些状况无法保障幼儿的身心健康，严重制约着我国托幼机构教育的健康发展。托幼机构管理者应在幼儿教师教育资格和教育素质上严格把关，确保幼儿教育质量。负责教师招聘的人员要到对口的幼师专科学院招收教师，也可与专科学院建立培养机制等。

幼儿教师应转变教育理念，提升安全教育意识。幼儿教师应把幼儿安全教育重视起来，真正把安全放在首位。变被动为主动，改变"重智力，轻安全"的应试教育观念，消除教师只重安全、不重安全教育的一些错误观念，把安全意识深入工作中的每个环节，以生动、形象的内容展现在幼儿面前，让每个幼儿都学会怎么规避危险，具有逃生的能力。

在实践教学中，教师可通过故事、儿歌、图画、录像、实际练习等多种形式让幼儿认识到不注意安全产生的危险，懂得遵守规则的重要；让幼儿学会正确拨打特殊电话，如110、119、120等；让幼儿学会防触电、防溺水、防火、防摔伤、防走失、放拐骗等自护技能；让幼儿熟悉安全疏散线路、强化安全意识。

3. 加强门卫安全管理

托幼机构必须设定严密的门卫制度，为幼儿把好安全的"大门"。首先，托幼机构设专职门卫，门卫工作有专人管理，门卫工作制度健全，责任明确。门卫值班室位置适当，视线开阔，墙体、门窗牢固。门卫值班室应安装报警电话，确保24小时值班。门卫人员要求具有初中以上文化，身体健康，工作责任心强。其次，门卫人员按托幼机构规章制度认真检查出入托幼机构的人员、车辆、物资等。门卫人员必须时刻提高警惕，严防不法分子混入园所进行犯罪活动。来人、来客均须办理登记、会客手续，门卫人员应认真查验来人的合法身份证件，无身份证件、未经保卫部门同意不得进入托幼机构。最后，门卫人员应做好机构内昼夜巡逻工作，及时检查办公室、活动室、电教室防盗门是否关锁，用电设备是否关闭，火炉是否熄火等。

4. 提升幼儿自我安全保护意识与保护能力

首先，我们要根据幼儿的生长阶段，有计划地指导幼儿，让幼儿学会预测、规避危险，给其灌输自己的生命自己守护的观念，将防御、自我保护教育和训练贯穿于一日生活中的各个环节。其次，孩子们在活动中经常有跑跳、打闹的情况，摔倒和碰伤在所难免，教师应该随时观察与保护幼儿，而不要因为怕幼儿遇到危险就阻止幼儿活动。教师们应允许幼儿自己去体验跑跳的过程，提供更多的机会让幼儿亲近自然，让幼儿在愉快玩耍的同时，学会自我保护，提高自身的灵活性，不断提高躲避危险的能力，学会自救的方法，让幼儿获得自我保护的能力。

幼儿自护教育与安全演练须遵守的八条法则

1. 遵守规则自动化。从安全与幼儿身心健康出发,不可过多、过繁地提醒幼儿,为方便成人而限制幼儿。
2. 自护知识行动化,不应只有讲与听,要让幼儿有亲身实践的机会。
3. 素材提供形象化,设计一套幼儿容易识别的图标。
4. 感知过程趣味化,识别幼儿真实需要,用有趣的方式进行。
5. 训练活动常规化。
6. 教育理念科学化。
7. 活动开展合作化。
8. 确保幼儿主体化。

5. 与家长和社会密切配合,实现安全管理合力

家庭是幼儿成长最重要的场所,家长的以身作则对幼儿形成安全意识发挥着至关重要的作用。托幼机构的安全教育工作的开展,需要家长的支持、理解与帮助。定期组织家长参加安全教育茶话会,在家长中成立安全教育监督小组,让家长参与安全教育宣传,让家长了解幼儿应具有一定的对外部环境的适应能力,幼儿在玩耍中发生磕磕碰碰是很难避免的,过度的保护只会让幼儿生活在温室中。幼儿阶段的"淬砺教育"是对孩子毅力的磨炼,能够增强幼儿身心的耐受力。

6. 增强托幼机构处理意外事故的能力

有效预防托幼机构各类突发的公共事件,及时控制事态,建立科学的、规范的应对突发事件的防范和处理指挥体系,从而确保在园师幼的安全,保障教育教学的顺利进行。做好传染病、食物中毒、安全事故、地震、火灾、劫持幼儿等应急预案,并把各种预案的流程和处置方法介绍给工作人员。设置领导小组,以保证突发事件发生时工作人员沉着应对。

大多数托幼机构管理者认识到幼儿阶段是意外事故频发的阶段,会给幼儿购买意外保险。从长远看,这使托幼机构安全制度更加完善。

托幼机构安全管理制度

第一条　为加强托幼机构安全管理,维护托幼机构正常的教学秩序,保障托幼机构各项工作的顺利进行,确保幼儿生命与财产的安全,特制定本制度。

一、安全保卫

第二条　坚持门卫值班制度，实行来客、来访登记，客人经门卫或园长允许后在传达室等候接待，不得随意进入教室。

第三条　严格执行交接班制度，做到人、事、物交接准确无误。

第四条　节假日值班人员要加强巡视，发现盗情、火情要及时处置并向有关部门报告。

第五条　定期检查房舍、设备、大型玩具，及时维修损坏的设施并采取保护措施，消除安全隐患。

第六条　严禁幼儿触摸电器开关、电热设备，严禁幼儿去锅炉房、厨房、水房等不安全的地方。

第七条　教育幼儿遵守纪律，增强自我防护意识；幼儿离开班级时，必须经老师允许并有老师监护。

第八条　对幼儿进行安全知识教育，严格执行接送卡制度；大门上锁，防止幼儿私自跑出园外或被接错。

第九条　对幼儿进行互助友爱教育，幼儿出入教室、上下楼梯时要有老师看护，不拥挤，不打闹，互相帮助，秩序井然。

第十条　教育幼儿不做危险的事情，不采食花草种子，不把小物品或玩具放在嘴里，饭菜经降温处理后再食用。

第十一条　工作人员下班时要关好门窗，关闭电源，做好防火、防盗工作。

二、饮食安全

第十二条　炊事人员必须持有效的健康证件上岗，认真执行食品卫生法规和有关部门的制度，养成良好的卫生意识。

第十三条　严禁采购腐烂变质的食物，购进原材料要求无毒、无害，采购成品食物应向厂家索取卫生许可证或有关部门证件，相关食品应符合食品卫生标准和营养要求。

第十四条　库存食品要生熟分开，防止交叉感染；包装食品要离地存放，散装食品要用容器加盖存放，注意保质保鲜。各类食品不与非食品混放，应采取"三防措施"。

第十五条　食品的洗切、加工必须遵守"一洗、二浸、三烫、四炒"的烹饪程序，饭菜煮熟煮透，符合卫生要求，保证不受污染，严防食物中毒事故发生。

第十六条　加工用具、容器、餐具的使用与储存要严格遵守消毒、保洁规程，严防二次污染事故的发生。

第十七条　严禁闲杂人员进入工作间。工作人员应注意个人卫生，工作时穿工作服、戴帽，要保持室内外环境卫生。

三、药品安全

第十八条　内服、外用药品要注明标识，分类存放，要放在幼儿够不到的地方。

第十九条　给幼儿服药时要仔细核对姓名、药名、药量，避免误服或过量。

第二十条　未经医务人员许可，不得随意给幼儿服药，以防医疗事故的发生。

第二十一条　医务人员要严格遵守值班制度，不得擅自离岗；幼儿出现紧急病情时，要迅速送医务所或医院救治。

第二十二条　医务人员要提高医疗保健和处理应急事故的能力。

四、活动安全

第二十三条　组织幼儿外出活动时要清点人数并注意交通安全，医务人员要备药箱跟随。

第二十四条　活动内容要符合幼儿年龄和心理特点，不能组织幼儿参加有危险的活动，确保活动过程安全。

第二十五条　组织幼儿活动时，教师和工作人员要密切监护活动全过程，不得闲谈或擅自离开，以防意外事故发生。

第二十六条　教师或保育员交接班时要点清人数，记入档案，防止出错。

第二十八条　加强纪律教育，提高防火、防水安全意识，提高自我保护能力，做到防患于未然。

五、工作落实

第二十九条　各项安全工作均由一把手负总责，安全副职具体抓落实，本着"一岗双责"的原则抓好各项安全工作。

第三十条　建立各项安全工作档案、各种应急预案，确保各项安全措施落实到位。

第四节　托幼机构环境创设管理

一、早教机构环境创设管理

(一) 早教机构环境创设管理的含义

蒙台梭利认为，在教育过程中环境所扮演的角色相当重要，因为孩子从环境中吸收所有的东西，并将其融入自己的生命。苏霍姆林斯基也曾经说过："一所好的学校，连墙壁也会说话。"环境可以启发幼儿的智力，精心布置的室内环境可以让幼儿在潜移默化中得到教育。因此，我们应该重视环境对幼儿的影响。

从广义上看，早教机构环境是指早教机构教育赖以进行的一切条件的总和。它既包括人的要素，又包括物的要素；既包括早教机构的小环境，又包括与早教机构教育相关的园外家庭设计、自然的大环境。早教机构的环境设计包括硬环境(物质环境)设计和软环境(心理环境)设计。硬环境主要指空间布置和设施设备；软环境主要是指人际关系、心理气氛等现实的一些要素，软环境在形成幼儿心理品质上起着特殊的作用。早教机构的环境创设内容主要包括教室(奥尔夫音乐、蒙台梭利感官统合教室等)、亲子游戏活动室、走廊、公共空间、卫生间等。

(二) 早教机构环境创设的原则

1. 安全性原则

安全性原则是指早教机构的园舍建筑、设施设备、活动场地、玩教具等有形的物质条件，必须符合国家颁布的相关卫生标准和安全标准。安全是我们进行环境创设的基本原则。安全的环境是幼儿生命健康的基本保障，同时也是幼儿心理健康的重要保障。

2. 教育性原则

早教机构环境要具有教育性，应使环境创设的目标与教育目标相一致。环境创设要有利于教育目标的实现，教育目标是促进幼儿的全面发展。好的环境有利于幼儿体、智、德、美的均衡发展。

3. 以婴幼儿为中心的原则

环境创设的过程是婴幼儿与教师共同参与的过程。教育者要有让幼儿参与到环境创设中的意识，环境的教育性不仅蕴含于环境之中，还蕴含于环境创设的过程中。幼儿由单纯的倾听者变成了参与者，幼儿能充分认识到自己的能力，意识到自己是环境的主人。

(三) 早教机构环境创设管理的方法

早教机构环境包括室内墙壁，班级中的常规要求，发生在师幼间、幼儿同伴间、教师间、幼儿与家长、教师与家长间的行为活动所在的场所等。教师、幼儿共同参与环境创设的活动，是幼儿获得发展的重要途径之一。下面简要介绍两种早教机构环境创设管理的方法。

1. 奥尔夫音乐教室环境创设

奥尔夫是德国著名的儿童音乐教育家，其创造的奥尔夫儿童音乐教育体系是当今世界闻名、影响广泛的三大音乐教育体系之一。奥尔夫的音乐教育是原本性的音乐教育。原本的音乐和动作、舞蹈、语言紧密结合在一起，是人们必须自己参与的，即人们不是作为听众，而是作为演奏者参与其间。

(1) 在环境中让音乐看得见。首先在主题墙的创设中就要呈现乐器、音符、色彩、主体思想等元素，在教室环境的其他小墙饰中，我们还可以布置上各种演奏乐器的童趣画，例如小老鼠拉小提琴、大熊吹萨克斯等，让幼儿看到音乐无处不在，音乐就在自己的身边，使幼儿充满愉悦感。

(2) 让音乐重现在环境中。奥尔夫音乐教学遵循这样一个原则，即经验—探索—创造—认知，这一过程为幼儿提供了充分表现的机会和条件。这样结合课程的创设材料，引导幼儿与环境积极互动，在幼儿和环境、材料相互作用的学习过程中，使音乐得到了重现，这样教师既了解幼儿的现有经验和知识水平，也为教师的进一步教学提供了依据。

(3) 深化音乐环境教育，培养良好环境行为。注重日常的环境教育，并把音乐环境教育渗透在幼儿一日活动中，注重培养幼儿良好的环境行为，让幼儿在浓浓的音乐氛围中轻松愉快地完成相关动作,以此取代传统模式上老师重复、枯燥的说教。以不同的音乐为信号,幼儿进行如厕、喝水、休息、传书、摆放小椅子等活动。

奥尔夫音乐教室环境创设方案

奥尔夫音乐教室需要有较好的采光和较宽敞的活动场地,建议铺木地板,这样孩子可以直接坐在地板上上课,有利于孩子随时起来活动,避免桌椅板凳的磕碰。奥尔夫音乐教室的环境创设具体内容有以下几项。

1. 音乐教室中的主题墙面包括主题色调(粉色、粉蓝、粉绿、黄色)、课程名称、奥尔夫音乐宣传语(让音乐陪孩子成长)、Logo(奥尔夫音乐小人)。
2. 钢琴和大型打击乐器摆放:钢琴(电子琴)和大型打击乐器摆放在主题墙前面左右两边。
3. 小型乐器陈列柜。
4. 自制乐器摆放柜。
5. 音乐活动道具收纳摆放柜。
6. 表演用服装收纳架。
7. 幼儿用书、练习册摆放书架装饰图案。

2. 蒙台梭利教室环境创设方案

蒙台梭利教室按蒙台梭利教育的区域划分原则,按照顺时针的顺序,分为日常生活领域、感官领域、数学领域、语文领域和科学文化领域。五大领域中各领域的环境相对独立、封闭。同时,在教具摆放方面,体现结构性和秩序性,遵守"从上到下,从左到右,从简单到复杂,从具体到抽象,从经典教具到延伸教具"的原则。教室中随处可见的绿色植物散发着生命气息;古色古香的小藤椅,惹人喜爱;轻盈透亮的窗帘,投射出柔和的光线。这一切,都为孩子们营造了一个家一般的环境,给孩子以安全感、美感,因此,这里是孩子们白天无可取代的家。

(1) 日常生活领域。因幼儿常常需要用水,日常生活领域应位于接近水源、通风、有阳光且接近门口处,以吸引幼儿进入教室。由于桌面工作的频率相对较高,所以,桌子数量应比其他区域多。同时,还需设置点心桌和清扫用具。日常生活领域的主要目的是通过教具操作获得经验,让孩子拥有独立能力,培养孩子的秩序感、专注力、协调性和独立性,同时建构孩子健全的人格。

(2) 感官领域。感官领域起着承上启下的作用,感官领域和数学逻辑思考有关联,因此,应和数学区连接起来。感官教具大多在工作毯上操作,桌子使用较少。同时,感官领域不宜设在教室出入口,以免影响幼儿专注力或碰倒搭建好的作品。蒙台梭利教室感官领域如图 3-2 所示。

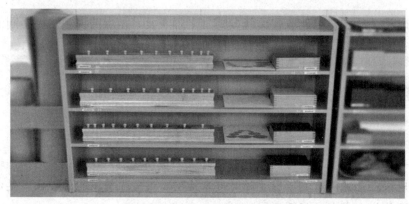

图 3-2　蒙台梭利教室感官领域

(3) 数学领域。数学领域与感官领域连接，可添置与数学有关的教具，比如身高器、体重计、温度计、时钟等。此外，数学领域纸上作业较多，应放在桌面进行，适量设置桌子。数学领域的主要目的是通过幼儿期的生活经验，让孩子初步了解数字、数量个、十、百、千，进位及四位数的四则运算等内容，进而培养孩子对数学的兴趣及良好的理解力、判断力、抽象思维能力、计算力及逻辑推理能力。

(4) 语文领域。语文领域应安排在较安静的角落，接近窗户，光线要充足、柔和，以利于幼儿阅读和书写活动的进行。同时，可提供软靠垫、布置盆栽，以增加舒适感，营造宁静的气氛。语文领域的主要目的是通过为幼儿提供一个充满语言、文字的环境，让孩子自然地成长为会表达、会倾听、能书写的人。

(5) 科学文化领域。科学文化领域应临近水源、电源、光源，需要有足够的桌面，以方便各种实验的操作与进行。当教学活动延伸到户外，户外需要有动、植物照顾区，以构成完整的科学文化区域。蒙台梭利教室科学文化领域如图 3-3 所示。

图 3-3　蒙台梭利教室科学文化领域

科学文化领域的活动能让孩子在观察自然生命现象的过程中，激发孩子对大自然的热爱，并通过自发性的学习，让孩子体验自然与真实，以及自身的责任，更重要的是，能激发孩子的耐心、细心、爱心、信心。孩子经由老师的指导将会遵循人类自然发展的方式，从而促进本身的发展与成长。

二、幼儿园环境创设管理

幼儿园环境是指幼儿园内幼儿身心发展所必须具备的一切物质环境和精神环境的总和。物质环境主要包括教学设施、生活设施等有形的物质，精神环境主要包括文化环境和心理环境，其中集体氛围、活动气氛、师风园风等可归于文化环境，师生关系、教师的教风和人格特征可归为心理环境。

幼儿园环境既有保育的性质，又具有教育的性质。幼儿园环境创设主要是指教育者根据幼儿园教育的要求和幼儿身心发展规律、需要，充分挖掘和利用幼儿生活环境中的教育因素，并创设幼儿与环境积极作用的活动场景，把环境因素转化为教育因素，促进幼儿身心主动发展的过程。

(一) 幼儿园室内环境创设管理

1. 幼儿园室内环境创设管理的含义

幼儿园室内环境创设管理是指对幼儿园室内的空间和领域，如教室、墙面、区角、走廊、卫生间等进行环境设计与布置。通过环境创设实现美化幼儿园环境，通过色彩、形象、布局实现对幼儿身心健康的潜移默化影响。

2. 幼儿园室内环境创设管理的原则

(1) 环境与教育目标一致的原则。幼儿园环境是幼儿园课程的一部分，在创设幼儿园环境时，要考虑它的教育性，应使环境创设的目标与幼儿园教育目标一致。

(2) 适宜性原则。幼儿正处在身体、智力迅速发展以及个性形成的重要时期，有多方面的发展需要。身心发展的特点和需要表现出不同的年龄特征，即使同一年龄阶段幼儿，在兴趣、能力、学习方式方面都存在很大差异，幼儿的身心发展特点和需要还会随着其年龄增长而发展变化，因此环境创设应适应幼儿的这种差异，环境创设不是一次就可以完成的，它是设计、实施、修正、再实施、再修正的螺旋式发展过程。

(3) 幼儿参与的原则。环境创设的过程是幼儿与教师共同参与的过程。教师让幼儿参与环境创设，使幼儿由单纯的欣赏者变成了计划者、参与者，幼儿才能充分认识到自己的能力，意识到自己是环境的主人。当幼儿有了这种意识，才能真正融入环境，真正展示自己。

(4) 开放性原则。开放性原则是指创设幼儿园环境，不仅要考虑幼儿园内环境要素，同时也要重视园外环境的各要素，两者相结合，协同一致地对幼儿施加影响。

(5) 经济性原则。在环境创设过程中，教师可以请幼儿一起收集废旧物品，并引导幼儿参与制作过程，为幼儿提供更多动手操作的时间和空间，既满足幼儿活动需要，又塑造了幼儿的"创造性""主动性""积极性"。

3. 幼儿园室内环境创设管理方法

(1) 幼儿园室内外墙面创设。首先,园区外墙面、内墙面整体色调和风格要统一、美观,要符合幼儿心理发展的需要。墙面环境创设要符合幼儿认知特点,以促进其身心健康发展。其次,园区外墙面、内墙面在美观统一的基础上要充分体现幼儿园的特色。再次,园区外墙面、内墙面要充分体现其教育功能。正如"环境是可以说话的""环境是我们的第三位教师"所说,环境的作用常常是潜移默化的,良好的设计环境往往可以起到暗示作用,可以起到诱发幼儿积极行为的作用,所以有时它比教师的言传身教更有效果。

(2) 走廊。走廊是幼儿、家长必经的地方,在布置走廊时,以幼儿为重心,同时也要引导家长参与,让走廊环境与幼儿、家长互动起来。需要注意的是,走廊布置要与周围大环境协调,同时也要让走廊成为幼儿活动的新天地,如图 3-4 所示。在布置走廊环境时,教师要考虑到各种安全因素,应选用没有硬的尖角及环保的物品,在固定时应选择使用安全图钉,并要经常性地进行检查,避免图钉松动和跌落,尽可能避免对幼儿造成伤害。

图 3-4 幼儿园走廊环境布置

(3) 角落。角落是指一些相对狭窄、不太容易引人注意的地方。在幼儿园里有很多角落,在角落的布置上应着重体现出童趣。角落虽然不引人注意,但在布置时也应考虑到整体环境,做到既有趣又能和整体环境有机结合,浑然一体。

(4) 洗手间。洗手间的良好环境创设也可以对幼儿进行教育,培养幼儿良好的洗手、如厕习惯,同时也可以渗透节约、谦让等美好品德的培养。

(5) 幼儿园室内墙面创设。班级墙面创设是班级环境中最主要的,也是面积最大的一块内容,是我们体现班级特色和教师特长的重要窗口。

幼儿园班级墙面在色彩上应以色彩鲜艳的纯色为主,单纯的色泽容易让幼儿产生共鸣,易于幼儿欣赏、借鉴、理解和表现。同时要考虑画面的整体美,采用较大浅色块支撑,可使画面既有局部美的变化又有整体协调感,使环境更具艺术气息。在造型上,应以简洁为主。在内容上,要为幼儿创设熟悉的、符合心理要求的环境。墙面环境创设要注重年龄差异,以满足不同年龄幼儿的不同需要。

班级墙面创设不仅装饰美化了环境,也是幼儿展示自我的窗口。教师可以把幼儿的作品和活动照片等巧妙地展示在班级墙面上,例如,在张贴的照片旁附上简短的说明,使照片生动起来;又如,将幼儿绘画的苹果剪下来,拼接成图案,再用鲜艳的底色进行衬托;又如,教师可以将幼儿的手工作品张贴成一颗爱心的形状,这样墙面显得活泼而和谐,既有整体感又能吸引眼球。相关作品如图3-5所示。

另外,墙面环境创设要动态化。动态化体现在墙面的创设不是一成不变的,我们应根据需要布置墙饰,可以随着季节或是主题不断变化,还可以与季节变化、节日活动等幼儿熟悉的事物、事件相结合。

图 3-5　幼儿园墙饰美化

(6) 区域环境。区域活动就是我们平时所说的"区角活动",作为一种教育游戏,它创设出一种宽松、和谐的环境,受到了幼儿的普遍欢迎。在区角活动中,教师是一个观察者、引导者、支持者,提供多层次的操作材料,让幼儿在这些材料中获取各种经验,满足不同幼儿发展的需要。区域环境创设管理应注意以下几个方面。

第一,区角数量的适宜性。按照幼儿年龄特点及发展水平,确定学习与游戏融合的区角活动,具体包括生活区、语言区、美工区、音乐表现区、科学区、建构区(见图3-6)6个类别,具体数量从托班到大班逐级递增。小班幼儿感知事物的经验少,动手能力较弱,多数幼儿不能单独活动,区角数量不宜设置太多,也不宜太复杂,应以幼儿喜闻乐见的形式为主,例如"娃娃家""故事角"和"饲养角"等。中班幼儿已有了感知事物的初步经验,基本能够独立进行区角活动,区角数量要适当增加,以充分满足幼儿的好奇心和认知兴趣,可增设表演、美工、科学等内容的区角,例如"音乐厅""手工角"和"科学角"等。大班幼儿的语言表达、动手操作和逻辑思维等能力有了较大提高,这时,既要大量增设活动区角,又要适当增加难度,例如在科学区中增设"海底世界""宇宙探索"和"机械操作"等活动角;在棋类区中增设军棋、象棋和五子棋等。

图 3-6　幼儿园建构区

第二，区角分割、时间安排的科学性和合理性。活动区角划分科学、合理，有利于形成一种和谐、宁静的氛围。幼儿身心发展水平有限，还不善于控制自己的注意力，若空间没有加以适当分隔，幼儿会感到杂乱无序，从而产生不稳定的情绪。区角隔物也不宜过高、过实，那样不仅会影响幼儿的相互交往，还容易使幼儿产生单调、沉闷的感觉。

第三，材料投放的目的性、层次性和多功能性。教师应与幼儿共同建立活动规则，引导幼儿自主进行区域活动。可根据近期的教育目标和发展需要投放材料，也可根据主题活动内容投放材料，也可根据幼儿兴趣投放材料，还可根据幼儿的不同发展水平投放材料。

(7) 心理环境——心情墙。幼儿感到安全，感到欢乐，感到被尊重，感到被集体所接纳，感到自尊、自信，感到成功，这是幼儿所需要的心理环境，也是我们进行心理健康教育、建设心理环境的目标。心情墙能在第一时间反映出幼儿心理变化，不但可以引导孩子学习识别和表达自己的情绪，也方便教师及时发现孩子的消极情绪，以便有针对性地帮助和疏导。幼儿园心情墙如图 3-7 所示。

图 3-7　幼儿园心情墙

(二) 幼儿园户外环境创设管理

从空间角度来说，户外环境泛指由实体构件围合的室内空间之外的一切活动场地，如房前屋后的庭院、街道、广场、河岸、游园、绿地、露天场地等。幼儿园户外环境是指幼儿接触自然，进行游戏活动，并且与人交流的一定的围合空间和地域。幼儿园户外环境是幼儿园教师开展教学的场所之一。幼儿园户外环境是一种隐形语言，它能通过色彩地、形象、布局的安排随时随地影响幼儿的思想和行为，良好的空间环境能潜移默化、积极地影响幼儿的道德品质和行为习惯。如何营造好的幼儿园户外环境对设计者来说责任重大。幼儿园户外环境构成要素包括边界、游戏设施、场地和道路系统、绿色植物、景观小品等。

1. 幼儿园户外环境创设管理目标

(1) 适宜的环境氛围。幼儿园周围较大范围内的事物和建筑、植物都可以改善"小气候"环境，如减少辐射热、防止炎日暴晒、调节气温、增加空气湿度、降低风速等，还能减少周围环境中噪音、尘埃对幼儿园的污染，保持环境卫生。适宜的环境能给幼儿园户外活动营造良好的氛围和感受，延长幼儿游戏和户外活动的时间。

活动场地不可设置在终年没有充足光照的区域，哪怕冬季也应该保证良好的采光。因此，为确保幼儿健康地开展户外活动，舒适的空气状况、良好的通风条件以及适当的遮阴处理等均是必要前提。

(2) 带有亲切感的户外空间。幼儿一周5天都要在幼儿园度过，有个体识别性的幼儿园户外空间，能让幼儿觉得这里是属于自己的地盘，有亲切感。无论是景观设施还是外墙立面，都应该按照幼儿身体尺度来设计，满足幼儿游乐和使用的需要才是最人性化的设计。

(3) 趣味安全的游戏设施。只有安全性和趣味性相结合的游戏设施，才是最好的。因此，幼儿园管理人员在选择游戏设施时首先应该关注游戏设施的质量。如果游戏设施达不到标准，就不能保证安全。其次，对安全装置进行定期检查。最后，在保证安全的前提下，应尽可能选择趣味性比较强的游戏设施。

(4) 安全宽敞的活动场地。幼儿的自控和协调能力较不成熟，很容易在户外环境中受到伤害。游乐设施应大多选择木质和塑胶器械，在选择的时候要注意设计是否合理、材料是否合格、质量是否过关。植物的选择在考虑季节变化和景观效果的同时，也要考虑是否无毒无害。

(5) 清晰的活动边界。幼儿园室外游戏场地有多个空间，从功能分区、减少相互干扰、保证游戏中的安全考虑，这些空间要有清晰的边界，即最好以适当的分隔方式，使之各自互不影响。而理想的分隔方式之一就是以适当的绿化手段(如绿篱、花池等)进行分隔，使幼儿在绿丛中能安全地尽情游戏。

2. 幼儿园户外环境创设管理策略

(1) 完善户外环境功能分区。在满足基本游戏环境条件下，完善各种功能空间用地。

重视劳作体验区在整个幼儿户外空间中的价值和意义。绿化用地不仅能满足绿化的需求，还能调节幼儿园户外光照和整个小气候。合理划分出大小活动空间，将游戏器械归类摆放，能让整个游戏空间井然有序。

(2) 达到理想的空间使用密度。户外空间面积与儿童数量的比例问题是在规划阶段就应该考虑的内容，教育工作者和景观设计师要以幼儿的角度来布置环境和景观，思考什么样的环境才是适宜他们学习和游乐的空间。

(3) 增加幼儿活动内容。室外游戏场地，是一个大的功能空间。在这个空间里面，还可以细分为很多个小的活动场地，包括大型游乐器械活动场地、跑道、沙池、戏水池、生态草坡、梅花桩、攀岩墙等。

(4) 提高环境"安全性"。铺装设计上应该满足幼儿的心理，游戏场地中小路的铺面材料，可以选择水泥或沥青材料，也可以选择质感、色彩强烈的材料，如松散的鹅卵石、多彩小石头等。小路的线性应该活泼、曲折，同时富于变化。大型活动场地路面应该选择塑胶类、草坪类。儿童活动场地安全要求高，不宜有过多高差变化。对于游乐设施应定期检查，使用的材料要符合健康标准。树池、花池、沙池等剖面要做成圆角，戏水池的深度要符合安全规范。

(5) 丰富植物品种。绿化是一种营造自然环境、提高空气质量的方式。幼儿园应该增加植物品种，如乔木层、灌木层、地被层。在乔木的选择上，可以增加高大落叶植物，例如银杏、枫香等；开花乔木品种上，可以选择白玉兰、紫玉兰、木芙蓉等；色叶树种的品种上，可以选择红枫、金叶女贞、红叶石楠等；草本植物可以增加金鱼草、金盏菊、三色堇、木春菊等品种。

课后思考与练习

1. 托幼机构班级管理的原则是什么？请提供一个有关教师管理不当的实例，并做出分析。
2. 结合实例谈谈托幼机构教师与保育员进行卫生保健培训的方法。
3. 幼儿园户外环境创设的策略有哪些？
4. 案例分析

11月27日4岁的小女孩晶晶(化名)，被陌生人从重庆市某幼儿园带走，摧残得浑身是伤，记者从有关方面获悉，小女孩的父母已将幼儿园起诉到重庆九龙坡区人民法院，索赔精神损失费8万余元及医疗费10万元。据了解，27日下午，晶晶的父亲唐某去幼儿园接女儿时，却扑了一个空。唐某找到值班室老师询问，老师也一脸茫然，经多位老师仔细回忆及在幼儿园四处查询，才发现晶晶在尚未放学时，就被一名自称"叔叔"的男子接走。

请分析事故发生的原因，并提出相应的对策。

第四章 托幼机构保教工作管理

托幼机构以保教工作为中心,这是托幼机构的性质和任务所决定的,同时也反映出托幼机构管理的特点和规律。托幼机构的一切工作都必须围绕保教这一任务进行,保教结合,是指导托幼机构教育工作的根本原则。托幼机构管理中要引导教师在思想上充分认识保教结合的含义,在工作安排、人员配备方面做到教中有保、保中有教,发挥管理的导向作用,使这一原则真正得到贯彻执行,促进学前儿童身心全面和谐发展。

托幼机构保教工作是保育和教育工作的简称,是指按照学前儿童发展的规律和特点,对托幼机构保育和教育教学工作进行计划、组织、指导、控制等管理活动。传统意义上的保育工作是指保护学前儿童的身心发育,包括保障学前儿童的身体健康和安全,培养良好的生活、卫生习惯。随着当今观念的更新,现代意义上保育工作除了身体发育之外,还应包括心理发育的内容,即促进学前儿童良好个性的发展及社会适应能力的提高,以促进身体和心理的和谐发展。

第一节 托幼机构保教工作管理的地位及原则

一、托幼机构保教工作管理的地位

(一) 保教工作是托幼机构全部工作的中心

托幼机构的教育工作是指根据我国的教育方针和总的培养目标,结合学前儿童的年龄特点,专门设计的影响学前儿童的身体、认知、情感、社会性等方面发展的有目的的活动。让学前儿童在托幼机构这个集体环境中发展基本的身体和心理能力,学习粗浅的知识和技能,学习在集体中生活、与人交往的社会行为规范,培养儿童学习兴趣、良好的学习习惯等,这些品质既能保证学前儿童身心健康发展,又能帮助学前儿童做好入小学的准备。

托幼机构还为家长参加工作、学习提供便利条件。因此,托幼机构担负着保教学前儿童和为家长服务的双重任务。双重任务中,保教好学前儿童是基础,是主导,这也是设立托幼机构的根本目的,而托幼机构正是通过保教好学前儿童而实现为家长服务的目的的。从托幼机构的性质任务可见,学前教育不同于其他阶段的教育,具有教育性和社会福利性、公益性等特点。

我国托幼机构工作中普遍存在两种倾向:一是过于强调福利性,注重为家长服务,以方便家长和满足其需要作为评价工作优劣的标准;二是单纯强调教育性,只注重对孩子实施教育而忽略了为家长服务。这两种倾向都是由于对托幼机构性质任务的片面理解而造成的,其结果可能导致双重任务都不能很好实现。

(二) 保育和教育好学前儿童是双重任务的基础

作为社会公共教育机构,我国托幼机构具有为学前儿童和学前儿童家长服务的双重任务。2016年颁布实施的《幼儿园工作规程》指出:"幼儿园是对3周岁以上学龄前幼儿实施保育和教育的机构,幼儿园教育是基础教育的有机组成部分,是学校教育制度的基础阶段。"并对托幼机构的任务做出了明确规定:"幼儿园的任务是贯彻国家的教育方针,按照保育与教育相结合的原则,遵循幼儿身心发展特点和规律,实施德、智、体、美等方面全面发展的教育,促进幼儿身心和谐发展。幼儿园同时面向幼儿家长提供科学育儿指导。"如何认识和处理这双重任务的关系?可以认为,保教好幼儿是基础,是主导。这也是设立托幼机构的根本目的之所在。托幼机构正是通过保教好幼儿而实现为家长服务的目的的。从幼教机构的性质和任务可见,幼儿教育不同于其他阶段的教育,既具有教育性质,同时也具有很强的社会福利、公益性、服务性等特点。园所在完成双重任务中,应将进行全面和谐的教育、全面提高幼儿素质作为主要任务;与此同时,为家长提供育儿指导。

从现实情况看,托幼园所根据实际条件,针对家长的不同需要,工作的侧重点或许有所差异,例如,有的突出托管与看护,有的强调对孩子实施教育,从而形成不同的定位和特点。即使如此,双重任务都需完成。不宜将两者对立起来,或是将托幼园所完全等同于单纯的教育机构。片面理解幼儿教育机构的性质和任务,在实践中是有害的。

教育机构是以育人为中心而实施组织管理和经营运转的。中小学校通常以教学为中心,托幼机构则是以保教或者教养工作为中心。这是托幼园所的性质和任务所决定的,同时也反映出园所管理的特点和规律。

园所的一切工作都要围绕保教工作这个中心。园所管理工作是保教工作的质量保证和幼儿全面发展教育实施的前提。托幼园所各项工作是一个有机联系的整体,保教工作、卫生保健、总务后勤、师资建设等各方面工作都很重要,都是完成教育目标、组织育人活动所必需的,因而必须围绕保教工作这个中心制定相应的工作制度,采取适宜的工作方法,注意处理好各个方面工作与保教工作的关系,处理好局部与整体的关系,为保教工作创造良好的条件,最终保证保教目标的实现。

二、托幼机构保教工作管理的原则

托幼机构应坚持教育思想的管理和领导,确保保教结合原则的实施。

国外有研究表明,现代教育机构的校长应成为具有三大基本管理职能的综合专业行政人员,依次是领导教学、管理学校、维护学校与社区的关系。就托幼机构而言,园长作为领导者,居于首位的管理职能就是对保教工作的领导,要搞好保育工作,尤需以教育思想的领导为重,因为它直接指向儿童的发展,苏联著名教育家苏霍姆林斯基曾说过:"领导学校,首先是教育思想的领导,其次才是行政领导。"这表明托幼机构保教工作的领导和管理,尤应以教育思想的领导为重。

坚持正确的教育理念,就要坚持保教结合的原则,把保教结合原则作为指导园所教育工作的根本原则,才能很好完成托幼机构的双重任务,促进幼儿健康和谐发展。托幼园所管理的两大法规《幼儿园工作规程》和《幼儿园管理条例》进一步明确提出,"幼儿园应当贯彻国家的教育方针,按照保育和教育相结合的原则,创设与幼儿教育和发展相适应的和谐环境""促进幼儿身心和谐发展",从而明确了保教结合是托幼园所教育的根本原则。保教结合原则是根据幼儿教育的对象即幼儿的特点提出的,体现了幼儿阶段教育所具有的独特特点和规律。

(一) 保教结合原则的含义及贯彻实施

托幼机构实施保教结合的原则,这里指对幼儿的保育和教育要给予同等的重视,两者相互联系配合,保教合一而不是分离。保教结合作为整体的概念,体现教育对个体发展的整体性影响。

一般来说,如果不做严格区分,托幼机构教育是一个比较宽泛的概念,涵盖教育、保育、照料与养护等方面。保教结合,意味着保育与教育相互结合、包含、渗透,构成充分的有机联系,教中有保,保中有教。

一方面,教中有保,教育中有着保育的内容,教育因素渗透到健康领域,对幼儿心理健康有着重要意义。2016年正式颁布的《幼儿园工作规程》专门增加了一条,即第六条:幼儿园教职工应当尊重、爱护幼儿,严禁虐待、歧视、体罚和变相体罚、侮辱幼儿人格等损害幼儿身心健康的行为。这表明,教育因素渗透到健康领域,对幼儿心理健康具有重要意义。教师在教养过程中要注重创设宽松的教育氛围,增强与幼儿之间的情感交流,营造良好的人际心理环境,这实际上应看作深层次的保育。

另一方面,保中有教,保育中包含着教育性因素。新时期,保教结合还意味着积极的保育观。以往幼教机构的保育侧重于保护幼儿机体健康和身体发育,往往是为保育而保育,缺乏教育性,而且较多是从消极保护的角度而言。当前,保育的过程不是把幼儿放在被动接受的地位,而是强调以活动促发展,培养活动兴趣,增强幼儿的生活能力与自我保护、安全意识,体现了教育观念上的转变。保中有教适合幼儿在生活中学习的特点,使教育更贴近幼儿实际,更好地结合其生活经验。

在托幼园所教育实践中,教与保事实上是在同一过程中得到实现的,而不是分别孤立进行的。正如联合国教科文组织曾向国际儿童年推荐的《发展中国家儿童保育与教育计划》一书所描述的:"尤其对于幼儿,照料与教育对于他们来讲,就像纬线和经线一样紧密地交织在一起。"

(二) 实施保教结合原则在管理上应注意的问题

要使保教结合原则得到切实贯彻实施,园所管理上应注意如下几方面的问题。

(1) 托幼机构的管理者和领导者要在思想上充分认识保教结合的含义,要把保教结合的原则作为指导园所保教工作的根本原则,管理上要坚持以正确的教育思想观念指导教育实践。

(2) 在工作安排、人员配备上,要做到教中有保、保中有教,两者紧密结合、相互渗透,而不是机械地并列。这就要求管理上要注重在一日生活的各项活动和各个环节中,自始至终贯穿保育与教育相结合的原则。班级的教师和保育员在工作中要密切配合,共同担负起对幼儿的教育责任,对全班幼儿全面负责。托幼园所班级中通常配备教养员、保育员,尽管其各自职责分工有所不同,工作内容各有侧重,但应做到分工不分家,要在统一的班级工作目标和总体考虑安排下,在工作过程中密切合作,作为统一的整体实施保教工作,共同完成促进幼儿全面和谐发展的任务。

(3) 要发挥管理的导向作用。园所管理上一定要纠正偏差,对教养工作的要求和检查不能仅限于正规教学,园长和保教主任应对一日活动的整体效果进行检查评定。要注重发挥管理的导向作用,使这一原则真正得到贯彻执行,从而促进幼儿身心全面和谐发展。

第二节 托幼机构保教工作管理的内容和过程

一、托幼机构保教工作管理的内容

(一) 建立健全的保教工作管理组织机构

托幼机构是为达到一定的育人目标而共同活动的人群集合体,是在一定的环境条件下,按一定形式与层次设置的机构体系。它既能维系这种人群集合体的内部关系,又与外部特定机构与社会系统相连接。托幼机构组织的设置就是通过建立适宜的机构及活动规则,确定领导关系和职权分工,将托幼机构所拥有的人力、物力等组织起来,较好地实现托幼机构的任务目标。

管理是对组织而言,组织是一定人群集合体,又是一种协作完成目标的活动。管理学上,人们对组织的认识经历了不断深化的过程。传统的组织理论侧重从组织内部来说明组织的特征,倾向于把组织看作孤立于外部环境的封闭系统。现代组织理论注重组织内外部关系及其信息的沟通，把组织看作一个开放的社会系统，组织总是在具体的环境下运行，要通过与环境的交往与相互作用，适应环境，使自身得到发展。

(二) 班级是基层组织，是实施保教任务的基本单位

1. 班级保教人员的分配

保教工作组织体系在不同规模或实施不同教育模式的托幼机构有所不同。一般具有6个或以上班级的托幼机构，按照国家相关规定设立专职园长、副园长、教师、保育员。目前，托幼机构在班级人员配备上主要采用以下几种形式。

(1) 每班两名教师，一名保育员。现在，我国中等规模以上的托幼机构，大部分班级都有两名老师和一名保育员。而对于个别招收两岁到两岁半幼儿的托幼机构而言，保育大于教育，所以班级会设置两名保育教师和一名教师。

(2) 每班安排两名教师。大班幼儿已有了较强的自理能力，可以没有保育教师的照顾。

(3) 每班两名教师，另外，两三个班级配一名保育员或生活卫生人员。一些小型的托幼机构，由于生源不多，为了节约成本，存在一人多岗的现象。

(4) 代理制度。如日本提供全日制的保育所，每班安排一名教师，同时采用非常期工作人员即临时工，在必要的时段担任替班。此外，还有的机构依据特定的教育模式需要，安排科任教师担负不同的课程，这也属于代理制。代理制要求临时任课或替班的教师事先要熟悉班级环境和幼儿情况，还必须做好记录和交接。

2. 班级保教管理的内容

班级保教工作涉及保教幼儿的一切教育活动，以及对这些活动的组织管理。归纳起来包括这几方面的内容：①幼儿的生活管理要保教结合，全面安排幼儿的生活和活动。②创建良好的促进幼儿发展的环境。③班务工作，包括班级保教工作计划和实施、合理组织保教工作、班级常规工作管理、建立日常的规范的保教工作制度、班级物品的使用保管以及班级卫生安全工作等。④家园联系配合，共同促进幼儿发展。

二、托幼机构保教工作管理的过程

保教工作的管理如同整个园所的管理，要达到优化有效，必须发挥管理职能，科学地组织管理活动的运行程序。

托幼机构的保教工作管理一定要抓住制订计划、组织实施、检查指导和回顾与总结等几个基本环节，力争将保教过程纳入科学运行轨道，不断推向前进。

(一) 保教工作计划的制订

1. 保教计划的目的和依据

这里着重讨论学期计划和班级保教计划的制订。班级保教计划以园所计划为依据，结

合本班幼儿特点及本班实际,确立本班幼儿的培养目标和本班工作的任务要求,并提出具体实施的步骤、方法等行动方案。

通过班级保教工作计划的制订与实施,可以使教育培养目标落实到具体教育对象身上,同时可以使本班保教人员明确任务要求,统一步调,协调配合,保证保教任务的完成。

班级教育计划的制订应由本班保教人员共同分析班级幼儿发展实际和本班工作状况,学习领会教育方针,领会《幼儿园工作规程》和《幼儿园教育指导纲要》精神,明确托幼园所现阶段的工作目标和任务,在共同讨论、统一认识的基础上制订。

2. 建立与教育目标整合一致的保教计划体系

班级教育目标应该按照时间顺序,长计划,短安排,分层次,系列化,逐层次加以落实。常用的班级教育计划主要有三类,即学期计划、月计划及周或日计划。

第一类,学期教育计划。学期教育计划包括学期教育工作计划和学期班务计划。在制订学期计划(通常指班务计划)时,必须领会教育方针政策及园所的目标任务,领会或理解精神实质,分析总结上一阶段工作中的问题,学习了解教育大纲的要求与内容,根据不同年龄的幼儿发展的一般特点同时结合本班幼儿实际,提出本学期总的教育目标,并从保教内容的各个方面提出要求和措施,为促进幼儿身心发展创造条件。通常在学期计划中要规定每月应完成的任务。

案例

某幼儿园学期计划

一、指导思想

以习近平新时代中国特色社会主义思想为指导,全面贯彻落实党和国家的教育方针及有关教育的法律法规,坚持"以德立园、以法治园、科研兴园",以幼教"两个法规"和《幼儿园教育指导纲要》、《3~6岁儿童学习与发展指南》为依据,以《××幼儿园等级评估方案》为准绳,实行科学管理,加强教科研力度,更新保教理念,确立责任意识、竞争意识、精品意识、效益意识,不断提高保教质量,形成良好园风,把本园办成特色鲜明的幼儿园。

二、本学期工作目标

(一) 总目标

围绕一个主题:求质量,现特色,创品牌。

树立两种理念:以人为本、促进发展的办园理念;服务于幼儿、家长、教师的理念。

提升三支队伍:锐意创新、讲究效率的领导班子和储备管理人员队伍;爱岗敬业、追求卓越的教师队伍;优质服务、甘于奉献的后勤队伍。

完成六大任务:打造高素质的教师队伍;完善管理架构,理顺管理网络;建立幼儿园的质量标准体系,形成管理常规和工作常规;完善园本课程的定位与目标体系;做好五星级幼儿园评估的准备工作及对外宣传形象包装;做好举办园中园、亲子园的准备工作。

(二) 具体目标

1. 明确办园品质所对应的幼儿素质标准、用人标准、做事标准和服务标准。
2. 理顺管理网络,落实岗位职责,实行分层管理,组织各部门拟定工作目标,对各园各部门目标实施过程进行指导、监控、评价、奖励。
3. 进一步强化目标管理,推行目标责任制与目标激励制。
4. 强化师德教育,做好工作人员思想教育工作,培育积极合作的团队精神。
5. 开展园本管理培训,打造积极合作的教师队伍,培育积极的组织氛围。
6. 加强师资培训,提高教师业务、文化水平,开展基本功竞赛,促进每个教师的自我发展,为幼儿园的可持续发展打好基础。

三、工作思路

1. 以教育教学为中心
2. 管理与质量同步
3. 园本培训与园本教研同步

四、具体措施和要求(略)

学期班务计划大致包括 4 个方面:①班况分析。分析本班幼儿目前发展状况,各方面能力表现等,并在总结上学期班级教育和工作的基础上,分析已经取得的成绩和存在的问题。②提出本学期工作的总任务目标。③各方面的具体内容和要求(目标分解并形成措施)。④本学期将采取的新措施(含园历安排)。

 案例

某托幼机构班级学期计划

一、班级现状

中班的孩子各方面发展都很迅速。在小班的一年活动中,我比较重视培养幼儿的语言发展及动手能力,现在幼儿在这些方面都有所提高,随着年龄的增长,他们的思想也有很多变化,也相继出现了逆反期。为了能更好地将班级工作开展得井然有序。现在我就对这一学期的班级工作做出如下计划。

二、本学期班级工作重点

(一) 教育教学方面

工作重点有所转移,不能以幼儿服务及入园焦虑方面为主,本学期要在教育教学方面有所突破,主要从提高幼儿专注力入手,采取一些有效措施。只有专注力提高了,教学效果才会明显。

(二) 常规培养

好的常规是保证幼儿进行其他活动的前提,常规培养,一日不能松懈。常规培养是本学期的工作重点。为此,我将根据《××幼儿园公约》的内容对幼儿进行相应的培养,使班级中的常规工作能在短期内得到发展。

(三) 打造种植角

现在的幼儿很少能够接触到土，对于植物的生长知识也较为匮乏，对此，本学期我将在班级中重点打造种植角，让幼儿了解植物的生长过程。

三、家长工作方面(略)

四、班级开展的活动(略)

第二类，月教育计划。根据学期教育计划，逐月制订班级计划。每月计划的制订要注意在总结上月计划执行情况的基础上，提出下月工作重点及具体要求与措施，使每月教育工作成为实现学期目标计划的一个实际步骤。

 案例

某幼儿园月计划如表4-1所示。

表4-1　某幼儿园月计划
(2015—2016学年度第一学期12月份工作安排)

类别	工 作 内 容 和 要 求
园务管理	1. 总结11月份工作，布置12月份工作，制订1月份工作计划。 2. 做好庆祝圣诞或者迎新年活动的准备工作，举办庆祝圣诞或者迎新年活动。 3. 举办教职工迎新年联欢活动，给教职员工新年祝福；元旦放假通知和安排。 4. 撰写《给家长的一封信》，发放评选"爱的家庭""书香家庭"或"优秀家庭"的通知。 5. 了解教师、保育员思想状况，加强沟通，努力保障教师队伍稳定。 6. 开始实施春季招生工作。 7. 发放《关于工作改进的调查问卷》。 8. 制定、组织学习学期结束工作常规。 9. 发放《工作人员期末成果汇报的实施办法》
教育教学	1. 实施12月份计划，制定、审核1月份月计划或者主题计划，在1月份计划中预留出复习的时间。 2. 师生共同迎新年，做好环境布置工作。 3. 开展迎新年"长大一岁"主题教育活动。 4. 准备期末观摩式评价活动所需的资料(如给家长的温馨提示、串词)。 5. 12月底更换内墙的幼儿活动剪影。 6. 检测11月份教育教学效果
保育保健	1. 加强厨房管理，保证幼儿吃热饭、热菜、热汤。 2. 做好冬季传染病的预防和隔离工作。 3. 根据实际情况及时晾晒幼儿被褥等物品。 4. 增加活动量较大的体育活动，如球类、跳绳、跑步等，锻炼幼儿体质和意志

(续表)

类别	工作内容和要求
教研科研	1. 区角材料制作和体育器材制作。 2. 健康、社会教育教研活动。 3. 撰写幼儿学期发展评价(评语)
家长工作	1. 加强对家长的宣传，帮助家长了解冬季合理保育及锻炼的意义与做法，保证幼儿天天按时起床(不睡懒觉)、按时入园(不迟到)等。 2. 发送给家长的一封信。 3. 排查对幼儿园有意见的家长，进行汇总，排出家访计划
队伍建设	1. 互致新年祝词。 2. 健康教育和社会教育培训。 3. 准备教师期末成果汇报活动
财务后勤	1. 按照教师对幼儿园安全隐患的提醒进行整改。 2. 特别注意用电、用火安全，加强检查，发现情况及时处理。 3. 做好庆圣诞、迎新年环境布置的物品准备工作。 4. 做好工作人员用餐的保温工作

第三类，周或日计划。月计划要通过每周保教工作得到落实。教师应制订出每周完成月计划的进度，进一步明确工作要求、内容和措施。在制订周计划时，应根据工作的轻重缓急和先后主次以及班级当前情况，提出一两项主要工作或教育重点，注意将一般常规性工作与重点工作结合起来。

 案例

某幼儿园小班一日活动计划如表4-2所示。

表4-2　某幼儿园小班一日活动计划

早接待活动	1. 热情接待宝贝们来园。 2. 做好带药记录。 3. 和家长做好交接，询问宝宝的状态		
生活活动	1. 提醒幼儿多喝水，餐前便后要洗手。 2. 养成不挑食、不剩饭、吃饭不讲话不乱跑的好习惯		
集中教育	活动名称：小小蛋儿把门开		
	活动目标	1. 喜欢用歌曲表演的形式，动作协调地表现歌曲内容。 2. 尝试改编歌词，体验游戏的快乐。 3. 了解什么小动物是从蛋中孵出来的。 4. 模仿小鸡走路的动作	

(续表)

集中教育	活动准备	小鸡出壳的图片两张
	活动流程	1. 律动导入：幼儿听《小小蛋儿把门开》的音乐，跟着教师拍着手走进活动室。 2. 发声练习：引导幼儿用小猫叫"喵喵喵"、小狗叫"汪汪汪"练习发声。 3. 故事讲述：教师出示蛋壳图片，讲述《小鸡出壳》的故事，引导幼儿熟悉歌词。 4. 学唱歌曲：教师完整、有表情演唱歌曲；引导幼儿根据歌词编舞蹈动作
游戏活动	角色游戏	我家来客人了
	活动目标	1. 知道有朋友是快乐的。 2. 学会使用待客语言：您好、请进、请坐、再见
	活动准备	1. 门铃一只。 2. 事先与家长交谈过，了解幼儿家里有哪些朋友。 3. 角色游戏玩具若干
户外活动	活动名称	踩影子
	活动目标	1. 能够灵活地四散跑和快速躲闪。 2. 培养合作意识
	活动准备	1. 较平整的场地。 2. 飞镖、球等运动器械
环境创设		1. 布置"主题"墙饰。 2. 在美工区投放纸、油画棒，让幼儿给小鸡涂色
活动反思		

教育计划能体现教育者的儿童观、教育观。有人曾对园所教育计划的制订情况进行调查，发现目前存在如下问题：计划的内容重上课、轻游戏和生活；计划种类繁多，但相互关联少，缺乏整体观念，有"各自为政"的现象；计划的制订有一定的主观随意性。针对这种状况，我们认为在教育计划特别是周或日教育活动安排的写法上，应体现幼教改革新思路，从而引导教师教育观念的转变。教育计划的制订应由教学教案(作业)式的计划，转变为一日活动的整体安排。

教师在制订计划时，应意识到幼儿是教育的主体，应根据对本班幼儿年龄特点和具体生活经验的观察和了解，进行整体化教育。在每日教育活动计划下留有空格，教师可以对当日计划执行情况进行效果检验，明确是否达到目的，分析存在问题，提出调整改进建议。

需要强调的是，保教人员在制订班级教育计划时，必须以观察了解教育对象作为基本前提，每日教育计划实施后，也需要根据对幼儿行为的观察进行反馈，以便进一步做出调整，使教育能够更好地适应幼儿需要并促进他们的学习与发展。

(二) 保教工作计划的审查

计划的审查是保教工作管理的一项重要任务。园长和保教主任应认真审查各班教育工作计划并给予具体指导。计划的审查要形成制度，做到规范化。一般来讲，学期计划应在学期开始之前或学期初加以审查，月计划应在下月开始之前或月初进行审查。这样，如果有意见或发现问题可以及时指导修改，使班级保教人员便于按计划实施。

对班级教师的教育计划的审查应注意以下几个方面：计划是否体现了我国教育方针和正确教育思想，是否体现保教结合、不断改革与创新、提高保教质量的要求；计划是否贯彻了全园计划的精神与要求；计划是否注意到上一阶段的不足之处，提出本阶段的任务要求，体现出连续性和渐进发展性；计划是否分析了本班幼儿的具体情况，所提目标是否符合其年龄特点和实际需要；计划是否包括一日生活的各项活动，规定了每月或每周的重点培养要求，是否包括有关个别教育的内容，是否考虑到与家庭的联系和配合；计划是否指出了完成任务的具体措施和方法，并对所采取的活动形式及完成计划的时间期限做出规定。

(三) 保教工作计划的执行与效果检查

要保证教育计划的贯彻实施，园领导一方面必须深入班级，指导计划的执行并进行监督检查，给予切实的指导，同时还应注意引导保教人员对计划的实施及效果进行自我检查。

1. 教师自查

保教工作记录是教师自查工作效果的有效途径。教师在根据计划进行教育工作中，要注意对计划的执行情况及工作效果加以记录，以提高根据计划实施工作的自觉性。通过自我反馈，检查工作效果，找出存在的问题和不足，分析原因，提出改进建议，为下一周计划的制订提供依据。坚持记录保教工作还有助于资料的积累，便于日后整理和总结，从而不断提高保教质量和工作水平。

保教工作记录可以附在周(日)教育活动安排之后，便于直接对照。保教工作记录应写清楚计划的制订与完成情况及其效果，进而提出存在问题与改进建议。

教师也可以采取灵活的方式进行保教工作记录，如保教工作日记、教育笔记等，也可以将教育实践中和计划实施中出现的有意义的事件及时以日记的方式记录在案，还可以分类进行描述。

教师在记录教育实践的同时，要进行思考和分析，这样有助于教师在熟悉的事物中发现问题、看到新意，形成创造性的工作态度，改进和完善自己的教育教学过程。当前教育改革中，提出了教师专业化的要求，强调教师要结合教育实践，进行行动研究，做研究型教师、做反思型教育者，而"教育日志是教师专业成长的同行伴侣"。教师要将撰写教育笔记或日志作为自身工作应有的内容，养成做日志和反思的习惯，这不仅有助于教学质量的改进，对幼儿教师持续的专业发展更是大有裨益。

案例

某幼儿园教学日志格式如表4-3所示。

表4-3 某幼儿园教学日志格式

教学要点		偶发事件处理			
		建议事项			
		教学反思			
教学单元		进行日次		第 天	
在籍人数	人	请假人数	事假 人 病假 人 其他 人 计 人	出席人数	
				教师签章	
日期	年 月 日	星期	天气	园长签字	

2. 管理者检查与指导

园所领导要掌握保教工作管理的主动权，就必须重视检查这一环节，发现实质性问题，有效地指导保教工作的开展。通过检查，园所领导能了解班级计划的执行情况，掌握工作进展。园所领导要深入保教实践前线，督促、指导、帮助教师在保教实践中端正教育思想，改进教育方法，发现问题及时解决。园所领导要有目的、有计划、有准备地检查保教工作，尽可能详细观察并记录教师实施计划的情况。检查时要综合运用多种形式，如定期检查与经常性检查相结合，全面检查与重点检查相结合。园所领导在检查中要注意随时发现好人好事，推广优秀经验，促进保教人员之间的相互学习和交流。对于新入职的青年教师更需要进行现场指导，园所领导要了解其工作状况和思想情绪，给予具体建议，帮助他们尽快适应教师岗位。在检查后，园所领导要做出分析和评价，即加强指导，使被检查者明确缺点与不足，促使其工作不断改进。

园长或保教主任的检查不应是"走马观花"式，而应通过细致认真的观察，了解教师组织活动的情况和工作状况。观察时，园所领导要着重了解以下内容：班级环境(包括材料准备、教育环境创设、卫生条件等)状况如何，活动程序安排是否合理，活动时间是否符合作息制度要求，动静交替和室内外结合的情况如何，团体与个别活动如何安排，教师安排的与幼儿自选活动是否平衡，以及时间的利用是否充分。观察中园所领导应特别注意教师与幼儿相互作用的情况，如整个活动过程中，教师如何引导幼儿注意，如何提出活动任务指导方法，活动程序如何推进，如何激发幼儿的兴趣，促进其积极主动活动、操作；教师如何依据计划实施教育，同时又注重随机教育；有无依幼儿个人特点予以引导，幼儿的行为表现如何；在场的其他保教人员如何配合等。根据这些具体情况，园所领导才能做出有说服力的分析，并给予教师切实而有针对性的指导和帮助。

检查记录的内容包括被检查教师的姓名、班级、日期与具体时间，活动内容记录，分析与评价，以及改进工作的建议等部分。

 案例

某幼儿园教育活动检查记录如表 4-4 所示。

表 4-4 某幼儿园教育活动检查记录

_____幼儿园

教师		班级		时间	年 月 日
教育活动内容与名称					
检查教育活动记录					
分析与改进建议					
检查人					

（四）保教工作计划的回顾与总结

回顾与总结能保证教育过程顺利运行，帮助教师不断提高工作水平，吸取经验教训，探索保教规律。一般来讲，每学期应该进行一次较全面的总结，在各个阶段如月度、季度也要适当对班级的全面工作作总结，对某些重点单项工作也可以作专题总结。在每个学期结束时，教师应作个人总结，认真回顾工作内容。园所领导在保教工作总结中应注意以下几点。

1. 及时指导教师

园所领导要加强对教师的指导。例如提出总结要求，帮助教师发现先进经验和工作中的创造性因素、特色等，引导具体题目的确立或明确总结要点。

2. 助于汇总成册

园所领导要在平时检查工作的基础上进行总结，将日常收集积累的材料加以汇总，包括幼儿作品、保教记录中对幼儿行为或进步情况的描述、反映保教质量的典型事例等，要用真实和生动具体的事例说明问题。

3. 引导教师开展理论学习

园所领导在总结过程中要引导教师加强对理论文献的学习，并要求教师对照工作状况进行分析，使其探索取得成绩或是造成失误的原因，寻找规律，以便指导日后的工作。

4. 把总结作为提高工作水平、促进相互学习的手段

将总结与交流评比结合，注重推广先进经验，在全园形成追求进取、创新、互助的良好风气。将一些被实践证明富有成效、符合教育规律的经验，纳入常规工作管理。

(五) 建立保教工作秩序

秩序是完成保教任务的保证，建立良好的保教工作秩序可以使保教工作正常运转。保教人员一日工作程序化是指在增强保教人员对幼儿全面负责意识、保教结合意识的同时，通过将保教人员岗位责任制与幼儿生活制度及生活常规结合起来，对保教人员在一日生活各个环节应做的工作进行具体分析，使岗位责任制规定的具体工作内容和要求落实到人，落实到时间与地点，并规定完成程度与工作质量。同时，进一步明确教师与保育员工作的相互联系，使保教人员一日工作程序化、规范化。影响正常保教工作秩序的因素主要涉及以下方面。

1. 增强保教人员的责任意识

增强保教人员对幼儿全面负责的意识，同时，将幼儿一日生活常规管理与保教人员工作职责有机结合，实现保教人员一日生活程序化。园所领导应当认识到，保教人员工作常规与幼儿生活常规是影响保教工作秩序的最重要因素。

2. 科学安排好各类活动时间

时间是重要的管理要素，托幼机构任何活动包括保教活动均需要在一定时间中延续，因而保教工作管理首先是对时间的管理。应建立科学的幼儿生活作息制度，对保教人员一日工作时间及托幼机构的一周工作也应做出合理安排。

3. 建立健全的保教工作制度并执行

例如保教计划记录制度、备课制度、保教人员常规工作检查制度等。建立的制度必须严格执行，从而形成良好的工作秩序。

4. 相关部门的配合与服务

托幼机构工作作为一项系统工程，各部门构成有机联系的整体，各部门既有各自担负的职责，相互间又要协调配合，才能保证良好的保教秩序，最终较好地实现托幼机构工作目标。例如，膳食组按时备饭；又如，后勤部门创设必要的环境条件、提供物质资料、书刊信息资料等。

托幼机构管理上要将保教人员一日工作程序化作为托幼机构管理的途径和手段，管理者要定期或不定期地检查督促，并引导保教人员对照工作规范与职责进行自我评价，促进保教常规的落实，使保教工作顺利开展并取得应有的效果。

托幼机构除了每日的例行活动，在某些特定的日子往往会安排一些特殊活动，如出游或联欢，且在较多情况下，需要以全园参与的形式或年级组的方式来开展，这就需要进行专门的考虑，做出妥善安排。

> **课后思考与练习**
>
> 1. 托幼机构保教工作管理的地位有哪些?
> 2. 托幼机构保教常规工作的内容有哪些?
> 3. 班级保教工作的内容有哪些?
> 4. 保教人员一日工作程序化的意义和作用有哪些?
> 5. 实施保教结合原则在管理上应注意哪些问题?
> 6. 影响正常保教工作秩序的因素有哪些?
> 7. 说一说保教结合的含义。

第五章 托幼机构课程与教研管理

第一节 托幼机构课程管理

一、托幼机构课程的内涵

(一) 早教机构课程内涵

早期教育一般是指针对0～3岁婴儿实行的有计划、有目的的教育。美国等国家的"早期教育"(Early Children Education)概念是指由专业者对0～8岁婴幼儿提供的所有保育和教育的服务项目，这基本等同于国内"学前教育"的含义，但国外的"学前教育"(Preschool Education)则是指出生到5岁入幼儿园前的整个时期。国内对早期教育这一概念的年龄界定并不明确，教育词典中也没有予以界定。有些观点认为早期教育的年龄划分等同于我们常说的"学前教育"，即针对0～6岁儿童进行的教育；有的观点认为早期教育特指0～3岁婴儿的养育及教育。本书中所界定的早期教育特指对0～3岁婴儿进行的教育。

《教育大辞典》中并没有对"早教机构课程"作明确定义。其他文献也没有对"早教机构课程"作规定性定义。要想清晰界定这一概念，就必须先弄清楚"课程"的概念。课程是学习者在教育者有意识指导下与教育情境相互作用而获得有益经验和身心健全发展的全部教育性活动。本书套用"课程"概念的界定方式，并结合早教机构课程特点，尝试性地做出以下概念表述：早教机构课程是指早教机构根据0～3岁婴儿身心发展特点，由婴儿及其父母或其他看护人员共同参与，在专业人员的指导下，以亲子互动游戏为基本组织形式开展的，能够促进婴幼儿身心发展，并为父母提供科学育儿知识与方法的教育活动。

(二) 幼儿园课程内涵

幼儿园一般指针对3～6岁幼儿进行保育和教育的机构，幼儿园课程是对幼儿进行教育的载体。在教育发展的历史进程中，众多课程研究者给出的课程定义种类繁多。针对课程研究领域中对课程的多种定义，施良方教授对课程进行了词源分析，归纳了6种类型的课程定义：课程即教学科目、课程即有计划的教学活动、课程即预期的学习结果、课程即学习经验、课程即社会文化的再生产、课程即社会改造。施良方教授认为每一种有代表性的课程定义都有一定的指向性，都有某种合理性，但同时也存在某些局限性。从他所归纳的 6 种课程定义，我们可以看出，不论哪一种定义都说明了课程是教育目的和培养目标的基本体现，而且教学是以课程为依据而展开的。总之，课程是学校教育的内容体系，是构成学校教育过程的重要因素之一。学校教育是多层次的，从幼儿园教育、小学教育，一直到中学教育、大学教育，每一阶段的教育都是针对特定年龄的教育对象而实施的，这些教育对象的发展和学习都有各自的特点和规律，都有相应的课程。因此，在理解幼儿园课程含义时，也有不同的理解和提法。1903 年湖北武昌第一所幼稚园建立以来，我国幼教界的先驱们就把幼儿的经验、幼儿的活动、幼儿的生活视为课程关注的重点。例如，张宗麟在文章中谈道："幼儿园课程者，由广义地说之，乃幼稚生在幼稚园一切之活动也。"他强调幼儿园课程是有助于儿童发展的各种活动的总和。陈鹤琴则一再强调，幼儿园应该给儿童一种充分的经验，这种经验的来源有两方面：一是与实物的接触，二是与人的接触。他认为应该把儿童能够学而且应该学的东西有选择地组织成系统，以儿童的两个环境(即自然环境和社会环境)为中心组织幼儿园课程。到了 20 世纪 50 年代以后，我国有的学者认为：幼儿园课程即幼儿园所设科目，如体育、语言、常识、计算、音乐、美术 6 科，这些科目及其进程安排构成了幼儿园课程的总体，多采用上课形式。这实际是从苏联引进的舶来品。这种课程强调系统知识的价值与系统知识教学，不太适合学前儿童心理特征。

结合当前教育改革的不断发展和时代的要求，有学者将幼儿园课程定义为：幼儿园课程是实现幼儿园教育目标的手段，是帮助幼儿获得有益的学习经验、促进其身心全面和谐发展的各种活动的总和。这里的所谓各种活动，是《幼儿园工作规程》所说的"教育活动内容应当根据教育目标、幼儿的实际水平和兴趣确定，以循序渐进为原则，有计划地选择和组织。教育活动的组织应当灵活地运用集体、小组和个别活动等形式，为每个幼儿提供充分参与的机会，满足幼儿多方面发展的需要，促进每个幼儿在不同水平上得到发展。教育活动的过程应注重支持幼儿的主动探索、操作实践、合作交流和表达表现，不应片面追求活动结果"。这种提法符合儿童特点，突出课程的动态性，特别是符合《幼儿园教育指导纲要》要求和幼儿和谐发展的需要。

二、托幼机构课程管理的内涵与意义

(一) 课程管理的内涵

课程管理问题是随着课程改革的展开而不断被人们认识的，目前理论界对它的论述日渐增多，但人们对课程管理的认识还不够充分。因此，有必要对课程管理的内涵、角色、内容、特点、意义等相关理论问题进行研究。

课程管理的内涵是什么，这是课程管理首先必须解决的问题。国外许多学者从课程管理所涉及的主要层面揭示课程管理的内涵。英国学者戴·约翰逊和惠特克等提出，课程管理的重点不外乎课程计划的管理、课程实施的管理以及课程评价的管理三个方面。而学者埃弗阿德和莫里斯认为课程管理的重点包括人的管理、组织的管理和课程发展的管理。国外学者对课程管理内涵的解释并没有多少分歧，只是根据研究重点而对课程管理的不同方面有所侧重。但是，国内学者因对课程的界定不同，从而对课程管理的理解也各不相同。钟启泉在《现代课程论》中"课程管理理论"部分阐述了课程管理的概念，认为课程管理是系统地处理编制技法和人、物条件的相互关系，以教育目标为准绳，加以组织的一连串活动的总称。廖哲勋在《课程学》中指出，课程管理是在一定社会条件下，有领导、有组织地协调人、物资与课程的关系，指挥课程建设与课程实施，使之达到预定目标的过程。可见协调人、物资和课程这三者的关系是课程管理活动的基本内容。王志良在《浅议我国大学课程管理》一文中指出，课程管理从广义上讲是指学校对教学工作实施管理，从而完成教学计划和教学大纲规定的教育、教学任务。郭继东在《我国课程管理体制改革刍议》一文中认为，课程管理是对课程的编制、实施、评价等工作的组织与控制。刘居富、肖斌衡认为课程管理即部署和组织一定学校的课程设计，指导和检查一定学校课程的实施，领导和组织学校的课程评价。贾非认为，课程管理属教育行政范围，是教育行政部门和教育工作者的重要管理活动。白月桥认为，课程管理就是对课程采取的经营措施，它是学校管理中特别重要的核心部分。

课程管理的内涵主要涉及两个问题：一是课程管理的主体，由于主体的不同而使课程管理呈现出不同的层次，主要有国家、地方、学校(幼儿园)、班级 4 个层次。课程管理是一个多层级的动态运行系统，它最终指向课程质量的提升、学生(幼儿)学习品质的改善以及学生(幼儿)身心素质的提高。校长(园长)的课程管理在这些不同的层次之中起着协调和沟通、落实与创新的关键作用。二是课程管理的客体，也就是课程管理的内容，包括课程目标、课程计划、课程内容、课程实施、课程评价、校本(园本)课程、课程资源等。综上，我们认为课程管理就是指组织及其人员对课程设计、课程实施、课程评价等活动以及与这些活动有关的课程文件和课程资料、教学大纲、教材等进行规划、组织、协调、指挥、控制的活动。托幼机构课程管理就是机构负责人有计划、有组织地协调人、物与课程的关系，协调课程实施的各要素，科学地指挥课程实施，实现课程目标的过程。

(二) 托幼机构课程管理的意义

课程管理具有普遍性，凡是有课程改革和课程开发的地方，不论是国家，还是学校(托幼机构)都需要做好课程管理。托幼机构课程管理是婴幼儿教育管理的重要组成部分，也是与婴幼儿教育成效特别是与婴幼儿发展直接相关的一项管理工作，更是托幼园所课程改革成败的关键因素。因此，托幼机构应该向管理要质量。

1. 课程管理水平决定课程实施质量

课程实施是托幼机构负责人在课程管理过程中的一个重要环节，课程管理的水平决定了课程实施的质量。课程实施就是把课程计划付诸实践的过程，是整个课程管理过程中的一个实质性的阶段。托幼机构负责人对课程的管理比较偏重对影响课程实施因素的管理。园所负责人在课程实施中的管理风格直接影响课程实施的质量。课程改革能否真正走进园所、走进班级，在很大限度上取决于课程实施的效果。影响课程实施的因素较多，只有把这些因素组织、协调起来，才有助于提高课程实施的质量。

托幼园所是课程实施的主要场地，托幼机构负责人是园所课程管理的领导者，拥有最高的指挥权。在课程管理中，园所负责人对课程实施的各要素发挥统筹、协调的作用，为课程实施提供各种有利的条件。园所负责人在课程管理过程中把握全局，协调各个层次与部门关系，动员教师和相关人员接受课程改革，积极参与课程开发，为课程实施提供充足的园内外资源，争取较多的经费，与社会建立良好的互动关系，改善与家长的联系等。课程实施中存在的许多问题，需要园所从课程管理上寻找解决的途径。托幼园所负责人只有提高课程管理的水平才能保证课程实施的效果，课程管理的水平是决定课程实施质量的关键。

2. 课程管理有助于促进托幼机构负责人自身及教师的专业发展

托幼机构的课程管理就是负责人对课程的设计、发展、实施和评价所进行的一种沟通、协调和支持的专业性管理，它要求园所负责人充分发挥自身的专业能力以及在课程实施与开发中的作用，积极影响课程发展的过程和结果，主动应对课程发展与改革的挑战，提升课程管理效益，实现课程管理的目标。课程管理又是一项需要长期投入的工作，如课程计划的编制、课程实施的管理、课程资源的提供等，都需要园所负责人在时间、精力上的投入。因此，园所负责人需要提升自己的专业能力，成为课程与教学领域中的专家。园所负责人要想发挥课程管理的职能，就必须具备一定的课程哲学观、课程专业知识以及明确的办园理念，并能够通过领导行为促进园所成员的专业发展，在课程改革中积极推进一系列课程的开发。这是新课程管理对园所负责人专业化发展的要求。可见，园所负责人承担课程管理的职责，将有助于促进自身的专业发展。

幼教教师是研究、改进托幼机构课程活动的主角，是课程管理中不可缺少的要素，是推动课程管理的基本动力。离开教师的参与，托幼机构课程管理就不能取得预期的效果。因此，园所负责人在课程管理中比较关注教师的课程参与情况，为教师参与课程决策、参与教材编写和推进课堂教学改革等创造条件；对教师进行园本培训，针对不同教师的起点，分别培养其所需的基本知识、能力；给予教师参与课程管理的机会，培养他们参与课程发展的才能与专长。可见，提高园所负责人的课程管理水平，将有利于为教师的专业成长提供条件和保障，有利于教师积极反思自己的课程实践，促进教师的专业发展。

3. 课程管理有助于提高园本课程开发的水平

自从我国课程改革实施课程三级化管理，即既国家、地方、学校三位一体后，各地和各个学校根据自己的实际情况，纷纷开发自己的校本课程。托幼机构也不例外，根据自己的地域和本园所拥有的资源，积极进行园本课程开发，使园本课程成为自己有别于其他园所、有竞争力的特色和个性化资源。园本课程开发的水平，也是衡量课程适应性程度的重要指标。随着建构主义思想对课程的渗入，情境创设、自主探索、协作学习等一时成为课程改革的热点。目前，托幼园所也开始重视学习的具体情境和课程本身对幼儿个体经验的适应性。以往"自上而下"的课程已不适应婴幼儿的学习，园本课程开发则是"自下而上"的课程改革的一种具体形态。它是园所根据自己的办学理念与本园的现有条件而开发出来的课程，课程的内容与实施方式都是根据本园婴幼儿的需求和特点设计出来的，能有效地促进本园婴幼儿的发展。

园本课程开发对园所负责人和教师来说都是一项新的挑战，会面临许多困难，使有些教师感到力不从心，容易产生怨言。进行园本课程开发是一项系统工程，需要园所负责人成为课程管理的领导者，充分发挥导向作用。园所负责人通过提高自己的课程管理能力，充分、合理地利用人力、物力、财力资源，会有效地化解众怨，团结所有员工积极投身于园本课程的建设中，从而提高园本课程开发的水平，保证园本课程开发的质量。课程管理赋予园所负责人一定的课程管理权，其目的就在于倡导园所负责人积极进行园本课程建设，增强园所课程的适应性。课程最终是否具有适应性取决于教师能否根据婴幼儿实际需要，充分利用一切可利用的课程资源，创设有利于婴幼儿发展的学习情境。通过课程管理就能够为教师提供这些方面的保障，让教师充分理解课程意图和目标，促进师幼之间交流，为提高课程适应性和园本课程开发水平创造有利的条件。

三、托幼机构课程管理的内容与过程

(一) 早教机构课程管理

当前国家并没有统一的早教机构课程，也没有相关的课程标准，各种亲子园都开发了自己独特的课程。很多加盟亲子园是国际品牌，使用总部课程体系，而他们的课程也是有专利保护的。自创品牌的私立亲子园，他们的课程多为自主研发，在研发课程时通常借鉴国外亲子课程的相关理念和内容，借鉴幼儿园课程的相关经验和智慧，结合当地实际形成自己的特色课程。他们的课程丰富多样，例如游泳课程、英语课程、数学课程、音乐课程、运动课程等。就市场上的私立亲子园课程来看，鱼龙混杂，很多课程仿照了幼儿园课程的内容和方法，在此基础上予以简化，在课程理念、体系以及内容、方法上都有待研究。笔者观摩的公立亲子园的课程名为"亲子教育课程"，以多元智能理论为依据，包括身体动作、认知、语言、数理逻辑、音乐、人际交往、道德情感等多方面的内容，以促进0~3岁儿童多元智能发展为目标。

亲子课程的研发都是依据一定的理论基础，围绕相应教育目标而建构内容体系和教育教学方法的。虽然不同类型亲子园课程理念和名称不同,但是在目标、内容和方法上有许多共同之处。

1. 课程目标

课程目标体系一般包括总目标、各年龄段目标、月目标、课时目标以及具体某个活动的活动目标。亲子园课程的总目标一般包括三个方面,即在游戏和活动中促进0~3岁儿童的全面发展;为家长提供教育范例,向家长传授科学的育儿知识和育儿方法,提高家长的教育水平;提供亲子互动的机会,增进亲子感情。目标体系一般按年龄进行分段,不同亲子课程分段不同,有的按5个月进行分段,有的按6个月进行分段,也有按1年进行分段。例如有的亲子课将0~3岁划分成11个年龄段:0~6个月、7~9个月、10~12个月、13~15个月、16~18个月、19~21个月、22~24个月、25~27个月、28~30个月、31~33个月、33~36个月。每个阶段的目标各不相同,目标体现各个年龄阶段儿童的身心发展特点和发展需求,体现了最近发展区。

2. 课程内容

课程内容以一定教育理论为依据,围绕课程目标进行建构,不同亲子课有自己的特色内容。例如某亲子园课程的课程内容是"1+X","1"是综合课程,包括认知、动作、语言、社会性等方面内容,"X"是专项训练课程,包括进行专项美术教育的"亲子美术DIY课程"、专项音乐教育的"奥尔夫亲子音乐课程"、专项语言教育的"我是小小主持人课程"、专项感统训练的"感觉统合活动",还有蒙台梭利亲子活动等。

3. 课时安排

在课时上,不同亲子园课程设置也会有差别,有的一周一次,有的一周两次,还有的一周三次;每次亲子课的时间也不完全相同,有的一次45分钟,有的一次60分钟,有的一次90分钟。90分钟的亲子课通常包括中间20分钟的户外活动和10分钟加餐。

4. 课程实施原则

亲子课实施的原则包括快乐原则、适宜性原则、指导性原则、互动性原则和开放性原则。快乐性原则是要求亲子课从方案设计到实施过程都要考虑到0~3岁儿童是否喜欢,是否能在课程中保持积极的情绪,是否能收获快乐。亲子课不仅要让0~3岁儿童感到快乐,也应该让家长和教师感到快乐。适宜性原则是指课程的目标、内容、材料、方法等都要适宜孩子的发展特点,教师的指导要适宜,家长对孩子的指导也要适宜,活动的运动量和度都要适宜。指导性原则强调教师的指导和家长的指导,教师和家长都要明确自己的角色,教师要积极指导儿童,也要有意识地指导家长,让家长明白活动的目的和意义,学会如何指导孩子。家长则要明白自己不是陪伴孩子更是课程学习者和孩子的指导者,亲子课只是一种教师示范,更需要家长将活动延伸到家庭。互动性原则是指亲子课实施过程中教师、儿童和家长之间存在的多方互动。开放性原则是指方案设计要有一定开放度,允许教师自主发挥，教师对儿童和家长的要求也有一定开放度，尊重个别差异，而在环境上要突破室内，走向室外，走进社区，走进更广阔、更丰富的场地，利用大自然的丰富资源为亲子课程服务。

5. 课程实施方法

亲子课的主要实施方法是操作法和游戏法。0～3岁儿童的思维特点是直觉行动性，因此，0～3岁儿童要靠亲眼看、亲手触摸来认识事物，探索世界，操作法就成为亲子课另一种最关键的实施方法。游戏本身就是一种学习，是孩子获取经验、发展智能的方法，也是培养自发性、创造力、好奇心、想象力的妙方。

6. 课程实施环节

亲子课的实施环节和活动流程基本一致，一般可以分为开始部分、基本部分、结束部分。开始部分主要进行活动准备，集中孩子和家长的注意力，然后相互问候。基本部分是课程主体部分，开展各种各样的教育活动。结束部分进行总结，向家长布置家庭延伸活动。

以下以某0～3岁亲子园课程的活动方案为例，呈现亲子课的具体流程，整节课共6个活动环节，即静心活动、相互问好、动手动脑、音乐律动、快乐活动和愉快再见。

 案例

某亲子园课程设计

一、静心活动(5分钟)

(一) 活动目标

1. 使宝宝情绪安定。
2. 营造温馨的交往氛围。

(二) 活动准备

音乐《数包相会》。

(三) 活动过程

1. 集合家长，讲解抱姿"前腹托抱"。让宝宝的四肢能自然伸直，头保持自然状态。
2. 教师示范讲解基本舞步：踏踢步。
3. 家长与宝宝跟着教师随音乐的节奏律动，音乐结束时，带着宝宝主动与教师和同伴问好。

二、相互问好(10分钟)

(一) 活动目标

1. 感知不同的音色，培养听觉辨别力。
2. 营造温馨的交往氛围。

(二) 活动准备

节奏图谱、坐垫。

(三) 活动过程

1. 教师出示节奏图谱，引导家长了解节奏型。

2. 教师用固定的节拍同宝宝问好，提示妈妈用相应的节奏型来回应教师。

3. 请一位爸爸同教师一起点名，当老师呼唤幼儿名字时，妈妈要伏在宝宝的耳边轻回应道："老师好！"同时引导宝宝招招手。当叔叔呼唤他的名字时，妈妈要伏在宝宝耳边说："叔叔好"！同时招招手。

三、动手动脑(20分钟)

动手活动：找铃铛

(一) 活动目标

尝试用拇指和食指捏握铃铛，促进五指分化，提高手眼协调能力。

(二) 活动准备

小铃铛、小碗。

(三) 活动过程

1. 教师示范：用一个色彩鲜艳的小碗将铃铛盖住，将碗打开，让宝宝注意到碗底下的铃铛，教师夸张地用拇指和食指将铃铛捡起来。

2. 每个宝宝一个铃铛，家长用藏猫猫的游戏让宝宝注意到铃铛。

3. 引导宝宝用拇指和食指将铃铛拿起来。

4. 播放音乐，提醒家长整理活动材料，老师帮助整理归位。

(四) 活动建议

1. 家长要注意观察宝宝，防止其吞食小铃铛。

2. 宝宝不会像成人一样用标准的二指捏握铃铛，家长要注意观察宝宝在伸出五指的时候是否是拇指和食指用力。

动脑活动：辨黑白

(一) 活动目标

辨别黑白，提升宝宝视觉的辨别能力。

(二) 活动准备

黑白卡纸、黑色水彩笔、白色画纸、托盘，音乐《在银色的月光下》。

(三) 活动过程

1. 播放安静音乐，提示家长让宝宝逐渐安静下来。

2. 教师将黑白卡纸逐一在宝宝面前移动。

3. 教师将准备好的白色画纸和黑色水彩笔逐一发给家长，家长夸张地用水彩笔在纸上随意作画。

4. 逐一将妈妈的作品在宝宝面前展示，让宝宝欣赏妈妈的画。

四、音乐律动(15分钟)
(一) 活动目标
1. 倾听舒缓的音乐,体验亲子感情。
2. 理解语言,让宝宝听懂对人的称呼和所指具体的人,为有意识地呼唤大人做准备。
(二) 活动准备
音乐《世上只有妈妈好》。
(三) 活动过程
1. 第一遍播放音乐,请家长跟着音乐的节奏轻轻摇晃身体,向宝宝传递稳定的节奏。
2. 第二遍音乐,请家长与宝宝面对面,使宝宝眼睛能看到家长。唱完后对宝宝发音"妈—妈、妈—妈"。
3. 第三遍音乐,引导家长在宝宝耳边轻轻吟唱。

五、快乐活动(10分钟)
(一) 活动目标
增强宝宝腰部肌肉和骨骼的力量,促进宝宝身体平衡能力的发展。
(二) 活动准备
大龙球、音乐《孤独的牧羊人》。
(三) 活动过程
1. 在活动开始前复习活动操,然后家长抱着宝宝坐一排。
2. 家长抱宝宝到大龙球前,慢慢让宝宝坐到球上,家长用双腿夹紧球,双手扶着宝宝的腋下。
3. 播放音乐《孤独的牧羊人》,家长随音乐轻轻摇晃宝宝。
4. 让宝宝变化姿势:爬到大龙球的上面,双手撑住头用力抬起。家长随音乐慢慢移动大龙球,让宝宝感受前后、左右方位的变化。

六、爱心叮咛

	叮咛要点
动手动脑	精细动作的发展与感知觉、注意力等发展密切相关,尤其是和视感知关系密切。用手捏握细小物品是婴儿认识客观事物的一个手段,它既以神经发展为基础,又与训练的开始时间和训练程度有关
音乐律动	这是一首大家很熟悉的童谣,家长可多给宝宝听一听,引导宝宝跟着音乐发音,提升宝宝的语言理解能力
快乐活动	该月龄段的宝宝还要继续练习坐稳,坐大龙球是为了训练宝宝的腰部活动肌肉,刺激宝宝的前庭觉。在家里,家长可以多与宝宝玩"骑大马"的游戏,这样也可以达到此目的

七、愉快再见(3分钟)
(一) 活动目标
1. 音乐中家长引导宝宝与同伴交往,理解"再见""拜拜"的含义。

2. 能简单模仿成人的动作,学会手势语言。

(二) 活动准备

仿真娃娃、音乐《宝宝拜拜》。

(三) 活动过程

1. 播放音乐,在音乐中通过仿真娃娃招手表示再见,引导宝宝模仿。
2. 提示家长大声用语言和手势与其他家长和宝宝招手示意再见。
3. 家长扶着宝宝的手与教师示意再见。

(四) 活动延伸

回家后,家长可以在确保宝宝安全的前提下引导宝宝翻动身体够玩具,同时为宝宝腾出一个场所,铺好地垫让宝宝自由翻、滚、爬。

7. 课程的评价

课程评价是指针对 0~3 岁婴儿课程的特点,通过一定的方法,对早教课程的各个环节进行科学、客观的分析和判断的过程,包括对课程方案、课程实施过程、课程实施结果、课程管理等方面进行评价和分析。课程评价能为完善课程设计和提高教学质量提供依据。

(二) 幼儿园课程管理

虞永平在《关于幼儿园课程管理的思考》一文中指出:由于幼儿园管理主体的多层次性,幼儿园课程管理也必然是多层次的,可以分为两个类别多个层次,如表 5-1 所示。一个类别是政府职能部门的课程管理,即从中央到地方各级政府职能部门都负有课程管理的职责。当然,不同层次的政府部门的课程管理职能是有一定差别的,中央政府主要负责宏观管理,在了解全国幼儿园课程基本状况和主要问题的基础上,通过制定并督促执行相关的法规和政策来实施管理;省、市教育行政部门主要进行幼儿园课程的中观管理,依据国家有关幼儿园课程的法规和政策,结合本地的实际,制定本地幼儿教育的政策、规划来实施管理,确保国家相关法规和政策能与本地的实际相结合,并得到贯彻和落实;县(市)、区是幼儿园课程管理的重要层次,从行政的意义上说,县(市)、区的课程管理是微观的管理,重在实践中管理,在行动上管理,幼儿园是否贯彻国家有关的法规政策,有没有从实际出发创造性地开展课程建设,幼儿园课程建设的成效如何,幼儿园课程建设的过程中面临的主要问题是什么,各类课程实施人员培训的重点是什么,一系列与幼儿园课程建设紧密相关的问题就是在这个层次上得到发现和解决的。另一个类别是教育机构自身的管理,即幼儿园作为教育机构,自身也有管理课程的职能。幼儿园的课程管理也可划分为三个层次,一个是园级管理,就是幼儿园作为一个组织,总体上对课程进行的管理,这类管理涉及课程的理念、课程的架构、课程实施人员的配备、课程实施成效的评价等方面;第二个是班级层次的管理,这类管理往往与实施相交融,且是在实施过程中进行的管理,它涉及班级课程计划、一日活动的组织管理、具体的课程资源的管理、家园联系工作的管理等。第三个层次是教师和保育员进行的自我管理,根据班级的工作计划和常规,教师和保育员管理自己的课程实施行为。与政府职能部门的课程管理不同,幼儿园的课程管理直接与课程建设的水平和实施成效联系在一起的。当然,幼儿园的管理和政府职能部门的管理也是紧密相关的,这两类课程管理的不协调,将对幼儿园课程的成效产生消极的影响。

表 5-1 幼儿园课程管理的层次与基本职能

政府职能部门的课程管理		幼儿园自身的课程管理	
三个小层次	课程管理的职能	三个小层次	课程管理的职能
中央政府 (宏观管理)	在了解全国幼儿园课程基本状况和主要问题的基础上,政府通过制定并督促执行相关的法规和政策来实施管理	园级 (决策层的管理)	对幼儿园课程进行的管理,涉及课程的理念、课程的架构、课程实施人员的配备、课程实施成效的评价等方面
省、市教育行政部门 (中观管理)	依据国家有关幼儿园课程的法规和政策,结合本地的实际,制定本地幼儿教育的政策、规划来实施管理,确保国家相关法规和政策能与本地的实际相结合,并得到贯彻和落实	班级 (操作层的管理)	在课程实施过程中进行的管理,涉及班级课程计划、日活动的组织管理、具体的课程资源的管理、家园联系工作的管理等
县(市)、区 (微观管理)	保证幼儿园贯彻国家有关的法规政策,引导幼儿园从实际出发创造性地开展课程建设,帮助解决与幼儿园课程建设紧密相关的问题,如成效、面临困境、课程实施人员的培训等	教师和保育员进行的自我管理	根据班级的工作计划和常规,教师和保育员管理自己的课程实施行为

当前主流课程管理认为幼儿园课程管理是在一定法规和政策的背景下,由各级政府或幼儿园本身对幼儿园课程的建设和实践过程进行的规范、引导和帮助,也就是通过一定的方式介入并适度控制幼儿园课程的设计、实施和评价过程,其根本目的是提升课程的实效,更好地促进幼儿的发展,同时促进各类教育者自身的发展。

从表 5-1 我们可以看出,各级政府对幼儿园课程的管理主要起规范、引导、调控的作用。而幼儿园自身的课程管理则直接影响着幼儿园课程建设的水平和实施成效,幼儿园自身的课程管理是幼儿园课程发展的关键所在。以下从幼儿园课程理念等 7 个方面来阐述课程管理。

1. 幼儿园课程理念

"以人为本的儿童观""注重教育的教育观""整合的课程观""科学的评价观"是《幼儿园教育指导纲要》所倡导的新的教育理念,而这些新的理念可以融为一个核心——"以幼儿发展为本"。这是园长课程管理的基本理念,也是幼儿园课程改革的首要目标。它要求课程应该满足每个幼儿对安全与健康、关爱与尊重的基本需要,并为幼儿提供平等的学习与发展机会;课程应与幼儿阶段的学习特点与身心发展水平相适应,激发幼儿积极主动地学习;课程应尊重幼儿学习与发展的个体差异,体现个别化教育。因此,要想使新课程理念转化为实际行动,真正促进幼儿整体的、全面的、和谐的、富有个性的发展,园长首先要加强对课程理念的管理,其中切实转变教师的课程理念是新课程实施的前提和基础。园长可通过学习、反思、讨论、观摩、请专家教授等方式进行集中培训、园本培训和即时培训,使教师在思想、观点、情感上对新课程产生认同感,在反思、批判中接受先进的课程理念。

2. 幼儿园课程资源

课程资源是课程存在的基础和前提,是课程实施的支持系统和条件。没有课程资源的强力支持,课程实施的内容和条件都将受到极大限制。因此,园长对课程资源的管理,对于增强课程的适应性、促进教师创造性地实施课程及更好地实现课程目标有着重要的意义。园长要立足于本园的现有条件,成立由园长、教师、幼儿以及专家学者共同组成的课程开发小组,最大限度地挖掘、利用园内(外)的人力、物力、财力等课程资源。首先,课程资源的选择要符合幼儿的身心发展特点,满足幼儿的兴趣、爱好,反映本园和幼儿发展的需要,其中,最重要的就是教材的选用。园长要配合上级部门建立教材选用委员会,在比较、甄别的基础上选择适合本园幼儿发展特点的教材。在教材选用委员会中,园长掌握教材选择的方向,教师是教材选择的主力军,家长和社区是教材选择的参谋者,幼儿的兴趣和发展是教材选择的主要根据。只要是富有教育价值的、有利于教育目标实现的、能促进幼儿发展的资源都应尽可能地纳入课程中。其次,园长要加强对师幼学习、工作场所(教室、图书室、办公室、多媒体教室等)、教学设备和文本资料的管理,以提高资源服务的水平和效率。再次,园长要充分利用园外的课程资源,发挥家长与社区资源的优势,并积极与园外机构合作,共同开发课程资源。最后,园长要加强对信息化课程资源的管理,建立课程资源库,鼓励教师充分利用网上资源,做到课程资源的开放和共享。信息化课程资源是节省教育成本、提高教育效率的重要手段。信息化课程资源种类繁多,包括媒体素材、课件、案例、文献资料、网络课程、多媒体教学软件等。

3. 幼儿园课程计划

我国各地区的经济、文化、教育发展的不平衡性导致了不同幼儿园在师资力量、教学设施等许多方面都存在差异,要想使课程实施充分利用本园的人力、财力和物力资源,园长就要根据国家和上级教育行政部门颁发的课程计划和课程标准,结合本园的教育哲学、办学特点、教师和幼儿的特点及课程资源的状况等制订适合本园实际情况的课程计划。因此，编制周密的课程计划，使园所成员在课程发展愿景的指导下，有效地进行课程实践，是新课程改革赋予园长课程管理的一项重要任务。幼儿园课程计划就是园长根据国家、地方的教育目标、课程要求及园所实际情况而制定的课程框架。园长有怎样的办园思路，幼儿园就有怎样的课程计划。园长的教育眼光、价值观念决定着办园方向和课程品位。

园长要在正确的课程理念的指导下，整合教师、家长和专家的意见，发挥整个课程团队的作用，共同制订一份整体的能勾画出本园课程发展蓝图的课程计划。具体来说，课程计划的编制包括7个部分，即幼儿园基本情况分析，幼儿园课程发展愿景与课程目标，各年龄段学期目标与内容，课程构架与组织形式，各年龄段各类活动的时间比例，教材选用版本或改编、自编比例，相关的配套措施(如教学研究、课程评价等)。在具体的实施中，园长要带领教师将课程计划层层分解，具体化为班务计划、月、周、日计划，在制订课程计划的同时要注意课程目标要适度，课程内容要平衡，课程安排要协调，课程形式要多样。值得注意的是，由于有些教师没有认真学习新课程标准，从而影响了课程计划制订的科学性。因此，园长有必要组织教师展开对课程计划和课程标准的学习和研讨。这样可以使教师理解新课程，增强对新课程的认同感。园长可通过建立学习和研讨课程计划和课程标准的相关制度、小组共同讨论等方式引导教师在认真研讨、理解、内化的基础上，共同制订本园、本班的课程计划。

4. 幼儿园课程目标

幼儿园课程目标是对幼儿在一定学习期限内的学习效果的预期，是幼儿园教育目的的具体化。课程目标的制定既是课程编制的起点，也是课程编制的终点；既是课程内容选择、编排和具体教育活动组织的依据，也是进行课程评价的标准，是幼儿园课程的"指南针"和"方向盘"。制定幼儿园课程目标除了依据对幼儿的研究、对社会的研究、对学科的研究之外，还要借助哲学的价值判断的宏观指向力量以及幼儿学习心理学的微观调节功能，筛选出对幼儿发展最有价值的课程目标。

一般来说，幼儿园课程目标可分为总目标(课程领域目标)、年龄阶段目标、单元目标和教育活动目标。越上层的目标概括性越高，越下层的目标概括性越低，下一层目标是上一层目标的具体化和展开。幼儿园课程的总目标广义上是指《幼儿园工作规程》中所规定的幼儿园保育教育目标，有时会把它转化为与课程内容领域结合更密切的课程领域目标。这类目标一般比较宏观，可操作性较差，表述得相对比较抽象、概括，提纲挈领，体现了幼儿园阶段教育所期望达到的最终目标。年龄阶段目标是指某一年龄阶段的幼儿通过课程要达到的发展状态或水平，是小、中、大3个年龄班的一年性目标，即幼儿园课程的中期目标。年龄阶段目标来源于幼儿园课程总目标与课程领域目标，是幼儿园课程总目标与课程领域目标的具体和深入。单元目标可以是时间单元目标，也可以是内容单元目标。时间单元目标和内容单元目标的共同特征是把年龄阶段目标落实到具体的单元之中，是年龄阶段目标的具体化。教育活动目标是指某一教育活动所期望达到的效果，是单元目标的进一步细化。教育活动目标的特点是具体、微观、可操作性强。

5. 幼儿园课程内容

课程内容是实现课程目标的手段,直接指向幼儿园"应该教什么"的问题。幼儿园课程内容应具有根基性,具有启蒙性、直接兴趣性、人文性、情景性、活动性、整体性和发展性。在选择课程内容时应注意内容应有利于目标的实现;内容应适合幼儿的需要、兴趣、能力,以便幼儿进行有效的学习;内容要反映社会文化和科学技术的发展;内容安排的广度与深度要保持平衡,课程编制者应在准确把握课程目标的基础上,以满足幼儿全面发展需要为出发点,选择既有科学性又有特色性的课程内容。

6. 幼儿园课程实施

课程的实施就是将课程设计方案付诸实践的过程,是实现预期课程目标的基本途径,也是课程编制过程中的核心环节和实质性阶段。幼儿园课程实施是通过教师专门组织的教育活动、游戏、日常生活与常规性活动、学习环境、家园合作等途径来实现的。幼儿园课程实施必须遵循以下基本原则:①目标定向原则。课程组织的所有过程都必须紧紧围绕课程目标来进行,选择有利于目标实现的课程组织方式。②生活化原则。教育与生活相结合,寓教于一日生活之中,使幼儿园的生活教育化。③主体性原则。幼儿是活动的主体,但幼儿的主动学习需要教师科学而艺术的引导,因此应该把课程组织成为教师主动引导的、幼儿积极参与的教育教学过程。总之,课程实施者要充分利用各种教育资源,创设良好的课程环境,使幼儿园课程活动兴趣化、游戏化、综合化、有序化、结构化,以产生适宜的学习经验和优化的教育效果,实现课程目标。

课程实施是实现从观念到行为,从理论到实践转化的载体和关键。教学活动是课程实施的主要途径,这就决定了园长对教学活动的管理成为课程实施管理的主要内容。因此,园长必须抓好教学活动这个中心工作,优化教学的组织和管理。教学过程管理包括备课、上课等教学基本环节的常规管理工作。在新课程改革背景下,园长的教学常规管理要在继承原有教学常规管理经验的基础上,进行调整和改革。在备课管理上,园长要实行分层管理,充分发挥教师的个性和创造性,避免用单一的备课模式统一要求教师;园长要允许有经验的骨干教师设计既发挥自身优势又符合幼儿特点的富有个性的教案,让教师享有一定的备课自主权;园长要通过说课、教学设计等方式,对经验不足的年轻教师进行一定的指导;园长还要建立相应的教研制度、园本培训制度,为小组层面的备课创造条件和提供机会。

上课是课程实施的中心环节。在上课管理方面,园长要鼓励教师自主选择、补充、拓展教学内容,适度调整课程活动时间,提倡多样化的教学模式。园长要倡导有效的师幼互动,让教师成为幼儿学习的支持者、引导者、倾听者,引导幼儿在真实的情景中学习,凡是幼儿自己能做的让他们自己去做,凡是幼儿自己能想的让他们自己去想,为幼儿创设自主、合作、探究学习的环境,让每个幼儿在与环境、材料的有效互动中,大胆地探索、充分地表达，获得各种有益的经验。园长要鼓励教师改进教学方法，努力提高教学效率，并通过教师之间的教学观摩、专家指导等途径，提高教师的教学水平。园长还要重视对教学过程的管理。教学活动是一个动态的过程，存在许多不确定性。因此，园长要引导教师处理好教学过程中预成与生成的关系。《纲要》强调教师从本地、本园的条件出发，结合本班幼儿的实际情况，制订切实可行的工作计划并灵活地执行。这就需要园长下放课程实施权，允许教师根据幼儿的兴趣、需要调整预先制订好的计划，生成教育内容。在预成中生成，在生成中调整，是园长对教师课程实施的新要求。《幼儿园教育指导纲要》还指出："教育活动的组织与实施过程是教师创造性地开展工作的过程。"这就强调了教师在课程实施过程中的重要作用，教师的专业素养影响着幼儿园课程实施的质量。

课程实施并不仅仅是园长、教师的事，幼儿、家长和社区人员都应成为课程的实施者。《幼儿园教育指导纲要》指出："教育活动目标要以《幼儿园工作规程》和《幼儿园教育指导纲要》所提出的各领域目标为指导，结合本班幼儿的发展水平、经验和需要来确定。"这就要求课程实施要以幼儿为中心，考虑幼儿的身心发展规律及个别差异，为幼儿提供发展的机会。此外，家长和社区人员也是课程的实施者，而且他们的特殊作用是园长、教师所无法取代的。因此，园长要认识到课程实施的多主体性，充分发挥不同主体在课程实施中的作用。

7. 幼儿园课程评价

幼儿园课程评价是针对幼儿园课程的特点和组成要素，通过收集和分析比较系统全面的有关资料，科学地判断课程的价值和效益的过程。幼儿园课程评价是对幼儿园课程进行考察和分析，以确定其价值和适宜性的过程。课程评价既是课程运作的"终点"，又是课程继续发展的起点，并伴随课程运作的全过程。对课程的评价要有利于改进和发展课程；要以自评为主，充分发挥教师的主体性；要有利于幼儿的发展；应科学、有效。

课程评价是幼儿园课程管理过程中的必要环节，也是课程管理的重要手段。因此，园长对课程评价的管理就显得尤为重要。首先，园长要建立一套适合本园实际的评价体系。新课程下的评价，倡导发展性评价，实现评价功能的转变；倡导全面评价，实现评价内容的拓展；倡导过程评价，实现评价重心的转移；倡导质的评价，实现评价方法的多样性。总之，评价要立足于"以幼儿发展为本"，能有效地促进幼儿的整体发展及教师的专业发展。对此，没有固定、统一的参照模式和标准。这就需要园长不断创新，建构新的适合本园实际的参照模式和标准。园长要充分发挥评价对教师专业成长的促进作用，坚持评价主体的多元化(园长、教师、幼儿、家长)，评价方式的多样化(结果评价、过程评价、定性评价、定量评价)和评价内容的多样化；园长要引导教师对自己的活动进行自我反思和评价，包括课程的目标是否与幼儿的发展相对应，课程的选择是否符合幼儿的兴趣，课程实施是否能促进幼儿的发展等；园长要发挥评价对幼儿发展的激励功能，坚持从多方面、多角度评价幼儿；园长要经常深入班级对幼儿的一日生活进行观察、评价，侧重对幼儿的态度和能力的评价,如幼儿参加活动后获得了哪些经验的积累和能力的增加,对幼儿的作品及相关的记录进行分析,根据幼儿特点进行个性化评价;园长还要对课程本身(课程决策、课程设计、课程实施)进行反思,通过评价了解课程的适宜性和有效性,为课程的调整和改进提供可靠的依据。此外,园长还要考虑家长和社区的反应及参与情况如何。总之,评价体系的建立就是对上述信息进行归纳、诊断、整理的过程。其次,园长还要对自身的管理作风、能力、成效以及时间分配进行反思,以期不断做出改进。园长要注意收集有关资料,在评价的基础上不断吸收有益的经验,发现存在的问题,使幼儿园的课程在相对动态的管理中逐步得到完善。

第二节 托幼机构教研活动管理

托幼机构教研管理分为托幼机构园本教研管理和托幼机构教育科研管理。

一、托幼机构园本教研管理

园本教研是一种以托幼机构为研究基地,以一线教师为研究主体,以教师在教育教学实践中所遇到的真实问题为研究对象的研究活动,强调教师的主体参与和个人反思,强调每所托幼园所作为一个"学习型组织"在教研活动中的整体作用,强调园内外的专业研究人员在教研过程中的参与式介入和合作。可以说,园本教研旨在通过个人反思、同伴互助、专业引领三种基本的力量以促进婴幼儿、教师以及托幼园所的共同发展。园本教研突出了教学研究对教师专业发展的重要作用,把教师从研究的"配角"和"局外人"的角色中解放出来,充分调动了教师在教学研究中的主动性和积极性,不仅促进了其专业的自主发展,也有利于形成实践、反思、探究、提升的良好的园所研究氛围。

为了管理好园本教研,近年来,托幼机构一改传统教研的不足,在新《幼儿园教师专业标准》背景下努力探索有效的教研活动模式,寻求多途径的促进教师专业发展的园本教研策略。通过建立教研活动制度、创立园本教研形式、引进专家入园指导、选派优秀教师外出培训等,充分调动教师学习和研究的积极性,使每位教师都愿意去发现问题、思考问题、解决问题。目前,常见的园本教研方式主要有案例剖析式研讨、参与式研讨、观摩式研讨等。

(一) 案例剖析式研讨

案例剖析式研讨源于案例教学,是一种对单一的研究对象进行深入而具体研究的教研方法。案例剖析式研讨适用于具有典型意义的人和事,通过对其典型特征进行全面、深入、细致的考察和分析,以求认识教育与发展之间的因果关系,提出一些积极的教育对策,以便因材施教。在案例剖析研讨中,培训者的主要责任在于选择适当的案例,组织教师进行讨论，并在"解剖麻雀"的过程中提高教师理解问题、解决问题的能力。教师的主要责任在于分析、讨论培训者提供的案例，在观点和策略的分享和交锋中找到解决问题的种种可能性。在案例剖析式研讨中每个个体都需要参与、贡献智慧，整个研究讨论的过程中没有旁白者，只有参与者。

 案例

爱告状的他和她(案例剖析式研讨)

(一) 地点：一层会议室
(二) 时间：2小时
(三) 参加者：园所教学干事、中班全体主班教师
(四) 内容：怎样应对中班幼儿的告状行为
(五) 片段来源：中五班
(六) 研讨实况

教研主任：幼儿告状行为是指幼儿从自身角度出发，在他们自己认为受到同伴的侵犯或者发现同伴的某种行为与幼儿园的集体规则、教师的某项要求不相符合时，向教师发起的一种互动行为。告状行为的突出目的是要借助教师权威力量的影响，约束、改变同伴的行为。结合以往的研究和实地观察，我们发现中班幼儿正处于告状行为的多发时期，主要可以分为有意义告状和无意义告状两大类。有意义告状即幼儿自身情感或身体受到伤害时，向成人进行的告状行为；无意义告状即幼儿自身情感或身体没有受到伤害，出于引人关注或确认规则等因素所进行的告状行为，包括"试探型""自我表现型""嫉妒或报复型""求赏型""检举型""逃避责任型"。今天，我们对发生在中五班的真实的"告状"行为进行多维度的讨论，寻求现象背后的原因，找寻相应的解决策略，现在就请大家畅所欲言。

片段1："试探型"告状

户外排球活动刚开始，豆豆就开始抱着皮球满操场乱跑，还用脚踢皮球。文文见到后，马上向老师打起了小报告："老师，豆豆用脚踢皮球，还抱着球乱跑！"而在户外游戏活动前，张老师就已经宣布"只能用手拍皮球，不能用脚踢皮球，更不能抱着皮球乱跑"的规定。

教师讨论：

教师1：文文是一个有判断能力的孩子，她向教师告豆豆的状，从另一方面也反映出她已经非常了解教师对排球活动的规定。

教师2：教师必须对豆豆抱球满场乱跑、用脚踢球的行为做出解释，此时如果教师毫无反应，那么文文也很有可能加入"不守规则"的行列。

教师3：文文告状其实也是在试探教师，为了维护游戏规则，教师应当当机立断地批评豆豆。

教研主任：对，同时教师也应该表扬文文，通过榜样的作用，让好的行为得到发扬。

片段2："寻求保护型"告状

看动画片时，涛涛突然向何老师告状："磊磊打我头！还抓我手！"而磊磊也不甘示弱："是涛涛先抓我的！"

教师讨论：

教师4：涛涛向教师告状，其实是寻求教师的保护。

教师2：这种情况非常多，有的时候根本无法分清对错是非，有的孩子为了保护自己，还会撒谎。

教研主任：这个时候，教师可以先缓和磊磊和涛涛的关系，安慰受欺负的一方，然后对打人的孩子进行移情教育，并因人而异地进行交往技能和交往行为的训练。

教师5：嗯，不过我觉得有时候精神奖励也不失为一个很好的方法。

片段3："寻求团队群体型"告状

区角活动刚开始，洋洋就拉着教师指着另一幼儿说："他不和我玩五子棋，还抢我的小粘贴……"

教师讨论：

教师3：洋洋这个孩子平时做事总是比别的孩子慢，平时违反班级常规，班里的其他孩子不太喜欢和他一起。

教师1：洋洋并不是真正想告状，他其实是在寻求教师的帮助，希望通过我们的干涉与其他孩子交往。

教师6：像洋洋这样不太容易融入群体的儿童更需要我们的关注。我们应该找到问题的症结，给予他们更多的关心和支持。

教研主任：我们也可以有意地为他们多创造一些活动机会，只有通过实践才能将规则规范转化为实际行动。

片段4："自我表现型"告状

在生活体验馆做贴图时，贝贝对张老师说："老师，婷婷使劲按记号笔，都把笔按出水了，你看我这样行吗？"

教师讨论：

教师5：每个孩子都天生具有"我要做个好孩子"的倾向。

教师1：是啊，这类孩子有强烈的"表现欲"，通常在班里表现比较好。

教师6：此类孩子我们可以因势利导，让其担任小组长，培养他们的责任心，为其他孩子树立榜样。

教研主任：不过我们也需要把握好度，不能过度夸奖，以免导致其抗挫能力弱，以后难以承受挫折。

片段5："检举型"告状

区角活动时，露露突然跟教师说："玮玮和强强把雪花片都抢了，不让别的小朋友玩！"

教师讨论：

教师 2：璐璐告状是因为玮玮和强强抢了玩具，为别的小朋友打抱不平。

教师 4：对，这样的孩子对于正义有了认识，道德责任感强。

教研主任：像璐璐这类型的孩子也需要正确的引导，我们可以与他们商讨解决的办法，这样不仅能帮助孩子明辨是非，也能提高孩子解决问题的能力。

上述案例中，培训者在研讨的开始，首先对幼儿告状行为的含义、目的、类型进行了专业的介绍和总结，其次选取了中五班幼儿典型的告状案例，引导教师对这些特殊的事例进行讨论。在研讨的过程中，培训者不仅调动了教师的积极性，也通过适时的介入提高了研讨的水平。参与研讨的教师在整个教研活动中，始终占据着主体的地位，通过积极的分析和讨论，不仅找到了告状现象背后的原因，也提出了相应的教育策略，大大缩短了教学与实践、经验与理论之间的差距，提高了实际解决问题的能力，真正做到了因材施教。

此外，案例剖析式研讨并非十全十美，也存在不可避免的缺陷。首先，在用案例剖析进行园本教研时，所选用的案例尽管非常接近真实情境，但仍然不能满足在职教师渴望解决自身实际工作出现的问题和困惑的需求，因此，真正的主动学习和主动建构还没有实质性发生。其次，从案例的选择到园本培训的展开，都需要花大量的时间，有时因为没有找到适宜的案例，甚至要自己动手撰写，这就使教师教研的效率较低，缺乏真实性和实效性。

（二）参与式研讨

参与式研讨尊重多元差异、形式多样，将教师的单兵作战变为集体攻关，能够实现集体智慧的最大化，能促进教师间的共同建构、共同成长，更能促进教师间形成积极向上、追求自我发展的氛围。这一有效途径的不断充实、丰富，必将更好地促进教师专业素质的提高。

 案例

有趣的小球(参与式研讨)

（一）地点：小礼堂

（二）时间：2 小时

（三）参加者：教研组组长，大班全体主班教师

（四）内容：大班科学活动——有趣的小球

（五）研讨实况

教师 1：最近大班正在进行关于"球"的科学探索活动。孩子们在实际操作中，掌握了球的弹性，习得运动等粗浅的知识。特别是对球的运动的研究中，他们更显出空前的兴趣和探索热情。孩子们不仅喜欢探索球在不同坡度、不同材料物体上的运动速度和运动轨

迹，更想探索实验球能否像过山车一样在弯弯曲曲的管道上运动(如纸板做成的管道、水龙头塑料管、洗衣机排水管道、纸筒套成的管道等)，并以此与直的管道做比较，看小球在直的管道里跑得快还是在弯的管道里跑得快。对于孩子们想要进行的这种探究，教师想到了两个问题：这种探究和实验是否具有一定科学原理？是否要提供给孩子们所有的材料进行实验？

教师1：我们在观察中发现，孩子们对球在不同管道中的运动特别感兴趣，他们提议要用直的管道和弯的管道来比赛，看小球在哪个管道中跑得快。可是，我和配班教师却把握不住这一活动的科学原理是什么，所以对是否执行这个比赛有些犹豫。

教师2：是的，我们知道对于孩子们的这种探究热情应该由单兵作战变为集体攻关，促进不同层次、不同年龄教师间的专业切磋，真正实现集体智慧的最大化，同时也能创造一个积极向上、促进教师自我发展的人文氛围。

(三) 观摩式研讨

观摩式研讨是较为常见的，也是较为传统的幼儿园园本教研形式。一般通过让全体教师共同观摩一个活动，大家集体分析、研讨、梳理经验。实际工作中，本园骨干教师的公开课或姐妹园优秀教师的活动课常常成为极好的观摩式研讨素材，特别是这样的活动往往有高层次的幼教专家参与，教师能有机会与专家就同一问题零距离接触，听到专业到位的点评，从而提高专业发展水平。观摩式研讨是幼儿教师专业发展的重要途径，只有教师个人、教师集体、专业研究人员共同努力，建立研究和学习的共同体，才能帮助教师实质性地建构新经验，促进其专业的自主发展，从而实现幼儿园教育教学质量的提高和不断发展。

 案例

观摩音乐活动和美工活动(观摩式研讨)

(一) 地点：一层会议室

(二) 时间：2小时

(三) 参加者：大、中、小班主班教师，幼儿园园长培训班学员及幼教专家

(四) 内容：研讨兰兰老师的音乐活动、丽丽老师的美工活动

(五) 准备

1. 幼教专家就如何评价教育活动进行专题讲解
2. 资料《教育活动评价标准》

(六) 研讨过程

1. 兰兰老师、丽丽老师对教育活动进行简单的自评。
2. 大、中、小班分成六组开始研讨，各组围坐成圆圈，并选出本组的发言人、记录员、计时员。培训班学员可以自由选择，参与研讨。

3. 在规定时间内,各组自由讨论。在两位教师自评的基础上,教师结合讲解内容,对照《教育活动评价标准》发表各自的见解,最后各组归纳、总结出本组的主要观点。专家巡视,掌握各组研讨情况(教师参与、主要观点等),可以参与研讨,同时提醒大家注意时间。

4. 由发言人代表本组成员进行观点陈述。

第一组观点陈述:音乐活动的目标基本达到。音乐教师给予孩子尝试的机会多,节奏快慢处理好,但没有让孩子唱充分。活动调动了孩子的已有经验,在原有的基础上循序渐进,逐步深入。幼儿的表现方式虽然单一,但参与比例大。美工教师能力强,能引导孩子主动开展美工活动,符合中班幼儿的年龄特点,目标虽然有挑战性,但教师做得很好,孩子的主体性得到充分展示。孩子在活动中专注、细致、充分参与,有的还合作制作。但教师指导不够全面。孩子遇到问题,可以引导幼儿寻求同伴的帮助,培养他们的合作意识。教师还可以为幼儿提供镜子,让他们能看到自己的成果。教师为幼儿准备的水彩笔没有发挥作用。

第二组观点陈述:音乐活动教师选材新颖,观念、理念符合孩子的特点,有助于发挥幼儿的主体意识。每个环节都围绕主题,将目标渗透其中,给孩子充分表现的机会,促进他们主动发展。提一个建议,能否请能力强的孩子代替教师做示范,也许更能调动孩子的积极性。美工活动水平很高,孩子时装表演不是展示、作秀,而是实实在在的,感觉到孩子很幸福。

第三组观点陈述:音乐活动的目标缺乏挑战性,对孩子来说,太容易了。美工活动还需要进一步在主动学习中促进幼儿的发展。

第四组观点陈述:从音乐活动可以看出,常规培养非常好。活动紧紧围绕目标,调动了孩子已有经验,充分尊重幼儿,教师灵活性强,能引导幼儿进行深入探讨。美工活动让孩子在自己动手操作中体验成功的快乐,为以后活动的开展做好铺垫。教师可以将孩子的时装展示用摄像机拍摄下来,再放给孩子看,让他们充分感受到成功的快乐。

第五组观点陈述:音乐活动充分发挥了幼儿的主动性,但节奏对幼儿的挑战性不强。美工活动可以培养幼儿的环保意识。

第六组观点陈述:两次活动都很符合幼儿的年龄特点,活动过渡自然,孩子积极参与,充分发挥主动性,孩子与教师积极互动,教师随机教育的意识强。

5. 专家对教师自评、各组发言及教育活动进行点评。

专家观点陈述:教师对活动的评价体现了你们对《幼儿园工作规程》的理解之深,把握住以孩子为本的教育理念,引导孩子主动活动,能将比较关键性的议题在教育活动中提升为教育经验,教育理念很好,教师对活动评价时将行为习惯纳入其中,注意把握孩子的能力是否得到提高,这点让我感到很欣慰。

从两位教师的自评中,我们看到她们反思能力极高。首先说说音乐活动。活动充分调动了幼儿已有的经验,在此基础上感知、体验、发现。教师引导孩子自己发现问题,激发孩子的兴趣。教师能发现孩子的不同想法,引导孩子尝试体验。教师在指导中,孩子的积极性高。

教师注意用不同孩子的资料引导他们相互交流，感受艺术。有些问题可以继续研讨，活动的挑战性不够。教师在活动中发现新问题，可以向孩子提出新要求，不一定要在一次活动中完全解决，可以把问题留给孩子，为了让孩子充分感受艺术氛围，可以引导幼儿分组。

在美工活动中，教师给予幼儿充足的探索空间，尊重孩子。教师有较强的整体意识，不仅仅是关注手工。教师为孩子准备了各种工具和材料，供他们探索操作，孩子主动意识强，思维活跃。教师能充分利用资源，让孩子体验到成功感。从孩子的反应，我们可以看到孩子的经验比较丰富，对服饰已经有了初步的体验，那么活动是否应该提高难度？是否应该鼓励幼儿有新的想法，大胆探索？教师的目标比较宽泛，引导过程中注意把握在原有的基础上帮助幼儿进一步提高，为他们搭建支架。

上述案例中，兰兰和丽丽老师的自我反思、教师集体的同伴互助、专家的专业引领是此次观摩式研讨的三种基本力量。首先，两位教师的自我反思是开展此次教研活动的基础和前提。她们的反思不是一般意义上的回顾教学过程，而是反省、思考、探索和解决活动过程中各个环节存在的问题，是一个实践、反思、改进、再实践、再反思、再改进的螺旋式上升的过程。其次，教师集体的同伴互助与合作是此次观摩式研讨的标志和灵魂。通过集体讨论、合作学习，教师间有价值的想法不断在思想的相互碰撞中产生，闪烁出集体智慧的火花。通过观摩式研讨，教师不仅发现了两个活动中的优点，也找到了差距和不足，从而引以为戒。最后，专家的专业引领是此次观摩式研讨具有深刻性和持续性的关键。专家适时、适宜的专业引领使教师变换了新视角、看到了新层面、获得了新思路，不仅教师实现了《幼儿园工作规程》中新理念与适宜行为的对接，也引领教师找出了思考和解决问题的方向，给出了有借鉴意义的实践策略。

二、托幼机构教育科研管理

托幼机构科研活动就是用已有婴幼儿教育和教学的理论去研究婴幼儿教育现象，探索新的婴幼儿教育和教学规律，解决新的婴幼儿教育问题的活动。托幼机构开展科研活动不仅可以使教师保持开放的学习态度，增强教育实践能力，加快专业化成长，还能够促使托幼机构在对自身教育、教学经验的提炼、整理的过程中，不断总结经验教训，攻克难关，促进教学改革，营造浓厚的科研氛围，提高托幼机构科学育人的实力。另外，通过开展教育科研活动，托幼机构能够和高等院校、研究机构建立稳定和广泛的联系，及时地获得专家、学者的支持、指导和帮助，还可享有更多的文献资料、电子期刊资料等。

托幼机构管理者应当建立教育科研活动的组织系统，健全教育科研管理制度，根据教师队伍的实际情况，有计划地开展教育科研工作，并加强日常引导，及时解决教育科研活动管理中的问题。因为只有这样，才能调动广大托幼机构教师参与教育科研的积极性，确保教育科研工作的顺利开展，真正实现"科研强师，科研兴国"的目的。

(一) 建立完善的教育科研管理制度

要保证科研工作的顺利开展,必须制定完善的科研规章制度,尤其要明确科研的目标责任制,加强对科研过程的规范化管理。首先,要形成包括科研计划、实施、检查、总结、激励在内的完善的科研管理过程。其次,要将科研工作管理过程化、量化,要做好科研工作计划和总结、阶段性研究计划和小结、科研例会制度、观察记录、档案整理、个案报告等系列工作。

某幼儿园教育科研管理制度

1. 增强全体教职工教科研意识,成立教科研领导小组。
2. 每学期初,教研主任根据园长统一部署和教育教学的实际情况制订好本学期教育科研计划,包括落实每个教师的研究专题和必须学习的教学理论著作,排出每个教师上教学实践课的具体时间。
3. 每两周(周三)开展一次教育科研活动。
4. 教师应准时参加教育科研活动,不无故缺席,因故不能参加活动,需向教研主任请假。活动时教师应积极发表自己的见解,努力形成争鸣、探究、团结的教研气氛。对活动内容要做好书面记录,记录要规范。
5. 教研活动应遵循确定专题、学习理论、独立实践、集体讲评、总体提高的原则,做到有计划、有专题、有经验、有总结、有记录,不断提高教研活动的质量。
6. 每学期组织群众性的教学观摩和教学研究活动,鼓励创新。观摩后组织讨论、评议、评分,并作为教师业务考核内容存档。
7. 每学期末对各班进行教育质量检查和班级工作评估,开展评比优秀班级活动。
8. 积极参加各级教育领导部门组织的各种教科研活动。
9. 对在省级、市级、国家级刊物上发表论文或参加市级以上交流的论文、观摩课、实验报告等给予奖励。

(二) 结合实际有计划地开展教育科研工作

要实现科研工作规范化管理,幼儿园首先要认真制定科研制度,包括研究人员职责、课题各阶段要求、课题成果奖励等,并严格执行;其次,幼儿园要加强教职工科研课题研究基础知识的学习,使他们明确科研活动的一般步骤和基本方法;再次,幼儿园应该营造宽松、浓厚的科研氛围,鼓励教师人人参与科研活动,提高教师参与科研的主体意识;最后,幼儿园必须制订科学合理的科研工作目标和计划,其内容应涉及科研组建设、科研课题申报、实施、结题以及科研成果评比等。

某幼儿园科研工作计划(2018—2019年度)

一、指导思想

继续以《幼儿园教育指导纲要》精神为指导,认真贯彻并落实市、区教育工作以及教育科研会议工作的意见和精神,进一步发挥科研工作的指导、服务和研究功能,以课题研究为龙头,不断探索幼儿园教育中的实际问题,提高教师整体素质和保教工作质量,努力打造优质特色的幼儿园教育。

二、工作目标

1. 加强科研组建设。

2. 按计划对教师科研方法进行培训与指导。

3. 继续将立项课题做实,完成两个子课题,组织科研成果观摩活动并参与市科研论文评选活动。

三、工作重点

本年度的工作重点仍然是建立健全科研规章制度,实行科研规范化管理。

四、课题研究

1. 继续加强省级课题《幼儿园体育特色课程研究》和市级课题《新入园幼儿适应能力问题及对策研究》的研究,做好资料收集和档案整理工作,争取年底结题。

2. 积极结合幼儿园教育工作实际,筹备申报新的课题。

3. 园内的论文评比工作。

五、具体措施

3—4月:根据科研工作计划,课题负责人带领课题组成员确定具体的活动方案;组织课题组成员集中学习理论,邀请专家对教师选择课题、实验研究、论文的撰写等教育科研方法进行培训。

5月:检查课题组成员的活动计划、活动记录、活动反思、研究记录、资料整理等情况。

6—8月:继续检查课题组成员的活动计划、活动记录、活动反思、研究记录、资料整理等情况;组织课题组成员集中学习、交流、研讨课题开展的情况,总结经验,及时调整课题研究的思路和方法。

9—12月:课题研究优质课评比或环境创设评比;收集、整理课题研究资料,撰写课题阶段性研究总结或报告;论文评比工作;提出新课题申报的建议。

(三) 按照规范程序进行教育科研活动

幼儿园教育科研是一个非常完整、细致的工作,其过程主要包括制定研究方案、实施研究和撰写研究总结等。

1. 制定研究方案

制定研究方案包括准确表述研究问题和分解研究问题，将研究问题转换成假设，确定采用的研究方法，安排研究计划、人员分工及研究工作的组织和协调等。其中，最重要的有两点。

(1) 课题要具体明确。一是研究内容要明确，界限清晰，范围要小；二是研究设计要具体化。要理清研究的思路，明确研究的对象和方法，确定研究的步骤等。例如，不能笼统地表述为"幼儿注意力的培养"，而应表述为"如何在语言活动中培养小班幼儿的注意力"，要明确研究对象、方法等。

(2) 课题要具有创新性、可行性。创新是科学研究的基本原则，只有推陈出新才是最有意义的研究；课题要切实可行，最好从幼儿园教育面临的实际问题中选题，从幼儿教育发展的热点中选题。如课题《3~6岁幼儿分享阅读方法的研究》，其中"分享阅读"是个新名词，既是幼儿语言教育的一个新领域，又符合当今家长重视幼儿阅读能力的现实，因此，此选题就比较适宜。

2. 实施研究

(1) 明确研究思路，确定研究方法。

首先，通过对研究问题进行正向和逆向分析，理清并形成研究思路。

其次，研究方法的选择要依不同类型(内容、条件)的研究课题而定，既可以以研究过程的阶段为标准，按阶段研究任务确定方法，也可以以研究对象的性质为标准，按研究对象确定方法，还可以以研究的延续性为标准按延续方向确定方法。目前，幼儿园科研活动中常用的研究方法主要有观察法、访谈法、问卷法、行动研究法、教育实验法、个案研究法等。

(2) 提出研究假设。研究假设是研究者根据经验、事实和科学理论对所研究问题的规律、成因做作出的一种推测性论断和假定性解释，是在进行研究之前预先设想的、暂定的理论(即研究问题的暂时答案)。研究假设的提出主要包括以下几个步骤。

第一步，掌握研究假设的基本标准。研究假设应有4条标准：一是能说明两个或两个以上变量间的期望关系；二是研究者应有该假设是否值得检验的明确理由；三是假设应是可检验的；四是假设应尽可能简洁明了。

第二步，明确研究假设形成的基本步骤。研究假设形成的基本步骤：①提炼问题；②寻求理论支持、形成初步假设；③推演出理论性陈述，使假设结构化；④形成基本观点；⑤对基本观点再提炼，形成假设的核心。

第三步，明确研究假设形成的基本条件。研究假设形成的基本条件是：①要以科学观察和经验归纳为基础；②要以科学的思想方法为指导，通过类比、归纳、演绎等方法，做出合乎逻辑的某种命题；③研究者要有丰富的知识、经验。

第四步，明确研究假设表述的方式。研究假设的表述应该是有倾向性的，可以是肯定式或否定式，所提出的变量应该是能够操作、能够观察和验证的。研究假设可分为描述性假设和解释性假设。

(3) 根据研究课题类型，搞好研究设计。研究课题主要有三种类型。

第一种，应用性研究课题的设计。这类课题的研究重点是如何把教育科学的基础理论知识转化为教育技能、教育方法和手段，使教育科学知识同实际教育教学衔接起来，达到某种预定的实际目标。课题的特点体现应用性、时代性、效益性和灵活性。此类课题的设计要突出"应用"。

第二种，经验研究性课题的设计。经验研究性课题分为一般性经验研究和科学性经验研究两个层次。该类课题的特点是在教育实践中进行教育科研；具有明确的科研目的，工作目的与科研目的一致；有意识地运用教育科研的有关方法；依据科研思路，有计划、有步骤地进行；采用一定的方法，有意识、有目的地收集全面、完整的资料。课题设计要突出通过经验总结得出理性认识和揭示规律的主题。

第三种，实验性课题设计。实验性课题是在一定教育理论或假设指导下，通过实验探究变量关系，揭示教育规律的活动。这类课题要求研究者必须有一个关于解决该问题的设想或初步的特征理论；用比较严密的研究程序组织研究，便于重复验证；预设实验条件，对变量明确区分，加以控制；对测量的事物规定操作定义。课题设计要突出"实验"的特点，充分体现实验要求。

3. 撰写教育科研报告

撰写教育科研报告是教育科研活动进入最后总结阶段不可缺少的重要步骤。科研报告是研究者在对整个研究过程进行全面回顾总结的基础上，所写的概括反映研究工作全过程的书面材料。教育科研报告既可以作为学术交流的材料，也可为他人提供参考。以下对教育科研报告内容与结构做简要介绍。

(1) 撰写教育科研报告的基本要求。撰写教育科研报告必须坚持真实性的原则。真实性就是实事求是地反映研究的全过程，不能有半点虚假，更不能掺入个人主观的意图。要绝对防止为了使研究结果符合自己的观点而任意修改原始材料的做法。这不仅完全背离了科学研究的基本态度，也失去了教育研究的价值。此外，教育科研报告语言要通俗易懂，概念要准确，逻辑要严密，文字要简练、通顺，不仅要使专家看懂，也应使广大教育工作者甚至教育爱好者看懂，充分地发挥教育科研活动的理论意义与实践价值。

(2) 教育科研报告的内容。教育科研报告的内容包括要解决什么问题；用什么方法解决；结果如何；有什么样的结论。

(3) 教育科研报告的结构。教育科研报告的结构包括题目、摘要、问题的提出、研究设计、结果与分析、讨论与结论、参考文献。

题目是主题的反映，要简洁、明确、清楚地表达出研究的目的，不能比研究的实际内容宽。题目最好不要超过20个字。

摘要是在整个研究中挑选出的最关键的内容，文字要清晰、准确地概括研究的发现，以及得到的结论。

问题的提出即研究背景。此部分应该包括问题的陈述(问题的由来、问题的理论背景和经验背景)、文献综述(相关概念界定、相关研究述评)、假设陈述(不仅要有研究假设，还要提出假设的依据和理由)、研究内容、研究意义、研究目的等。

研究设计，应该包括研究思路、研究对象(什么范围、谁、人数等)、研究所采用的方法(观察法、访谈法、问卷法、行动研究法、实验法等)、研究的步骤(研究过程做了哪些工作，包括准备阶段、实施阶段、总结阶段等)。

结果与分析是对数据和素材的加工整理，为了保证结果的科学性，在处理数据和素材时，一定要实事求是，不能马虎，更不能随意更改数据和素材。写作此部分时，一般先呈现结果，接着分析与讨论，或者夹叙夹议。

研究结论根据研究结果而得，回答该研究所提出的问题，验证该研究所做出的假设。结论应概括、明确、符合科学性，切记含糊不清、前后矛盾。研究讨论是对结论的进一步引申，一般有以下几个方面需要讨论：与研究结果联系，阐述结果的理论意义和实践价值；与问题的提出部分联系，指出研究的局限性，为进一步研究指出方向和线索。

参考文献是研究过程中所参考、引用的重要文献资料的目录，在报告结尾要以小标题的形式出现。此部分不仅要标明作者、文章名称、刊物名称，还要注明出版社或网址、出版时间、最好标明页码，以便查证。

 案例

幼儿入学心理状况及教育策略的调查

幼儿入学期是一个重要的过渡时期，在这个阶段，幼儿从幼儿园走入小学，无论是学习环境还是学习方式都产生了巨大的变化，如果在这个阶段教师能够对幼儿进行适当地引导，并提供针对性强的学习和心理辅导，就能帮助幼儿顺利入园，为以后的小学生活打下良好的基础。

一、问题的提出

每当幼儿园的孩子到了大班，就预示着三年的幼儿园生活即将结束，他们必将从无忧无虑的幼儿时期迈入一个充满挑战的新起点，由幼儿园向小学过渡，是每个孩子一生中至关重要的一步，根据以往对一年级小学教师的调查，我们发现：在新入学的幼儿中有很大一部分存在入学焦虑。

最近几年，随着社会各界对开放、自主式教育理念的不断了解，教育信息传播的日趋多元化，不同阶段孩子接受能力和适应能力不断增强，当前幼儿是否还存在入学焦虑的心理问题？体现在哪些方面？这些都成为我们幼教工作者，尤其是正在大班进行教育教学的教师迫切需要了解的问题。《幼儿园教育指导纲要》明确指出:"幼儿园应与家庭、社区密切合作,与小学相互衔接,综合利用各种教育资源,共同为幼儿的发展创造良好的条件。"要完成这一目标,势必要对大班幼儿的入学心理状况进行调查了解。

二、调查对象与方法

1. 调查对象。本调查采取整体抽样法,在××市青年路幼儿园中抽取三个大班的110名幼儿作为测试对象,幼儿年龄为5~6岁。

2. 调查方法。对被测试的幼儿进行访问式测试,内容主要包括以下几个问题:你想上一年级吗?为什么?爸爸妈妈有没有给你讲过有关小学的事情,有什么内容?你自己认为小学生会做哪些事情?

三、调查结果及分析

通过调查,我们发现在被测试的幼儿中,有67人喜欢上一年级。原因是63人认为上一年级可以学到更多知识;13人觉得上一年级能当少先队员,很光荣;9人认为可以认识更多好朋友;14人觉得上一年级就成了大孩子。有43人不喜欢上一年级,原因是40人认为上学了,爸爸、妈妈接送太麻烦;29人不喜欢写作业;32人认为写不完作业,怕被老师批评;38人看到哥哥、姐姐要写很多作业,太辛苦,害怕上一年级。其中,爸爸、妈妈讲过有关小学事情的有43人,正面引导的有28人,负面引导的有15人。

依据以上调查结果,我们发现,在被调查的幼儿中,61%的幼儿对小学生活有一定了解,有积极入学的愿望。39%的幼儿不希望或不喜欢小学生活、对小学生活存在一定的焦虑情绪,重点表现在对小学作息时间不喜欢,对小学教师存在恐惧感,对课后作业有反感。造成这种心理障碍的原因主要包括以下几种:成人为了培养幼儿的良好学习习惯或为了达到让孩子听话的目的,不合适地用严厉的小学教师形象恫吓孩子;幼儿对小学生活了解较少,了解比较片面,认为上学就意味着要完成很多的作业,失去了很多游戏的机会;幼儿在生活中观察到小学生做作业的情境,并由此联想到自己,产生了对写作业的抵触情绪。

四、教育策略

1. 教师与家长进行沟通,杜绝以小学教师的名义来教育幼儿的错误做法,并配合做好幼儿的思想准备工作,消除幼儿对小学生活的恐惧感,增强幼儿上小学的信心。例如,引导幼儿观看有关小学生活的录像;与有焦虑情绪的幼儿进行谈话、讨论等。教师和家长告诉幼儿上小学后可以学到更多的知识、认识更多的字、学习更多好听的歌曲、画更漂亮的图画,能结识更多的好朋友、好老师,他们都会喜欢你,而且只有上了小学以后,才能上中学、大学,才能干自己喜欢的工作,老师和爸爸妈妈相信你们都能成为一名合格的小学生。

2. 幼儿园及时与小学进行沟通,引导幼儿亲身体验学校生活,把学校中美好的方面展示给幼儿,为幼儿提供熟悉学校生活的机会,培养幼儿对学校生活的喜爱。例如,带领孩子到附近有代表性的小学进行参观,请小学教师讲解小学校园中的基本设施和用途,让幼儿熟悉校园环境,感受学校中的文化氛围。又如,和哥哥、姐姐一起上课,参与课间活动等，亲身体验小学教师的授课方式和教学方法，尝试做一名真正的小学生，消除对小学教师的恐惧，熟悉小学生作息时间。再如，听哥哥、姐姐讲述学校里好玩的地方、学习的乐趣以及课堂纪律、少先队活动等，了解小学生丰富多彩的活动和小学生应该具有的基本素质，培养幼儿对小学生活的向往。

3. 教师与家长共同帮助幼儿养成良好的生活习惯、学习习惯。教师有意识地布置一些有趣的家庭作业，如查找资料、为爸爸妈妈做一件事、讲述一个故事等。家长引导幼儿完成作业，培养幼儿独立完成任务的能力。教师对幼儿进行必要的安全教育，如遵守交通规则、放学早回家、不和陌生人谈话、不给陌生人开门等。培养幼儿良好的学习习惯，如早睡早起，整理物品，保持正确的书写、阅读姿势，独立完成作业，遵守幼儿园常规等。

> **课后思考与练习**
>
> 1. 幼儿园课程管理的内容和过程有哪些？
> 2. 教育科研活动对教师成长、幼儿园发展有什么重要意义？
> 3. 什么是园本教研？目前幼儿园园本教研主要有哪些途径和方式？
> 4. 园本教研中教师的角色是什么？怎样理解园本教研是幼儿教师专业成长的土壤？
> 5. 简要说明教育科研报告的内容、结构和基本要求。
> 6. 了解某个幼儿园教育科研的现状，分析问题及原因，提出对策供园长参考。
> 7. 拜访一位幼儿园教师，了解该教师是如何制订班级计划的。通过调查你对班级计划的制订有了怎样的认识？

第六章 托幼机构人员管理与教师队伍建设

第一节 托幼机构人员管理

一、早教机构人员管理

近年来,我国部分学前教育相关政策和地方规章对 0~3 岁早期教育管理问题进行规范。例如,上海市为进一步推进学前教育事业的发展,实行托幼一体化的教育,提高学前教育机构对 3 岁前婴幼儿教养工作水平和家庭教育指导水平,特发行《上海市 0~3 岁婴幼儿教养方案》(以下简称"方案"),《方案》指出:早期教养机构(早教机构)和家庭均应为 0~3 岁婴幼儿提供健康、丰富的生活和活动环境,满足他们多方面发展的需要,使他们在快乐的童年生活中获得有益于身心发展的经验。尊重他们的人格和权利,尊重他们身心发展的规律和学习特点,以游戏为基本活动,保教渗透,关注个别差异,促进每个婴幼儿富有个性的发展。早期机构内设机构负责人、儿童早期教养指导人员与儿童保健指导人员,根据工作需要可配备营养员等。

(一) 早教机构负责人管理

就我国当下早期教育机构配备的人员水平而言,早期教育机构负责人应具有大专以上学历,具备幼儿园教师职业资格和育婴师等职业资格,有从事学前教育相关工作 3 年以上的经历;此外,早教机构负责人还应贯彻执行国家有关法律法规、方针政策,具有早期教养专业知识、技能以及管理能力,能维护工作人员和婴幼儿的正当权益,办事公正,严于律己;早教机构的负责人除了应具备一名早期教育工作者必备的专业素养、专业知识和基本技能外,更应具备早教机构运营管理知识和技能,例如,筹建和处理早教机构各项工作的初步能力、早教机构宏观工作管理能力、早教工作整体组织与管理的初步能力、早教机构对外工作组织与管理的初步能力等。

某早教中心负责人岗位职责

1. 负责本中心早教管理工作，做好早教中心与社区联络及指导工作。
2. 做好早教实施指导管理工作，根据本地区教育现状，制订切实可行的早教计划。
3. 积极开展多种形式的早教指导工作，坚持每月一次社区早教指导。
4. 定期对早教教师进行岗位培训，提高早教指导老师的早教指导能力。
5. 做好每月早教活动的报道工作。
6. 完善早教制度，明确早教目标、任务。
7. 按照档案管理要求，按时做好早教工作各类资料的整理归档工作。
8. 负责与家长保持密切联系，及时与家长沟通，倾听家长的意见和建议。

(二) 早教机构其他人员管理

1. 早教机构教学主管

早教机构教学主管负责传达总负责人的工作要求，主抓早教机构教学管理工作，具体职责如下：①每年初制订 0～3 岁早教工作计划，并按计划认真实施，年末汇总资料，做好总结；②每月定期开展一次早教教研活动，充分利用早教教研活动，有计划开展早教业务知识学习、早教专题研讨、早教课题交流、反馈等；③每次教研活动前，研讨内容应事先告知教师，要求每位教师认真做好充分准备，活动时积极发表自己的见解，努力形成争鸣、探究、团结的教研氛围；④及时传达机构负责人有关早教工作的要求，深入贯彻上级部门的早教工作精神，负责组织好早教教研活动。

2. 早期教育指导人员(早教教师)

早期教育指导人员与儿童的比例应能满足服务的需要，可以设专职或兼职。在有儿童活动的现场，指导人员与儿童的比例为 1:4 到 1:5，随儿童年龄增大，比例可适当放宽至 1:8。

早期教育服务机构的指导人员应热爱学前教育事业，爱护儿童，品德良好，服务意识强，有耐心、爱心、责任心，性格开朗，情绪稳定，忠于职责，身体健康。

早期教育指导人员应具有高中以上学历，有育婴师职业资格或幼儿园教师的职业资格，对 2 岁以下儿童实施早期教养指导人员必须经过育婴师职业资格培训。

早期教育指导人员应具有早期教养专业知识和技能，能根据儿童发展的特点和差异，进行有针对性的保育与教育；具有与家长和看护人员交流沟通的能力，共同探讨符合儿童特点的教养措施；努力学习，开拓创新，不断提高专业水平。

3. 卫生保健指导人员

儿童保健指导人员应具有职业医师资格或护士资格，应具有卫生保健和养育护理的知识与技能，负责机构内预防性消毒工作的技术指导，做好膳食营养、食品卫生、环境卫生、健康指导等卫生保健服务。卫生保健指导人员的具体职责如下：①建立健全内外环境清扫制度，活动室每天一小扫，每周一大扫，定人、定点、定期检查；②婴幼儿玩教具要保持清洁，定期进行消毒、清洗，做好消毒记录；③经常保持室内空气流通，阳光充足，冬天也要定时开窗通风换气，室内有防蚊蝇、防暑设备；④按照婴幼儿用厕规律及时冲洗马桶，保持室内通风，定时打扫卫生间，定时做好室内紫外线消毒工作，并做好记录；⑤做好婴幼儿晨检及记录，认真做到"一摸、二看、三问、四查"；⑥做好婴幼儿进食卫生，幼儿吃点心前要用肥皂或洗手液用流动水洗手；⑦定期检查婴幼儿玩教具的安全性，发现破损及时修理或更换。

4. 婴幼儿营养师

我国《居民营养与健康状况调查》报告指出：我国儿童存在严重的营养问题。其中营养失衡、营养不良、运动能力下降等导致儿童生长迟缓、瘦弱、肥胖等问题日益严重，儿童的营养健康越来越引起家长及社会的关注。儿童处在身体发育时期，有其特殊的营养需求，实际生活中不少家长缺乏营养知识，在营养方面存在很多误区，给孩子的成长带来不利影响。

一名合格的婴幼儿营养师可以根据年龄、性别、身体体质和体能状态，制定个性化的科学膳食营养方案，从而有效地保证儿童健康快乐地成长。早教中心的营养师具体职责如下：①了解婴幼儿的营养需求，对家长进行科学膳食知识普及；②深入了解婴幼儿的食品营养价值并进行合理加工；③为早教机构的婴幼儿提供营养膳食；④对婴幼儿常见营养性疾病进行预防；⑤对婴幼儿特殊时期的营养进行科学指导；⑥对来访的婴幼儿进行营养状况评价。

二、幼儿园工作人员管理

2016年3月1日施行的《幼儿园工作规程》对"幼儿园的工作人员"进行了规范，《幼儿园工作规程》第三十八条规定：幼儿园按照国家相关规定设园长、副园长、教师、保育员、卫生保健人员、炊事员和其他工作人员等岗位，配足配齐教职工。第三十九条规定：幼儿园教职工应当贯彻国家教育方针，具有良好品德，热爱教育事业，尊重和爱护幼儿，具有专业知识和技能以及相应的文化和专业素养，为人师表，忠于职责，身心健康。幼儿园教职工患传染病期间暂停在幼儿园的工作。有犯罪、吸毒记录和精神病史者不得在幼儿园工作。

(一) 幼儿园负责人管理

1. 幼儿园园长

幼儿园园长除符合《幼儿园工作规程》要求外，还须具有幼儿师范学校(包括职业学校幼儿教育专业)毕业程度，或取得幼儿园教师专业合格证书。此外，还应有一定组织管理能力和实际工作经验。

幼儿园园长由幼儿园设置者任命或聘任。非地方人民政府设置的幼儿园园长应报教育行政部门备案。园长负责幼儿园的全面管理，主持全园工作，对幼儿园的安全工作负总责。

幼儿园园长具体职责如下：①贯彻执行国家的有关法律、法规、方针、政策和地方的相关规定，负责建立并组织执行幼儿园的各项规章制度；②负责保育教育、卫生保健、安全保卫工作；③负责按照有关规定聘任、调配教职工，指导、检查和评估教师以及其他工作人员的工作，并给予奖惩；④负责教职工的思想工作，组织业务学习，并为他们的学习、进修、教育研究创造必要的条件；⑤关心教职工的身心健康，维护他们的合法权益，改善他们的工作条件；⑥组织管理园舍、设备和经费，组织和指导家长工作；⑦负责与社区的联系和合作。

某幼儿园园长职责规定

1. 园长负责幼儿园的全面管理，主持全园工作，对幼儿园的安全工作负总责。

2. 认真学习党的教育方针和国家的有关法律、法规、政策，全面贯彻《幼儿园工作条例》和《幼儿园工作规程》。

3. 主持制定全园工作计划和各项规章制度，确立分级管理目标，建立结构合理、协调灵活、反馈及时的科学管理机制。定期召开园务会，深入第一线检查各项工作实施情况。

4. 负责全园教职工的聘任、调整园内工作人员结构，定期对保教工作人员进行考核并做出正确评估。

5. 全面了解教育、教研、卫生保健及膳食管理情况，并根据实际情况及时调整，尽量减少工作中的失误。充分发挥教职工的作用，发扬民主精神，尊重教职工人格，加强"爱心、和谐、团结、向上"的园风建设。

6. 全面掌握教职员工的思想动态，开展经常性的政治、业务学习，提高修养。关心教职工的生活，改善生存环境，维护合法权益，增强向心力，提高凝聚力。

7. 定期召开家长会，展示教育成果，宣传家教方法，听取家长意见，提高办园质量。

8. 及时了解国内外幼儿教育动态，研究幼儿教育新成果，关注幼儿教育发展的新动向。

2. 幼儿园副园长

幼儿园副园长组织执行幼儿园各项规章制度，管理幼儿园教育、教学、科研工作，对园长负责。其具体职责如下：①结合本园实际，合理制订并落实科研、教学工作计划，检查落实教学常规管理，建立正常的教学秩序；②协调教育教学工作，指导教研组长开展工作，帮助工作人员提高保教质量；③领导学科教研组工作，有计划、有组织地开展教学研究工作，不断改善教学现状，改进教学方法，提高教学质量；④负责课题管理、教师科研、教学研究工作，不断提高教师业务水平，协助园长抓好教师队伍建设；⑤根据幼儿园质量评估体系，组织教学质量检测，负责考核评估教师工作质量和教学水平；⑥负责教师继续教育工作，组织开展教师培训有关工作；⑦协助园长落实具体考核事项，指导、检查和评估教师以及其他工作人员的工作，并给予奖惩。

某幼儿园副园长工作守则

本幼儿园副园长协助园长抓好全园的教育教学工作及安稳工作，重点负责教育工作管理、教研、教学等方面的工作。

一、教育工作管理

1. 正确领会、贯彻上级法令、决定、指示，能结合园内实际制订好园内的工作目标和计划。
2. 重视教职工的师德教育，抓好教职工政治和业务学习。
3. 组织制定和审查各班学期教育工作计划，并检查执行情况。
4. 组织教学观摩活动和各类教育教学竞赛，及时总结教育经验。
5. 检查各班教育教学情况，负责教师教育教学工作考核。
6. 负责督查教学活动过程中安全卫生工作执行情况。
7. 负责督查各班开展各项安全主题活动，注重幼儿的安全教育。

二、教研教学管理

1. 做好教研活动的组织工作、教师培训工作，认真组织和管理教师基本功培训和教师继续教育学历培训。
2. 督促教科主任开展专题科研，总结成果，丰富幼教理论。
3. 抓好教学日常工作，督促教学主任做好教职工的信息技术培训，推动信息技术与课程教学改革的结合。

三、安全工作管理

1. 正确领会、贯彻上级法令、决定、指示，能结合园内实际制订园内的安稳工作计划。
2. 负责幼儿园各项安全工作资料的整理。
3. 协同总务抓好后勤的日常工作，监督检查各岗位安全卫生工作制度执行情况。
4. 组织全体教职工做好日常安全工作检查。

3. 幼儿园党支部书记

幼儿园党支部书记负责保证和监督党的各项方针、政策的落实和上级教育工作计划的实现。幼儿园党支部书记具体职责如下：①认真学习、传达、贯彻上级党委的指示，制定、检查、总结党支部工作，带领支部一班人抓好党建工作。②按照党的干部路线和政策，对学校各级干部进行教育、培养、考察和监督。③协调园内部党、政、工、团、妇关系，配合分管同志加强对工、团、妇组织的领导。

(二) 幼儿园其他人员管理

1. 幼儿教师

《幼儿园工作规程》第四十一条规定：幼儿园教师必须具有《教师资格条例》规定的幼儿园教师资格，并符合本规程第三十九条规定。幼儿园教师实行聘任制。幼儿园教师对本班工作全面负责，其主要职责如下：①观察了解幼儿，依据国家有关规定，结合本班幼儿的发展水平和兴趣需要，制订和执行教育工作计划，合理安排幼儿一日生活；②创设良好的教育环境，合理组织教育内容，提供丰富的玩具和游戏材料，开展适宜的教育活动；③严格执行幼儿园安全、卫生保健制度，指导并配合保育员管理本班幼儿生活，做好卫生保健工作；④与家长保持经常联系，了解幼儿家庭的教育环境，商讨符合幼儿特点的教育措施，相互配合，共同完成教育任务；⑤参加业务学习和保育教育研究活动；⑥定期总结、评估保教工作实效，接受园长的指导和检查。

2. 保育员

《幼儿园工作规程》第四十二条规定：幼儿园保育员应当符合本规程第三十九条规定，并应当具备高中毕业以上学历，受过幼儿保育职业培训。幼儿园保育员的主要职责如下：①负责本班房舍、设备、环境的清洁卫生和消毒工作；②在教师指导下，科学照料和管理幼儿生活，配合本班教师组织教育活动；③在卫生保健人员和本班教师指导下，严格执行幼儿园安全、卫生保健制度；④妥善保管幼儿衣物和本班的设备、用具。

某幼儿园保育员岗位工作职责

1. 配合教师全面细致地照顾好孩子一日生活，根据天气冷、热变化，随时提醒或帮助孩子增减衣服，注意观察孩子的精神、饮食活动等状况，发现问题及时与保健员联系。

2. 搞好班级的清洁卫生工作和班上孩子的个人卫生，管理好班级孩子的衣物和用品，做到每天小扫除，每周大扫除，经常保持活动室内空气的流通，保证幼儿有一个舒适、干净的环境。

3. 按照消毒制度的规定，认真做好水杯、毛巾、碗、筷的消毒工作，认真做好水杯架和饭前餐桌的消毒工作。每天要定时冲洗厕所，做到厕所槽内无污垢，保持厕所内清洁无臭味。

4. 配合教师做好教育活动的各项准备工作，协助教师带领幼儿一起活动。在教师指导下，组织好幼儿一日生活，做好保中有教，全面了解幼儿的饮食、睡眠情况，保持幼儿仪表整洁，精心护理幼儿生活。

5. 在医务人员和本班教师指导下严格执行幼儿园安全、卫生保健制度，夏天做好防暑降温和防蚊、蝇工作，保证幼儿开水供应。冬季做好防寒保暖工作，定时拆洗和翻晒幼儿的被褥、枕套，定期清洗、消毒玩具，保持睡具、玩具的清洁卫生。

6. 妥善保管幼儿的衣物和本班的设备、用具，防止霉烂、损坏、丢失。

7. 遵守教职工道德规范和园内各项制度。

3. 幼儿园卫生保健人员

《幼儿园工作规程》第四十三条规定：幼儿园卫生保健人员除符合本规程第三十九条规定外，医师应当取得卫生行政部门颁发的《医师执业证书》；护士应当取得《护士执业证书》；保健员应当具有高中毕业以上学历，并经过当地妇幼保健机构组织的卫生保健专业知识培训。幼儿园卫生保健人员对全园幼儿身体健康负责，其主要职责如下：①协助园长组织实施有关卫生保健方面的法规、规章和制度，并监督执行；②负责指导调配幼儿膳食，检查食品、饮水和环境卫生；③负责晨检、午检和健康观察，做好幼儿营养、生长发育的监测和评价，定期组织幼儿健康体检，做好幼儿健康档案管理；④与当地卫生保健机构密切联系，协助做好疾病防控和计划免疫工作；⑤向幼儿园教职工和家长进行卫生保健宣传和指导；⑥妥善管理医疗器械、消毒用具和药品。

某幼儿园对卫生保健人员岗位职责的规定

1. 根据《幼儿园工作规程》的精神和上级主管部门的工作要求，制订卫生保健工作计划，健全各项卫生保健制度。

2. 督促、检查全园的清洁工作，安全工作，关心幼儿进餐、睡眠、卫生习惯的培养。

3. 负责每天的晨间检查，做到一摸、二看、三问、四查，发现传染病要及时与班级教师和家长联系，及时采取措施，做好消毒、隔离、登记工作，并向上级有关部门报告。

4. 做好患病幼儿吃药、打针、观察护理工作，对不来园幼儿进行家访，每月发布幼儿出勤率、发病率表格。

5. 定期测量幼儿身高、体重、胸围等，做好记录、统计分析，注意保护幼儿视力和牙齿。

6. 搞好营养卫生工作，经常同厨房工作人员一起研究幼儿伙食的营养、供应量，制定营养食谱，做好营养分析，保证幼儿摄入足够的营养。

7. 按照季节特点和保健工作要求，督促有关人员做好防暑降温、防寒保暖工作。

8. 做好幼儿的健康检查和预防接种工作，做好新职工入园的体检和教职工的定期体检工作，做好有关保健资料积累工作。

9. 努力学习、掌握卫生保健工作的基本知识，采用多种形式向园内工作人员、幼儿家长宣传科学育儿的保健知识。

10. 遵守园内规章制度和道德规范。

4. 其他事务人员

幼儿园的事务人员包括幼儿园的会计、出纳、采购员、炊事员、门卫等。他们各自担负幼儿园一个方面的工作，同样是幼儿园的重要力量。他们除了应该符合《幼儿园工作规程》对幼儿园工作人员提出的基本要求外，还应该符合政府的有关任职规定。

第二节 托幼机构教师队伍建设

一、早教机构教师队伍建设

（一）早教机构教师的专业素养

在《幼儿园教师专业标准(试行)》思想的引领下，我国早教机构教师的专业发展目标是："能够在亲子园、早教中心、托儿所等其他早教机构从事0～3岁儿童早期教养工作、亲职教育工作、早教机构运营管理与教科研工作的高素质、实践性、应用型人才。"早期教育教师的专业素养被划分为国民基本素养、教师基本专业素养和人格素养三个方面。

1. 国民基本素养

作为现代社会的早期教育教师必须具备基本的国民素质，其体现在政治思想和身心发展状况两方面。

(1) 政治思想方面。①爱祖国、爱人民、爱劳动、爱科学、爱社会主义，拥护党的基本路线。②具有马列主义、毛泽东思想、邓小平理论、"三个代表"重要思想、科学发展观、习近平新时代中国特色社会主义思想的基本知识，树立科学的世界观、人生观、价值观。③具有强烈的社会责任感和顾全大局、诚实守信、互助友爱、扶贫济困等思想品质。④具有吃苦耐劳、脚踏实地的工作态度和理论联系实际、实事求是的思想作风。

(2) 身心发展方面。①具有文明礼貌、助人为乐、爱护公物、保护环境、遵守规则、遵纪守法等良好行为。②具有一定的体育运动和生理卫生知识，掌握一定的运动技能，达到国家规定的大学生体育合格标准，具有健康的体魄。③养成锻炼身体、讲究卫生、合理作息、健康饮食的良好习惯。④具有感知能力、记忆能力、想象能力、思维能力等现代智力系统。⑤具有良好的精神状态与道德感、理智感、美感等良好情感，具有百折不挠、锲而不舍、深思熟虑、当断则断的意志品质。⑥具有适应意识和发展观念、人际关系和谐意识与社会和谐发展观念、突发事件的危机意识。

2. 教师基本专业素养

作为专业的早期教育教师必须具备高水平的基本专业素养，其主要包括专业理念与师德、专业知识、专业能力。

(1) 教师专业理念与师德。①尊重0～3岁儿童身心发展规律，顺应儿童的发展脚步，合理、及时满足其各方面的发展需求。②尊重0～3岁儿童在生长与发育、动作发展、语言发展、认知发展、情感和社会性等方面的差异，提倡实施个别化教育，促进每个儿童富有个性地发展。③注重0～3岁儿童的教养融合，以"养"为主，将"教"有机融合于一日"养"的过程中。④满足0～3岁儿童活动的需求，为认知发展处在感知运动阶段的儿童提供安全、可操作、满足其发展所需要的活动材料、活动空间和时间。⑤重视环境和亲子活动对0～3岁儿童发展的独特作用，创设生态的、温馨的良好教养环境，开展具有情感互动的亲子活动。⑥重视提升0～3岁儿童家长科学育儿的能力和水平，根据不同群体开展有针对性的亲子教育活动。

(2) 早教专业知识。①基本教育理论。初步了解教育的基本规律以及教育心理学的基本原理和方法；了解基本的学前教育理论及发展动态；掌握0～3岁儿童早期教养的基本理论、规律和要求；持有科学的儿童观、发展观、教育观、教师观等；②0～3岁儿童发展知识。了解有关0～3岁儿童生存、发展和保护的有关法律法规及政策规定；熟悉国家和地方0～3岁儿童早期教育的方针、政策和法规；掌握0～3岁儿童身心发展特点、规律和水平；了解0～3岁儿童在发展水平、速度与优势领域等方面的个体差异，掌握促进其身心优化发展的策略与方法；初步了解有特殊需要的0～3岁儿童的身心发展特点及基本的教育策略与方法。③0～3岁儿童教养知识。熟悉0～3岁儿童早期教养的目标、任务、内容、要求和基本原则；掌握0～3岁儿童的卫生保健与护理、营养与喂养知识；掌握早教机构半日教养活动安排、亲子游戏与学习活动设计、组织指导的知识和方法；掌握早教机构常见特色课程及活动设计方法；掌握早教机构和家庭教养环境创设的知识和方法；掌握针对0～3岁儿童家长开展亲职教育的基本知识和方法；掌握意外事故和危险情况下0～3岁儿童安全防护与救助的基本知识和方法；掌握0～3岁儿童发展评估方面的基本知识和方法；掌握反思0～3岁儿童教养实践、亲职教育实践的基本思路和方法。④早教机构运营知识。初步掌握早教机构筹建的基本知识；初步掌握早教机构日常运营管理知识。

(3) 早教专业能力。①环境创设能力。具有创设有助于0～3岁儿童生活、游戏、学习的教养环境的能力，创设丰富、适宜、生态的物质环境和舒适、温馨、安全的心理环境；建立0～3岁儿童、家长、教师三方良性互动的关系，为大家营造良好的集体氛围；具有利用各种资源为0～3岁儿童提供和制作适宜的玩教具和学习材料，引发和支持其主动活动的能力。②日常生活组织与教育能力。具有合理安排和组织0～3岁儿童日常生活各个环节的能力；具有开展0～3岁儿童生活照料、卫生保健、常见症状护理、教育工作的能力，并具有在日常生活中随机指导家长开展这些工作的能力；具有0～3岁儿童意外事故和危险的防护和急救能力。③亲子活动计划与实施能力。具有根据0～3岁儿童发展水平和发展需求制订阶段性亲子活动计划、具体亲子活动方案的能力；具有根据0~3岁儿童身心发展特点科学组织与实施养育活动、亲子游戏和学习活动的能力；具有在活动中观察、分析0~3岁儿童行为，并及时调整活动的基本能力；具有亲子活动分析与评价的基本能力，能运用评价结果指导下一步活动的开展；具有0~3岁儿童阶段发展评估，并提出教养建议的能力；具有为0~3岁儿童设计特色课程活动，并科学组织与实施的能力。④亲职教育能力。具有根据0~3岁儿童教养需求开展亲职教育工作的能力，能够提高家长科学育儿的能力和水平；具有制订阶段性亲子教育工作计划与实施计划的能力；具有利用测评工具对0~3岁儿童进行发展测评、分析测评结果、提出教养建议的能力；具有编制个别化教养方案与指导家长实施方案的能力；具有开展入户指导的能力。⑤早教机构运营管理能力。具有开展早教机构筹建各项工作的初步能力；具有早教机构宏观工作管理、具体教养工作组织与管理的初步能力；具有开展早教机构对外工作组织与管理的初步能力。⑥反思能力。具有反思和改进0~3岁儿童教养实践及亲子教育实践工作的能力；具有收集与分析相关信息用于反思实践工作的初步能力；具有检索、查询、整理与分析文献资料的能力；具有基本的0~3岁儿童教养实践及亲子教育实践的研究能力，具有实践案例研究的撰写能力。⑦一般能力。具备运用现代科学方法处理实际问题及参与公共事务的能力；具有良好的沟通和人际交往能力，具有较强的团队合作能力；具有独立获取新知识、新技能的能力，具有获取及处理信息的能力；具有终身学习和专业自我发展的能力；具有规范的语言文字运用能力和良好的口语表达能力；具有制订工作计划和进行工作评价的能力。

3. 人格素养

人格素养是早期教育教师专业素养的重要内容，其主要包括以下几个方面：①具有开拓进取、拼搏奋进、胸怀坦荡、积极向上、勇敢坚毅、诚实守信等良好品质；②具有独立意识、竞争意识、终身学习意识，具有自主学习的习惯；③求真务实，踏实肯干，表里如一，知行合一；④会关心他人、会与人交往、会团队合作，有事业心、有责任感、有活力；⑤时刻反省自己，提高自我觉察能力，发现自己的不足，找出解决办法，保持提升自我的良好状态；⑥爱惜与重视自己的身心健康。

(二) 早教机构教师的专业化

"教师专业化"是指教师职业具有自己独特的职业要求和职业条件，有专门的培养制度和管理制度。"教师专业发展"主要指教师个体的、内在的专业化提高。本章阐述的0~3岁婴幼儿教师专业发展指的是教师个体在严格的专业训练和自身不断地主动学习的基础上，专业知识、专业技能和专业情感逐渐提高。目前，我国0~3岁婴幼儿教师专业化发展存在诸多问题，严重影响0~3岁婴幼儿早期教育的质量，也制约着这一事业的向前推进，思考0~3岁婴幼儿教师专业化发展的有效策略迫在眉睫。

1. 早教教师专业化发展首先要从自身做起

日常生活中，人们常把幼儿教师与早教教师混同，但事实上，两者在工作性质上既有相似性，也有本质区别。《幼儿园教育指导纲要》明确指出，幼儿教师要从"教书匠"转变为"专家型""研究型"教师，并明确提出了"终生学习"理念，要求教师要多读书、爱阅读、长知识。

早教教师的自我反思能力是其专业化成长的关键因素。自我反思是教师以自己的教育活动为思考对象，对自己的行为、活动结果进行自我审视和分析的过程。在反思中，教师的自我觉察能力可得以提高，教学能力也获得发展。

2. 早教机构为教师专业化发展提供行之有效的支持

目前，随着教育改革的不断深入，人们逐渐认识到教师在教育改革中的作用。这种认识也使得教师在职培训问题越来越得到关注和重视，特别是《幼儿园教育指导纲要(试行)》的颁布，对在职幼儿教师的能力素质提出了新的要求。其中，与幼儿园类似，大部分早教机构也会针对教师专业发展提供各种学习机会，由于0~3岁早教教师职前培养发展迟缓，教师的专业成长需要重视职后培养。早教机构应发挥"老教师"的引领作用，引导"新教师"专业成长。早教机构也可以邀请上级教学业务部门的专家来园开展专题讲座或进行个别指导，并通过他们推荐教师外出听课、上公开课，开展园园结对、师徒结对，使大家在业务上共同提高。

综上所述，加强教师队伍建设，提高教师的综合素质，促进0~3岁早教教师专业化成长，是关系婴幼儿、教师个人，乃至整个早教事业发展的一件大事，早教人必须以自己的实际行动去推动教师专业发展。

二、幼儿园教师队伍建设

为促进幼儿园教师专业发展，建设高素质幼儿园教师队伍，根据《中华人民共和国教师法》，我国教育部于2012年颁布出台了《幼儿园教师专业标准(试行)》(〔2012〕1号)(以下简称《专业标准》)。《专业标准》是国家对幼儿园、小学和中学合格教师专业素质的基本要求，是教师实施教育教学行为的基本规范，是引领教师专业发展的基本准则，是教师培养、准入、培训、考核等工作的重要依据。

(一) 幼儿教师的基本素质

幼儿教师是教师队伍中不可忽略的重要力量，主要以女性教育者为主。幼儿教师主要对学龄前儿童进行启蒙教育，帮助他们获得有益的学习经验，促进其身心全面和谐发展。幼儿教师在教育过程中的角色决不仅仅是知识的传递者，还是幼儿学习活动的支持者、合作者、引导者。教师的言行举止是幼儿模仿的榜样，对幼儿起着潜移默化的作用。所以，作为一名合格的幼儿教师必须具备以下素质。

1. 执着的事业心

幼儿园的日常工作是琐碎和平凡的，同时情况又是复杂多变的，有时孩子的行为不正确，有时孩子的生活又需要教师特殊的照顾，在这样纷繁的情况下，许多教师不免会出现烦躁情绪，而这种情绪会传递给敏感的孩子，使他们感到焦虑不安。所以教师应该对幼儿教育工作的特点有一个正确的认识，有充分的准备，坚定的信念，保持一颗执着的事业心。

2. 自信

自信是现代人应该具备的个性特征。一个对工作没有信心、消极懈怠的幼儿教师是无法做好工作的。幼儿教师自身充满自信，处理问题时也表现出自信，会感染幼儿，给幼儿树立一个良好的榜样。

3. 仪表和举止

幼儿虽然年龄幼小，但是也喜欢美好的形象。孩子们会说："陈老师真好看，和妈妈一样。"他们认为教师什么都懂，其形象在他们眼中无比高大，老师是幼儿学习的榜样，是敬仰和崇拜的对象，老师的位置往往在父母之前。因此，教师要格外严格要求自己，每一句话、每一个行动都会给孩子留下深刻的印象。孩子们喜欢举止大方、亲切活泼、穿着得体的教师，因此教师要注意自己的仪表和举止。

4. 爱心和童心

爱心是幼儿园教师专业素质结构的有机组成部分。爱心是幼儿身心健康发展的精神需要，是滋润幼儿心灵的甘露。幼儿教师不仅要爱长相出众的孩子，也要爱长相一般甚至丑陋和有缺陷的孩子；不要仅爱聪明的孩子，也要爱发展速度缓慢甚至迟钝的孩子；不仅要爱听话的孩子，也要爱调皮的甚至有许多问题行为的孩子；不仅要爱家庭富裕的孩子，也要爱普通家庭甚至贫寒家境的孩子。童心是教师通往每个孩子心灵世界的桥梁。一位好的幼儿教师往往是幼儿的"忘年交"，是幼儿群体中的一分子，他们保持了一颗纯真的童心，积极参与孩子们的各种活动，和他们一起游戏、讲故事、说悄悄话。在这种平等的关系中，教师就能够和幼儿之间产生情感上的交流，就会在幼儿内心引起"共鸣"，同时教师会在生活中发现每一个孩子身上的"闪光点"，从而更加爱孩子，由此，教师的教育工作就有了良好的基础。

5. 沟通能力

教师与幼儿的沟通是促进幼儿智力发展的积极因素。沟通的主要内容是教师与幼儿、教师与家长和教师促进幼儿之间相互沟通。

(1) 教师与幼儿的沟通。教师与幼儿沟通的主要方式有语言的和非语言的两种。沟通是双向的，不论哪一种方式，都需要教师积极主动，以平等的态度为幼儿提供一个安全、温和、可信赖、无拘无束的交流环境，尽可能地从幼儿的角度考虑问题，教师应从权威的地位转向与幼儿平等交流、共同分享的地位。

(2) 教师与家长的沟通。家长作为教师的合作者加入教育者一方，共同对受教育者——幼儿施教。教师与家长的沟通是一种特殊的人与人的交流，这是因为交流的双方共同爱着、关心着孩子，为孩子而交流。因此，沟通是充满爱心、关心、诚心、责任心的。教师要充分认识到家长参与的重要性和家长参与的权利与责任。持正确的合作态度，与家长相互理解、相互尊重。教师作为专业教育工作者，在帮助家长改善教育行为、改进教育方法、转变教育观念等方面有义不容辞的责任。

(3) 促进幼儿之间的沟通。幼儿之间的沟通受到社会性发展、语言发展等方面的制约，需要教师有意识地进行帮助。促进幼儿之间的沟通需要发展他们自我表达和理解他人的能力，发展他们听和说的能力，这是教师的一个重要任务。幼儿具备这方面的技能、能力是非常必要的。幼儿之间的口语沟通是一种特殊的相互作用形式，教师要创设环境、设计活动，利用小群体活动或游戏，给幼儿提供交谈的机会。

沟通是幼儿教育的重要环节，能促进幼儿的社交、情绪、生理及智力发展。沟通能力是幼儿教师的一项基本功，要引起高度重视，教师只有了解沟通的内容，把握沟通环节，掌握沟通的技巧，才能提高自身的沟通能力。

6. 活动组织能力

教师要想给孩子一杯水，自己首先要有一桶水。幼儿教师要有广博的专业知识和技能技巧。在设计教育活动时，幼儿教师要根据幼儿的思维特点，准备大量的教具学具，让他们动脑、动手、动口，充分调动各种感官，以启发引导的方式和发散式的提问形式，激发幼儿学知识的愿望，由"让我学"变为"我要学"，真正形成以教师为主导、以幼儿为主体的正确师生关系。

7. 终身学习能力

幼儿教师的终身学习能力是现代幼儿教育改革与发展的客观要求，也是自身谋求专业发展的内在需要。幼儿教师必须树立终身教育的意识和理念，将理论学习和教育实践相结合，提高自我学习与反思的能力，掌握现代信息技术的知识和技能，拓展教育时空和资源，成为不断成长的生命体。

（二）幼儿教师资格证书的考取

1. 学历要求

幼儿教师应当具备幼儿师范学校毕业或以上学历。

2. 普通话要求

参加由教育行政部门和语言文字工作机构共同组织的普通话测试并取得"普通话水平测试等级标准"二级乙等以上标准。

3. 身体素质和心理素质要求

凡未达到国家法定退休年龄(女 55 岁、男 60 岁)，具有良好的身体素质和心理素质，无传染性疾病，无精神病史，无传染性疾病，无精神病史，有完全的法律行为能力等，适应教育教学工作的需要，在教师资格认定机构指定的医院体检合格，均可报名参加教师资格证考试。

4. 考试内容

教师资格考试制度改革后，对申请人的教育教学基本素质和能力的考核主要包括 4 个方面。

(1) 综合素质方面。具有先进的教育理念、良好的法律意识和职业道德及定的文化素养；具有阅读理解、语言表达、逻辑推理、信息处理等基本能力。

(2) 保教知识与能力方面。具有教育和保育的基础知识和基本能力。

(3) 学科知识与教学能力方面。具有拟任所教学科的专业知识与有效救学的能力。

(4) 教育教学实践能力方面。主要包括选择幼儿教育活动内容和方法、设计幼儿活动方案、掌握运用教育学心理学知识的能力、语言表达能力、保教的能力，运用现代教育技术的能力以及为提高幼儿教育水平而进行研究活动的能力等。

综合素质、保教知识与能力、学科知识与教学能力三项内容通过笔试的方式考核；教育教学实践能力的考察一般通过面试、试讲等方式进行。

(三) 幼儿教师的岗位级别和聘任条件

根据《幼儿园管理条例》《幼儿园工作规程》和国家及各地方教育主管部门关于自聘教师聘任工作的有关规定，各类私立和部分公立幼儿园可根据自身的状况自主招聘幼儿教师，一些政府主管的公立幼儿园需要在当地教育主管部门的领导下开展教师的聘任工作。不同级别幼儿教师的聘任条件也有层次上的差异。

1. 幼儿园高级教师的聘任

幼儿园高级教师为幼儿教师的最高级别，承担一个班的教育工作，根据《幼儿园教育指导纲要》要求，幼儿园高级教师应善于结合本班幼儿实际制订教育工作计划，创设良好的教育环境；合理安排一日生活，创造性地组织各项活动，正确评估幼儿的发展，指导家长工作；指导保育员的工作，执行幼儿园卫生保健制度，指导并做好幼儿生活管理和卫生保健工作；组织幼儿教育教学研究工作，承担培养和培训教师的任务。

幼儿园高级教师的聘任条件是担任幼儿园一级教师 5 年以上；具有比较扎实的幼儿教育工作必备的文化专业知识；能创造性地进行教育教学工作，教育教学经验比较丰富，效果显著；具有组织教育教学研究工作的能力，能指导一、二、三级教师的教育教学工作，并在培养、提高教师文化业务水平和教育教学能力方面做出成绩；近 4 年来，获得校级以上优秀教师、优秀教育工作者称号或 1 次考核为优秀。

2. 幼儿园一级教师的聘任

幼儿园一级教师承担一个班的教育工作，根据《幼儿园教育指导纲要》要求，幼儿园一级教师应善于结合本班幼儿制订教育工作计划，创设良好的教育环境；合理安排一日生活，创造性地组织各项活动，正确评估幼儿的发展，开展家长工作；指导保育员的工作，执行幼儿园卫生保健制度，做好幼儿生活管理和卫生保健工作；指导幼儿教育教学研究工作，承担指导和培养教师的任务。

幼儿园一级教师的聘任条件是大学或大专毕业，实习1年期满，或中等幼师毕业担任幼儿园二级教师3年以上；掌握并运用幼儿教育学、幼儿心理学、幼儿卫生学和教育教学法的基本理论和基础知识，掌握幼儿园教育工作的基本原则和方法；创造性地进行教育教学工作，具有幼儿教育教学工作的经验，教育教学效果良好；具有指导教育教学工作研究的能力和培养教师的能力。

3. 幼儿园二级教师的聘任

幼儿园二级教师能承担一个班的教育工作，根据《幼儿园教育指导纲要》，幼儿园二级教师应善于结合本班幼儿实际制订教育工作计划，创设良好的教育环境；合理安排一日生活；组织各项活动，正确考察幼儿的发展，开展家长工作；指导保育员的工作，执行幼儿保健制度，做好幼儿生活管理和卫生保健工作；参加并承担幼儿教育教学研究工作。

幼儿园二级教师的聘任条件是中等幼儿师范学校及职业高中幼儿师范班毕业，见习1年期满；基本掌握幼儿教育学、幼儿心理学、幼儿卫生学的基本理论，并能独立地运用教育教学法的基础知识；具有从事幼儿园教育工作必备的文化知识和技能技巧，具有初步的教育教学研究能力；掌握《幼儿园教育指导纲要》的精神，能胜任幼儿园各班教育教学工作，效果良好。

(四) 幼儿教师专业发展途径

专业知识、专业技能和专业情意的水平是构成教师专业素质的主要组成部分，这三方面的发展水平决定了教师专业发展水平的高低。只有通过教师专业知识、专业技能和专业情意的发展，才能有效地促进教师的专业发展。

1. 创建学习型团队，促进教师专业知识的发展

创建学习型团队，是实现教师队伍专业发展最有效的途径。学习型团队具有持续学习的能力，能使每个成员不断丰富专业知识的内涵。教师团队共学后结合教育实践开展心得交流活动，使科学的教育知识、先进的教育理念与教师的教学实践有机地结合起来；或者重视外源的学习，即从幼儿园外部获得"学习源"，例如"与专家对话"活动，定期邀请教育专家、学者来园讲座，让教师与专家面对面地进行对话交流，提高教师的专业知识水平。

2. 开展案例研究，促进教师专业技能的发展

案例研究有利于激发和培养教师在实际工作中善于发现问题、分析问题、解决问题的能力。这些案例来自教师十分熟悉的教育教学实践，因此教师在教研活动中的反思和研究

始终是与教师的教育教学实践融为一体的,是以解决教师教育教学中的实际问题为出发点和归宿的,能快速地提高教师的专业技能。

3. 建设校园文化,促进教师专业情意的发展

教师的专业情意包括专业态度、专业理想、专业情操等。如果教师不能从内心激励自我学习、自我发展的意愿,树立终生献身教育事业的理想和事业成功的信念,感受个人价值和成长的快乐,那么教师专业的发展就不可能实现。所以,坚定教师专业理想、铸造教师专业精神、形成教师专业自我发展是促进教师专业发展的首要工作。良好的校园文化对人的内在深层次心理结构的完善、潜能的开发、个性的塑造、思想道德素质的提高、文明素养的提升等有着强大的功能,是教师专业发展的内驱力、亲合剂。

(五) 幼儿教师职业道德建设

幼教管理者要不断加强对幼儿教师的思想教育,让他们树立正确的世界观、人生观与价值观。强化幼儿教师对《中华人民共和国教师法》《中华人民共和国未成年人保护法》《教师职业道德规范》的学习,有利于提高教师对职业道德的认识,有利于提高教师队伍的道德水平,促进幼儿教育事业的发展。

为深入学习实践科学发展观,进一步加强师德师风建设,全面提高教职工职业道德水平,建设高素质的师资队伍,根据《中小学教师师德规范》《幼儿园教师专业标准》,制定幼儿园师德建设工作原则和具体措施。

1. 幼儿园师德建设工作原则

(1) 坚持以人为本的原则。充分发挥广大幼教职工的积极性、主动性、创造性,把师德建设与幼教职工专业化发展结合起来,增强教职工自我教育、自我完善、自我提高的自觉性,为教职工的全面发展创设良好外部环境。

(2) 坚持实事求是的原则。把师德建设与幼儿园各项工作紧密结合起来,标本兼治,突出重点,有针对性地开展工作,通过各项活动让师德建设更加贴近实际,与日常工作要求挂钩,注重实效。

(3) 坚持以德促能的原则。师德是教育之魂,师能是发展之本。以师德建设为先导,采取多种措施,把师德建设与幼儿园教职工业务能力和专业发展相结合,促进幼儿园教职工整体素质的全面提升。

2. 幼儿园师德建设具体措施

(1) 加强对幼儿教师的心理健康教育。幼儿教师基于一定的心理基础形成自身的职业道德观念,心理健康是幼儿教师具备良好职业道德的前提条件。因此,要加强幼儿教师的心理健康教育。幼儿园可以聘请心理健康教育专家定期对全体教师进行培训,让教师掌握自我心理调适的方法,能够正确地评价自我、认识自我、接纳自我,强化对幼儿教师职业的认同感;让教师学会控制自己的情绪,保持良好的心态,建立良好的人际关系。教师要

主动地增强自我心理免疫，提高心理素质，及时解决各种心理问题，形成健康的人格，以适应幼儿教育工作的要求。

(2) 开展丰富多样的师德、师风教育活动。幼儿园应深入开展"师德师风建设规范"主题系列活动，围绕师德教育开展活动。例如以"如何爱园所、如何爱幼儿"为主题开展师德建设讨论活动，提高幼师的师德修养；开展"写出我的幼儿教育故事"活动，增强幼儿教师敬业、爱幼的自觉性；开展师德倡议、承诺活动，提高幼儿教师优质服务的自觉性；举行家长座谈会，发放师德问卷调查表。通过以上系列活动，进一步展示幼儿教师的师表形象，弘扬高尚师德、以德育人的新风尚。

(3) 建立师德、师风考核制度。幼儿园需建立师德、师风考核机制，从制度上积极引导树立良好的职业形象，倡导乐于奉献的敬业精神。对教师行为进行约束，实施常规管理，建立教师个人师德承诺制度，签订教师《师德师风建设承诺书》。把师德建设纳入幼儿教师的考核评优、晋升晋级、职称评定的评选工作中，对违反《幼儿园幼儿教师职业道德规范》的行为，视情节轻重，严肃查处，做到考核有据，督查有力。同时，建立起全方位的师德监控和评价体系，通过民主评议、民意测验、问卷、发放调查表等形式，充分发挥园所、家长、幼儿、社会等多方位的内外部监督作用。幼儿教师职业道德建设是一项艰巨而复杂的系统工程，应尽快提高幼儿教师的职业道德修养，把这项工作视为幼儿园教育发展的核心战略，以更有效地促使幼儿健康成长。

课后思考与练习

1. 早教机构负责人有哪些职责？
2. 早期教育指导人员(早教教师)的职责是什么？
3. 幼儿园园长的主要职责有哪些？
4. 幼儿教师的基本素养和职责是什么？
5. 保育员的基本职责是什么？
6. 早教机构教师应具备哪些专业素养？
7. 早教机构教师专业化途径有哪些？
8. 幼儿教师应具备哪些基本素质？
9. 幼儿教师岗位级别和聘任条件是什么？
10. 幼儿教师专业发展途径有哪些？
11. 幼儿园师德建设工作的原则是什么？
12. 幼儿园师德建设具体措施是什么？
13. 请选择一所幼儿园或早教中心进行调研，明确机构人员配备及职责分配情况，结合本章所学理论分析该托幼机构人员管理实践中的优缺点，并提出改进建议。

第七章 托幼机构资源管理

第一节 托幼机构财力资源管理

一、托幼机构财力资源管理的含义

现代财力资源管理一般包括资金管理、成本费用管理、利润管理等方面内容。资金管理包括对资金的筹集、投资管理、资金使用管理等。而成本费用管理主要涉及如何降低成本费用、成本费用的审核等。利润管理主要进行利润的预测、计划、控制和分配。

托幼机构财力资源是托幼机构人力资源与物力资源消耗的货币反映，财力资源管理效率的高低在一定程度上能反映出托幼机构的发展潜力与前景。混乱的财力资源管理，势必导致托幼机构的混乱乃至无法运营。如果把托幼机构比作企业，则一般托幼机构只是小型企业，这样使得多数管理者认为不需要像企业那样对其进行系统的管理，因此诸多托幼机构，特别是小型私立托幼机构，多采用作坊式管理，缺乏严格管理程序，不利于托幼机构长远发展和规模的扩大。

二、托幼机构财力资源管理措施

(一) 编制经费预算和决算

托幼机构财力资源应实行计划管理，必须按年度编制好经费的预算和决算。

预算是财务收支的计划，包括收入和支出两方面。托幼机构经费收入主要有保育费、管理费、杂费、膳食费，以及政府和主办单位拨款、个人或社会团体的捐赠等。托幼机构经费支出主要有人事费，包括职工工资、奖金、福利费；基建投资及维修、大型设备购置及维修、办公费、业务培训费、水电煤气费等。孩子的伙食费必须全部用于孩子的膳食，专款专用。编制预算的原则是"瞻前顾后、统筹安排、保证重点、照顾一般"。可参照上一学年的结算情况，并考虑这一学年托幼机构的发展及实际需要，把需要与可能性结合起来。要以保教工作的需要作为预算的重点，分清主次轻重，有计划地全面安排。预算要留有余地，有一定的机动性，以便解决计划外的某些特殊需要。对某一临时重大事项用款，则可作为临时专项预算上报。托幼机构负责人应亲自与财会人员共同分析研究经费使用的分配计划，参与预算制订工作。

决算是执行预算的年终总结。通过决算可以了解全年经费的使用情况，各项经费收支的比例关系，以及它们在总额支出中的比重，找出经费使用规律，为下年度预算的制订提供依据和指导。

在托幼机构主管财务负责人的领导下，财务人员负责经费的预算和决算的编制工作，由托幼机构总负责人提交机构委员会审议通过后，预算要呈报主办单位审核批准方可执行，决算也要报主办单位审批备查。

 案例

被挪用的伙食费

青青幼儿园是一所私立幼儿园，办园7年，在园幼儿300多名，教师认真负责，肖园长和蔼可亲，整个幼儿园充满了童趣和爱心，是一所很受家长信赖的幼儿园。幼儿园一直以来精打细算，节约开支，经过多年的积累，伙食费有了一些结余，肖园长想用这笔钱购置一套奥尔夫乐器，以丰富各类乐器的数量，方便孩子的使用。

刘老师是一名敢说敢做的优秀教师，本科毕业于北京师范大学，对学前教育具有深厚的理论基础。在知道园长的决定后，刘老师去园长室找肖园长提建议，刚一进门，刘老师就开门见山："园长，听说您想用剩余的伙食费买乐器啊？"

"是的，你消息还真灵通，我是有这个想法。"

"这样会不会不太好呢，一般伙食费应该专款专用吧。"

"嗯，这个我也知道，不过这是多年节约出来的，不用放着干啥呢，而且伙食费余款这么积累也会越来越多的，用来买乐器对孩子们来说也是很好的啊！"

"是啊，从表面看我们用节约的钱为孩子买乐器是合情合理的，但是我们可以想些办法将伙食费用完又不做其他用途啊，比如我们可以少收点家长的伙食费啊，或者进一步提高孩子的用餐质量啊！"

"每月都收那么多，调低了如果再调回来比较麻烦。"

"可是……"

"小刘啊，这事我已经决定好了，不用再说了。"

案例中的肖园长虽然了解伙食费应该专款专用，但是对其没有深入的理解与掌握。肖园长认为伙食费可以灵活变通地利用，将余款用于买乐器、提高教育教学质量岂不更好，从外在的效果来看,似乎是可行的。但是幼儿园中保育结合,保育在前、教育在后,幼儿处于身体发育的关键期,即使怎么提高饮食质量都不为过,因此此案例不仅反映出园长对财务管理方面不熟悉,也体现出其教育观念的瑕疵。余款应用于进一步提高幼儿食物质量,而非挪为他用。

托幼机构中各种费用都该专款专用,而不是随意挪用,这就必须做好托幼机构的财务预算,宁可有结余也不能挪用别的款项。

(二) 建立并严格遵守财务制度、严肃财经纪律

建立健全的财务制度和严格遵守财务制度,严肃财经纪律是管好财务工作的关键。要坚持按规定手续审批各项经费的使用,执行财务制度不因人而异。一般情况下,经费开支不应突破预算,账目要账据相符、日清月结,报表要按时报送。主管财务的负责人要加强对财务工作的检查和监督,定期公布收支情况,杜绝一切贪污浪费和违法行为的产生。

(三) 加强托幼机构财力资源的成本管理

在托幼机构财力资源成本管理过程中,成本控制方法是管理的核心。成本控制方法一般有目标成本法、作业成本法、责任成本法、标准成本法。目标成本法是一种以市场为主、以顾客需求为导向,在产品规划、设计阶段就着手努力,运用价值工程,进行功能成本分析,达到不断降低成本,增强竞争能力的一种成本管理方法。作业成本法又叫作业成本计算法或作业量基准成本计算方法,是以作业为核心,确认和计量耗用企业资源的所有作业,将耗用的资源成本准确地计入作业,然后选择成本动因,将所有作业成本分配给成本计算对象(产品或服务)的一种成本计算方法。责任成本是指特定的责任中心(如某一部门、单位或个人)在其所承担的责任范围内所发生的各种耗费。从实质上来说,责任成本制度是企业内部的一种管理制度。具体地说,就是要按照企业生产经营组织系统,建立责任成本中心,按成本责任的归属进行成本信息的归集、控制和考核,从而将经济责任落实到各部门、各单位和具体执行人。标准成本系统亦称标准成本系统、标准成本会计,是指围绕标准成本的相关指标而设计的、将成本的前馈控制、反馈控制及核算功能有机结合而形成的一种成本控制系统。

 案例

扑朔迷离的成本

乐哈哈幼儿园是一家追求合理回报的民营幼儿园,经过不断扩张经营,其经营资产已经高达1000万元,年营业额达230万元。由于营业额越来越大,以每年15%的速度递增,王园长决定对幼儿园的成本费用加强管理。王园长引入了先进的成本费用预测、决策、预算、控制、考核等方法,即所谓的"如可用、皆为用"。在2005年一次经营成本控制决策

中，王园长根据以往的成本费用经验数据下降2%的数额计算出标准成本。这样，管理部门标准总成本费用就从以往的80万元下降到78.4万元。

一年后，幼儿园的经营出现了问题，2005年总经营成本费用为130万元，节约5.24万元；总管理费用为80.4万元，超支2万元。年底，王园长按照考核制度进行员工奖励和惩罚。管理人员却推脱计算出来的部分管理成本费用与他们无关，管理部门不应该承担此责任。其解释是有些成本费用(如水费、电费等公共费用)并没有进行分摊，而是全部记入管理费用。这样，管理部门就额外承担了本不应该承担的责任，这是不公平的。

案例中的王园长对乐哈哈幼儿园的成本费用管理方式进行改革的时候，引进了各种先进的成本费用预测、决策、控制、考核等方法。但忽略了一切科学的管理方法在应用时都是与一定的经营管理环境相依存的。在方法引进的同时，也要针对应用环境进行改造。

成本的控制与考核不仅要与经营规模、收入和利润相对应，更应该注意的是控制责任的对应。托幼机构在进行成本费用控制与考核的时候，一定要再次将成本费用进行科学、详细的分类，决不能有此责任而无此业务。对于经营成本控制的责任人，必须要分清这项责任所包括的费用究竟有哪些，是遗漏了还是有多余，这些问题事先就应考虑清楚。对于管理费用控制责任，道理也是如此。

(四) 提升托幼机构负责人财务素养

托幼机构财务管理理论及财务专业知识应用能力在机构经营决策中是十分重要的。一个不懂得财务管理分析方法、不会看财务报表的机构负责人，在托幼机构管理决策中必定会受到挫折。因此，托幼机构负责人在工作之余还应加强财务管理理论和财务应用知识的学习，提升自己财务管理的能力，这样才能真正将托幼机构财务管理与经营相结合。

 案例

难懂的报表

可可幼儿园已经是市一级幼儿园了。李园长为了进一步增加营业利润、扩大经营规模，制定了三年以内达到省一级幼儿园的经营目标，并从多个方面进行整体改革并加大资金投入。

财务部门按照幼儿园规章，每月向李园长报告一次成本费用表、成本预期差异表、利润预期差异表、财务报表和成本效益分析表。但对于这些报表，李园长往往一知半解，不知道从哪张报表开始分析，更加不了解报表上面那些数字变化所包含的意义，应该按照什么原则进行决策。于是，李园长将财务分析任务转交给了财务主管，告诉财务主管，财务问题只要例行报告就可以了。

李园长认为，只要服务和生源搞上去了，利润就会相应上升，财务报表上面就会显现出优秀的经营业绩。于是，李园长将视线投向了市场开发和运营设备更新，并且不惜高成本投入。但令人惊讶的是，会计报表上的利润数据不但没有上升，反而年年下降，眼看就要低于年利润最低限额 150 万元。这么好的一个经营模式，并且幼儿园经营方式十分受家长的欢迎，为什么销售利润不升反降？这让李园长十分苦恼。李园长找到财务主管了解具体情况。根据财务部门解释，每期的财务分析数据确实是按照园长的要求进行反映的，也进行了成本效益、利润变动趋势、预期差异等多维度分析来反映当期经营业绩。吴园长感到很困惑。

从以上案例可以看出，任何经营决策都不是一种主观的推断。托幼机构在经营过程中不仅要根据实际经验进行考察，更要根据实际财力、物力进行趋势推断。托幼机构负责人在经营过程中能从市场需求和教育质量两方面进行考虑，抓住了机构持续经营发展的实质。没有市场就没有发展，没有较高质量的服务同样不能引发家长们的消费欲望，就不会存在可持续性的资金来源。但托幼机构负责人还要注意到，任何商品的提供，其成本都是有目的地发生的，都要考虑最终的利润。这就要求托幼机构的任何经营决策，必须根据其经营目标，确定决策方法，再通过财力、物力、收益，以及所产生效益的整体衡量、综合平衡。

托幼机构在管理过程中一定要避免财务部门主管控制财务决策权，避免机构负责人在经营决策时脱离机构的财务实力。托幼机构负责人不懂财务知识，不会分析财务报表，也就不知道存在的财务危机、经营成本效益等。其决策没有从财务报表中获取真实信息，其经营决策就不能使财务管理理论、程序、方法、原则等与实际经营情况真正结合。

托幼机构负责人必须根据自身经营特点和财务状况来进行决策。机构负责人在决策的时候必须根据现期资金情况量力而行，分期预算，分期投入，既要考虑到目标实施状况，又要考虑到经营成本效益和利润实现情况。通过财务报表信息的利用，合理进行资金流动状况、资金效益、成本效益的综合分析，使得投资决策与财务管理真正结合。

第二节　托幼机构物力资源管理

一、托幼机构物力资源管理的含义

物力资源指投入生产领域用来生产各种产品或服务的物资资源总和。在现代企业的物力资源管理中，企业物力资源管理是对现代企业生产经营所需的各种物资、设备进行计划、采购、使用和节约等的组织和控制，关系到现代企业生产经营的正常连续进行和流动资金的节约。加强对物力资源的管理对提高产品质量，促进工艺和装备的变革、降低消耗成本、加速资金周转、增加现代企业赢利等都有重要意义。托幼机构物力资源管理就是对托幼机构物品、财产等的管理，主要有建筑物、专用设备、一般设备、图书、其他固定资产等。

二、托幼机构物力资源管理措施

(一) 健全物力资源管理制度

托幼机构物力资源管理的关键是健全财力资源管理制度，物品由专职或兼职的保管员负责，建立财产的分类账。严格验收新购物资，分类登记入账，分类存放。注意防盗、防鼠、防虫，要注意某些特别物资的保管，如易潮、易碎、易燃物品。要建立物品领用、借出、修复及损坏公物赔偿的制度，并定期清点物品。托幼机构财产保管可由专、兼职的保管负责人负责。

 案例

危险的仓库

2011年7月26日下午4时许，陆续有家长来到某小区幼儿园接孩子，一名家长发现二层东侧一教室里冒出黑烟。幼儿园负责人王先生得知后赶紧上楼查看，只见教室内烟雾弥漫。幼儿园负责人王先生捂着鼻子在教室内搜索，发现烟雾来自和教室相连的仓库。此时仓库里浓烟滚滚，不时可见火光，并传出玻璃爆裂声。王先生退出来，安排教师立即带着园内30多名幼儿疏散到院外安全地带。孩子们出园后，王先生和一位热心家长拿着两瓶干粉灭火器冲上二楼扑救。两人冲进仓库，打开干粉灭火器一顿猛喷。两瓶干粉灭火器用光后火势渐弱。但一阵风刮过，明火又猛然起来。王先生和家长端来两盆水再度冲进仓库扑救。然而火势已成，无济于事。待两人第三次端水上楼扑救时，仓库内已是火光冲天。此时，消防车队也已赶来。

经初步调查，二层东侧教室内摆放的是幼儿床铺等，基本没有着火。和教室相连的起火仓库面积约10平方米，塞满了被褥、泡沫板、纸箱等，绝大多数物品被烧成灰烬，屋顶和四面墙皮被烤裂，三扇窗户玻璃被烤炸，铝合金窗框被烤变形。据王先生介绍，仓库内有电线和家电，疑似短路引发明火。好在当时30多名幼儿都在楼下，被紧急疏散，无人员受伤。

以上案例中幼儿园的火灾源于对仓库管理不当。由于仓库中存放物品比较多，没有归类放置，也没有对易燃物品进行处理，散放在仓库中，且仓库较小，使得易燃物品与电线等接触，短路或者别的原因就很容易将其付之一炬。在托幼机构物品管理过程中，应制定仓库管理制度，由专人进行管理，并实施相应的监督制度。因为对托幼机构来说，仓库是存在安全隐患最大的地方，若不加强管理，则容易出问题，而且仓库是托幼机构物品集散地，所有的将被用到的以及暂时不用的物品都会进入仓库，一旦毁损，托幼机构将在财力和物力上遭受巨大损失。

(二) 采用"5S"管理流程

"5S"管理起源于日本,是指在生产现场中对人员、机器、材料、方法等生产要素进行有效的管理,这是日本企业独特的一种管理办法。"5S"是指整理(Seiri)、整顿(Seiton)、清扫(Seiso)、清洁(Seiketsu)、素养(Shitsuke)5个项目,因为这5个词汇的日语罗马拼音均为"S"开头,所以简称为"5S"。将"5S"管理方法运用到托幼机构中,可以对托幼机构物品进行有效的管理。

1. 所有物品责任到人

托幼机构物力资源管理应责任到人。例如,每一个部门或班级等都有相应的责任人和管理规定,以使其责任到人,管理到位。

2. 所有物品都要分类、标识,使其更加清晰化

托幼机构物力资源管理应清晰化。例如,教研室的玩教具可分为教具类、教材类、文具类三部分,对这三大类再进行细分后,按照方便拿取原则进行摆放、标识。

3. 所有物品都要清洁、有序

托幼机构物力资源管理应有序。例如,从办公室到活动室,从室内到室外,从显形到隐形,不但要做到干净整齐,还要摆放有序,一目了然。

4. 所有物品管理都要标准化

托幼机构物力资源管理应标准化。例如,各个部门针对各类物品分门别类地制定各类标准,并制定具体的操作方法,以使其制度化、流程化、标准化,同时有利于进行量化和评价。

5. 所有物品管理,都能及时督导、评价

托幼机构物力资源管理应持之以恒,让督导成为坚持的基础,让考评成为坚持的动力,最终养成行为习惯。督导和评价能引起教师对这项管理的重视,并形成一种意识,从而达到持之以恒。

(三) 把好物品购置源头关

托幼机构管理者在物力资源管理过程中应加强购置物品方面的管理,制定详细的采购制度,管理者只有高度重视物品的购置与管理才能避免安全事故的发生。

托幼机构购买教育教学设施、设备时,应注意选择正规的商家,以避免买到假冒伪劣产品,同时要求商家开具销售发票,一旦发生纠纷,可以提供证据。

托幼机构应当购买符合国家安全标准和产品质量标准的厂家生产的教育、教学设施、设备,注意查验产品是否有合格证,同时注意查阅产品的使用说明,并按说明正确操作,避免因操作不当而发生意外。

案例

电视机爆炸

蓝天幼儿园是一家新成立的幼儿园。为了对孩子们进行艺术熏陶，该园每天下午都要组织幼儿在刚买回的电视机前观看幼儿舞蹈。一天下午，幼儿园刘老师像往常一样又组织小朋友们坐在电视机前看电视，突然，"轰"的一声巨响，电视机发生爆炸，小朋友们都被吓得面如土色，好久才哭出声来。坐在前排的王洋和李浩两名小朋友则被爆炸的电视机碎片击中面部，一名小朋友眼睛失明，另一名小朋友脸部严重受伤。事后，经有关部门鉴定，电视机爆炸是由于显像管质量低劣造成的。

以上案例是由于幼儿园教育教学设施购买的失误而引发的惨剧。幼儿园作为教学活动的举办者，应当提供符合安全标准的园舍、场地、其他教育教学设施和生活设施，不得使用能够危及人身安全、健康的校舍和其他教育教学设施。幼儿园新购买的电视机刚投入使用就发生爆炸，从而导致事故发生，幼儿园作为教育教学设施的提供者和管理者，应当依法承担相应责任。不过，调查发现两位幼儿受伤的真正原因是电视机显像管质量低劣、不符合国家产品质量标准，所以幼儿园在承担责任后，可以依据有关规定追究生产者或销售者的法律责任，在对幼儿承担赔偿责任后，可向电视机的生产者或销售者进行追偿。

(四) 重视自制物力资源的开发

托幼机构玩教具有很大一部分是教师和孩子利用废旧物品、通过创意自制出来的。这既锻炼了教师和孩子们的动手能力、创造力等多种能力，也会为托幼机构办学节省一笔不小的经费。在自制玩教具过程中，管理者应使全园形成充分利用有限资源进行教育的意识。玩教具使用过程中，出现磨损与损毁在所难免，但对于暂时失去使用价值的物品不该扔进垃圾箱里。管理者应该具有材料回收利用的意识，并采取一定的措施发扬勤俭节约、爱护物品、充分利用的作风，例如举行回收利用创意比赛、废弃物品教育意义挖掘比赛等，从而提高全园的资源使用效率。玩教具的合理开发与运用是提高托幼机构物力资源利用效率的重要途径之一。

 案例

自制玩教具

天色渐晚，幼儿已先后离开了幼儿园，然而教师办公室却是灯火通明，年轻的教师们热火朝天地忙着自制区角玩具。在一番忙碌后，户外活动用的加油站、红绿灯、投掷玩具等相继出炉，区角游戏用的邮箱、小鞋箱等也初见雏形。郝园长仔细看了一下这些玩教具，一方面暗暗地为教师们的这种干劲叫好，而另一方面也感到了一丝忧虑，因为这些花了不少心血的玩教具，其中相当一部分在功能、牢固性和实用性方面存在硬伤，很有可能花了几个小时、半天，甚至几天完成的作品，在实际使用过程中很快会被损坏，或是没有多少价值。郝园长犹豫了，是一针见血地道破，还是待实践检验后再做探讨。郝园长考虑了一下，心想如果现在就说，肯定会打击教师们的积极性，而且没有经过实践的检验，教师们没有办法获得直观的印象与认识，对于以后设计和制作玩教具也就没有针对性的调整方向。于是，园长决定实践后再说。

自制的玩教具投入使用后，没几天，教师们就发现了存在的问题。加油站、交通标志等确实很受孩子们的喜爱，但是两天不到就损坏了，有些区角活动的玩教具，由于脱离了孩子的实际发展水平，孩子们无法操作，或是不喜欢，教师辛辛苦苦制作的玩教具成了摆设。教师只好将毁坏的玩教具都扔了。

以上案例是关于幼儿园自制玩教具的鲜活实例，一方面是玩教具的制作问题，另一方面是玩教具的使用问题。该园的大部分教师是青年教师，在制作玩教具时，往往只是从自身的角度去思考，而忽略了孩子的年龄特点和实际需要。此外，教师们虽然有热情，但缺乏设计、制作玩教具的经验，有一部分玩教具创意不错，但受教师经验的限制，玩教具在功能、玩法上显得比较单一。同时，教师忽略了玩教具的耐用性。最后，损坏的玩教具不该扔掉，应回收至仓库。对于物资欠缺的托幼机构来说，任何物品都有使用价值，都可以挖掘出其教育意义，只是缺乏相应的时机。废旧物品、损毁的玩教具等可以回收利用，提高托幼机构资源利用效率。

在玩教具开发的过程中，管理者应对教师们的工作热情和积极性给予充分的肯定，尤其是大家能各尽所长，积极参与玩教具的制作，为幼儿的学习、运动等提供了多样、丰富的活动材料。但是为了提高自制玩教具的效益，管理者首先应组织教师讨论设计方案，在讨论设计方案的过程中既要考虑各年龄段幼儿发展特点，也要考虑玩教具材料的选用，以及功能与玩法等。然后，引导教师先设计小样，一方面看设计的落实情况，另一方面就玩教具的美观、耐用性进行研讨，最后再投入制作。这样可使教师的辛勤劳动能发挥更大的实用价值。

第三节　托幼机构人力资源管理

一、人力资源管理的内涵

人力资源是指一个国家或地区，处于劳动年龄、未到劳动年龄和超过劳动年龄但具有劳动能力的人口之和。20世纪90年代初，人力资源管理首先运用于我国企业界，这种管理体现了两个基本观念：一是，人是最宝贵的财富和资源。人是能动的，只要发挥人的潜能和积极性，就能创造出巨大的财富。而传统的观念把人看成被动的，只是强调对人的监督和控制。二是，人力资源是可开发的，开发的主要途径是培训。人力资源的理念虽然来自企业，但当我们确立起教师是托幼机构中最重要、最活跃的人力资源的认识后，将人力资源开发和管理的理念引进托幼机构就十分自然了。

管理是一种对资源的投入或资源的利用，以取得最佳管理效果的活动。在管理活动中，所涉及的资源有时间、空间、财力、物力、人力、信息等，其中最重要的是人力。这种把人作为一种资源来进行管理的观点，对现代托幼机构管理提出了新的要求。

人力资源管理是运用现代化的科学方法，对与一定物力相结合的人力进行合理培训、组织和调配，使人力、物力经常保持最佳比例，同时对人的思想、心理和行为进行恰当的诱导、控制和协调，充分发挥人的主观能动性，使人尽其才，事得其人，人事相宜，以实现组织目标。从一个人进入组织开始，到其为组织工作的全过程，都渗透了一种以人为本的管理精神。人力资源管理的目的，不是简单地把理想的人招进来、把不理想的人调出去，而是注重人的发展与价值的体现，追求组织与教职工发展的一致性。托幼机构人力资源由机构各个岗位上的工作人员个体、班组群体组成，是一个纵横交错的网状的立体结构。

二、托幼机构人力资源管理的意义

在当代托幼机构管理中，人们已经认识到了最活跃的因素是人，如何调动人的因素，最大限度发挥人的潜能，一直以来都是管理者关注的焦点。托幼机构人力资源管理就是帮助园所管理者在人力资源管理过程中做好用人、培养人和调动人等各方面工作。

(一) 提高托幼机构师资的专业水平

在工作实践中，管理者愈发认识到教师肩负直接育人的重任，他们是重要的教育资源，每一位教师专业化的程度，将决定托幼机构育人工作的质量。而人力资源管理提升了管理者对提高教师专业化水平的认识，推进了教师专业化的进程。托幼机构人力资源开发策略，最大限度地调动了教师的积极性，发挥了他们的工作潜能，使其形成先进的教育理念和良好的教育风格。

(二) 调动托幼机构教师的积极性和创造性

在托幼机构管理实际工作中，如果只重视对各个事件的起因、过程、结果的分析和处理，遵循对事不对人的原则，虽然专业性较强，但是管理的范围狭窄，效率不高；而利用人力资源"以人为本"的管理更重视对人的关怀、尊重、信任、依靠。管理的范围拓宽，通过人调控其他管理要素，极大地提高了托幼机构管理的效率和效益。同时，人力资源的开发，将管理的方法手段由监督式管理转向激活式管理。监督式管理是表面的，靠死盯活守的方法。例如，托幼园所负责人亲自监控职工考勤，早上签到或者打卡；午睡环节亲自盯着教师不睡觉、不干私活。管理者感到很累，教职工的内心也十分反感，影响了教职工的积极性。科学的激活式管理是深层的，作用于人的心灵，尤其是研究和不断满足教职工的精神需要，激活他们的积极性，使之处于旺盛、持久、稳定的状态，将被动的"要我干"转变为主动的"我要干，一定要干好"，从而不断地开创工作的新局面。

(三) 研究教职工的行为特征和心理特征

每个教职工都是独立的、复杂的个体，他们的心理差异十分显著。只有对个体进行深入研究，才能够充分调动他们的积极性，发挥其潜能，实现科学的教育理念。人力资源的开发，有利于研究教职工群体的行为特征和心理特征。由于幼儿教育职业的规定性，教职工群体的行为特征和心理特征有趋同的一面。深入研究群体的共性，有利于营造良好的组织氛围，充分发挥组织的凝聚作用，获取管理的最大效益。

三、托幼机构人力资源管理的原则

(一) 任人唯贤的原则

在托幼机构管理中，对教师、园长等各级教育部门的干部、职工的选用、培养、提升、奖惩等都要坚持以德、才、能、绩为标准，反对任人唯亲，论资排辈等。

(二) 用人之长的原则

托幼机构人事管理过程中需要了解教师、园长和职工等的特长和特点，根据个人所长合理安排使用。

(三) 重视绩效的原则

在托幼机构管理中，特别是人事管理中，要选择既懂业务又有干劲的人，注重以工作成绩为标准评价考核职工，凡是在促进婴幼儿身心健康发展方面有突出成绩的，在服务家长方面热情周到的，有益于托幼机构建设的教职工都应得到领导的肯定。

(四) 激励性原则

托幼机构管理应激励各个成员，使他们通过辛勤努力完成工作任务，取得成就，让成员产生激动心情，并怀有继续完成更加艰巨任务或攀登高峰的心情与愿望，这也是通常我们所说的人的自信心、成就感与荣誉感。

(五) 结构合理的原则

托幼机构人事管理需要关注机构的各级各类领导、干部及职员的人员比例和分配等，实现托幼机构效益的最优化。

(六) 因事用人的原则

因事用人就是根据"事情"或职位任务的需要来确定组织机制和员额。托幼机构人事管理中需要注意各岗位需要什么样的人就应任用相应专长的人，这样才能起到管理的有效性。

四、托幼机构人力资源管理的策略

托幼机构人力资源按照工作性质和服务对象的不同，主要分为两种类型，即教育活动"一线"的主力军和后勤行政"二线"的支持力量。托幼机构人力资源的范畴，其核心内容是全体工作人员积极性与创造性的发挥。各个岗位的工作人员共同奋斗，拧成一股绳，从而产生巨大的力量，推动和促进托幼机构的发展。

(一) 注重托幼机构人员的选聘与任用

托幼机构负责人应积极创造条件合理用人，充分发挥教职工的积极性。

1. 托幼机构人员的选聘

人员的招聘是托幼机构人力资源管理的重要组成部分，招录不到理想的人才，不仅不利于托幼机构的发展，也不利于负责人的管理，更无从谈人才的利用效率以及管理效率。

(1) 招聘环节。人力资源管理理论中极其注重招聘环节，一般企业招聘流程如图 7-1 所示。

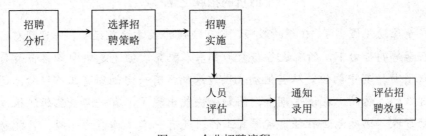

图 7-1　企业招聘流程

在人才选聘的过程中，首先要对招聘环境和招聘需求进行分析。招聘环境分为外部环境(经济条件、劳动力市场、法律法规等)与内部环境(发展战略与计划、财务预算等)。招聘需求即需要多少人才，需要什么样的人才。然后选择招聘策略，拟订招聘计划，选择招聘地点与时间，并对招聘人员进行培训。在选择策略时应注重对人才来源途径和渠道进行分析。接下来实施招聘,并对应聘者进行评估,选择适合托幼机构发展的应聘者,招聘评估合格后通知录用。最后一个环节是评估招聘效果,这一环节在小型托幼机构中很少得到重视,这是招聘中一个容易被忽视的环节。只有不停地对招聘效果进行评估,才能在实际招聘中积累经验,并对被录用者采取相应的措施,如提供更多的培训机会还是给予更多的鼓励或者解聘。

(2) 招聘注意事项。为了更好地选聘到适合的人才,托幼机构在招聘时应注意以下几点:①在人员选聘上要准确定位。在选聘托幼机构各类人才的时候要充分考虑各岗位的职责定位,比如因为工作岗位、工作性质、待遇等因素存在一定特殊性,在一定程度上决定了保育员的来源渠道具有相对的局限性,因此,立足于本机构实际,招聘怎样的人,这类人可能的来源在哪里,作为管理者要有前期思考,而非盲目地四处寻找,徒劳无功。同理,在教师以及各种后勤人员的招聘上也应有准确的定位,要熟悉各种人才的来源渠道,这样才能做到行动的高效性。②管理者要拓宽思路,选择最佳招聘策略。托幼机构在选聘人才的过程中,如果在穷尽个人力量没办法解决的情况下,可以思考周边可运用的资源。谦虚诚恳地向周边托幼机构学习招聘经验,从那里获悉各种人才的来源渠道。选聘工作要苦干,也要巧干,寻找适宜的方法与途径会收到事半功倍的效果。③管理者要坚持不懈,不轻易放弃。托幼机构招聘不到理想的员工,将产生一个恶性循环。不理想的员工给托幼机构带来不理想的业绩,不理想的业绩无疑也无法吸引优秀的人才。因此,第一步定位适合于本园发展的人才就显得相当重要,而在实际招聘推进过程中更需要的是一种坚持与等待。在选聘人才的过程中如果不顺利,也不要放弃。经历曲折的选聘过程之后,即便工作成效没能立竿见影,但通过这样一个过程获取了对于人员招录工作的经验,也会增长许多选聘方面的知识。只要坚持不懈努力,付出总会有收获。

 案例

曲折的招聘之路

李婷在童馨幼儿园当了 10 年的教师,具有较强的教学管理经验,一直想自己独立开办幼儿园。在李婷的努力下,所有设备与教师都基本配齐,但还是缺少 4 名保育员。于是招录了 4 名保育员,其中两位是从其他幼儿园过来的,有一定的保育工作经验,还有两位是别人介绍过来的。然而,在试用期中,问题很快就出现了,有一名虽然想法很多,但是不管怎么帮助带教,仍然无法胜任日常保育工作。还有一名工作能力一般,只能勉强凑合,而且在与劳动中介部门签订合同的过程中,发现该员工需要交纳社保,也就是说,在同样的情况下,其用工成本一下子要高出其他人一截。考虑到该员工的工作能力和发展潜力,考虑到新办幼儿园本来的日常经费就十分紧张,经过行政班子商议,决定不与这两人签订正式用工合同。于是准备再招两名保育员。李婷首先走访了职介所了解情况,告知他们幼儿园的招聘条件,尽管招来了一些人前来应聘,但没有一个符合要求的。然后想到妇联一般会举办保育员培训，于是满怀期望地联系了妇联，但因这个新区没有保育员培训而作罢。李婷又想到周边居委会，经一番折腾之后仍然一无所获。

本案例李婷作为一名管理新手，对于人员招录缺乏基本经验，且由于之前从事的是教学管理，对于保育员以及后勤队伍的管理更为陌生，因此，遇到上述情况也是情理之中。加之由于保育员的来源、社会地位、薪水等问题使得招录到理想的保育员反倒比招录到理想的教师更难，使得李婷忙碌一番却一无所获。然而李婷虽然是一名管理新手，但也有很多值得学习之处。首先在对保育员的招录上有自己的要求，第一次招聘的4名保育员中，两名不合格或者说不符合园长本人的要求以及新园发展的实际情况，李婷果断决定不与两名保育员签订正式合同，而不是认为保育员谁都可以胜任，或一时难以招录到较好的保育员便采取将就的态度。此外，李婷在招录过程中，大费周折，一方面说明了作为园长这种不放弃的精神，另一方面也说明了作为园长对于保育员的重视。

2. 托幼机构人员的任用

(1) 知人善任，各得其所。知人善任是任用人员的基本标准，能使人才各得其所，各尽其能。托幼机构负责人需要通过日常观察深入了解每个教职工的思想状况、文化水平、工作能力、个人的兴趣爱好、家庭情况等，根据托幼机构工作的发展需要，合理安排，尽量发挥其专长。

(2) 优势互补，合理架构。托幼机构负责人需要根据全园教职工不同的特点，搭配班组，既发挥专长，又优势互补，从而提高托幼机构组织的效能。

(3) 提供展示机会，委以责任。托幼机构负责人需要为教职工提供充分展示个人能力的机会，委以责任，充分发挥其创造性和积极性等。

(4) 充分信任，调动全体员工积极性。管理理论的"以人为本"原理强调，在管理这种社会活动中，应当以调动人的积极性、做好人的工作为根本。托幼机构的管理也不例外，应当遵循人本原理，以调动托幼机构员工的积极性、做好员工的工作为根本。因此，托幼机构负责人能否激励员工的需要、动机和行为，广泛深入地调动员工的积极性，是托幼机构的教养工作以及其他各方面工作能否取得成效的关键。

人的需要有不同的层次，满足基本需要是提高员工工作效率的前提条件。根据马斯洛的需要层次理论，每个员工都有被认同、被尊重、希望自我实现的需要。托幼机构员工合理的需要包括两个方面，即物质方面的需要和精神方面的需要。托幼机构负责人在管理过程中不仅应当关注和尽量满足员工物质生活方面的需要，还应当重视和满足幼儿员工较高层次的、精神生活方面的需要，才能使她们产生较强的动机和积极进取的行为。托幼机构员工的精神需要包括充分发挥自身潜能的需要、提高自身教养能力的需要、获得领导及同事信任和尊重的需要、在工作当中进行公平竞争的需要、在工作当中取得成就的需要等。

只有满足托幼机构员工的基本需要，才能调动广大员工的积极性，因此必须研究托幼机构员工积极性的来源。托幼机构员工的积极性的来源有三点，一是对其社会应尽的责任、义务有深刻的理解，并在此基础上形成理想、信念、事业心、责任感等。二是人际关系的影响。员工希望在团体或组织中得到互相尊重、信任、支持和谅解，从而得到情感和道义上的满足。三是员工对个人所需要的物质利益和精神生活的追求。三者一般是同时存在、相互交叉的。托幼机构负责人要善于将员工积极性的来源有机结合起来，激励并满足员工的合理需要。此外，激励员工是要激励大部分员工，不是少数员工。只有调动大多数员工的工作积极性，才能在托幼机构工作中形成"赶、帮、超"的局面，让员工勇于承担新挑战。每次指定少数固定的教师参加竞赛和承担教研任务，会影响其他大多数员工的工作积极性，不利于集体智慧的发挥。

 案例

"抢"任务

某幼儿园接受了上级行政部门交给的接待外省市两位幼儿教育专家来园观摩半日活动的任务。按照以往的做法，园长将指定特级教师刘××、高级教师张××做准备，大多数教师则采取事不关己的态度，个别教师还会发牢骚："园长眼里没有咱！"但这次，园长的想法有了一些改变，决定开展一次"抢任务"的活动。园长召开了全体教师会议，进行动员，并在会上宣布："抢到并完成任务者有功，将记录在案，给予一定的奖励。"然后组织教师进行讨论，在达成共识的情况下开始实施。很快，便有2/3以上的教师在教研组内自荐参加半日教育活动。经过由各教研组到幼儿园的程序，推选出两位青年教师曲××和马××承担任务。园长进一步提出全体教师要树立幼儿园工作的整体性观念，支持并且协助两位青年教师完成任务。

接待日当天，两位青年教师组织的两个幼儿班的教育活动内容丰富、生动新颖，使能力不同的幼儿均能够积极参与活动，并且在不同程度上得到发展。专家及领导称赞她们"素质好""创造性地实现了教育活动的目标"。

园长在总结此项工作时，要求并鼓励全体教师在今后的各项工作中，要不断更新教育观念，树立"抢任务"的光荣感、使命感，练就扎实的业务功底，积极参加竞争，不断创新。活动虽然过去了，但是一些教师的心情却不能平静，有的教师说："下次要看我的了！"

在本案例中，园长的管理观念发生转变，抓住有利时机，开展"抢任务"活动，满足了幼儿教师的精神需要，有效地激励了幼儿教师积极进取的行为，推动了工作的开展。给每一位幼儿教师充分表现自己的教育思想和业务能力的机会，这样不仅有利于营造幼儿园公平竞争的氛围，激发并增强幼儿教师的成就感，也有利于增强幼儿园的团结协作意识。通过这次"抢任务"，让大多数教师通过竞赛的方式主动思考教研工作，调动了积极性，更体现了"能者上"的思想观念和行动。这次工作安排在全体教师中形成了良性的科研气氛，激励全体教师不断提高工作水平，通过工作成绩获得认同和奖励，并满足了员工的自我成就感。

(二) 加强托幼机构教职工的培训

1. 教职工培训流程

托幼机构管理者需要根据本机构实际和教职工队伍的状况，制订队伍发展规划和培训计划，并纳入全园发展的目标规划中。托幼机构负责人需要从人力资源的管理和教职工队伍建设的角度出发，不断地促进全园发展。正确分析托幼机构实际，充分掌握本园的人员状况，有效发挥组织的职能作用，托幼机构管理实践证明，岗位培训是保教人员业务培训的重要途径和方式。教职工的培训流程有以下几步。

(1) 规划。托幼机构负责人在对目前教职工状况和各层人员了解的基础上，制订人员培训和队伍发展规划，明确目标要求和各项措施等。根据规划，托幼机构负责人合理安排工作人员，并通过岗位职责和规章制度，不断加强管理，有效地完成各项任务。

(2) 实施。托幼机构负责人采取多项措施对人员开展业务培训，不断地提升教职工的素质和专业能力，为教职工队伍的建设提供机会和条件等。培训采取的主要方式包括观摩活动、教研活动、"老带新"活动、自学进修、竞赛评比以及业务档案建设等。

(3) 考核。资源与管理考核评价是托幼机构人员管理的重要环节，涉及保教人员工作、业务技能、考勤以及业绩等。在考评时需要因人、因岗进行考评，日常与阶段考评相结合，制定考评制度，公开公平考核等。

2. 托幼机构新教师培训管理

托幼机构对教职工进行常规培训是机构发展和不断成长的专业动力之源。一所好的托幼机构对新老员工都应该开展定期的培训，以不断提高机构教职员工的能力水平。但新教师的培训往往是托幼机构培训的重点和难点。以下就托幼机构新教师培训的管理进行详细阐述。

新教师作为教师队伍中的一个特殊群体，有着自己的特点，一方面，她们刚刚从学校迈入社会，对工作满怀热情，富有冲劲和干劲，但同时因为刚进入单位，也难免有畏难、孤独等情绪，有些新教师认为自己再怎么努力也比不上老教师，有些新教师则存在枪打出头鸟的思想负担。另一方面，新教师因缺少工作经验，不能成熟处理托幼机构中各种事务、关系，如与家长的关系、与上级领导关系等。在新教师的管理上可以采用以下几种策略。

(1) 有计划地帮助新教师成长。首先，在教师入职初期，通过各种方式让新教师了解"教师"这个职业的特点，如通过听取"全国师德标兵事迹""学习身边的优秀教师"等报告来体验教师这一职业的社会价值，同时让新教师产生认同感和归属感。其次，可以发放调查表，了解新教师上岗和专业成长的需要，并鼓励教师制订个人专业成长计划，从而不断提高教师专业化水平，实现新教师的理想。再次，可以将新、老教师搭配工作形成制度，从而充分利用托幼机构现有资源对新教师进行培训。

(2) 培训小组对新教师教学进行指导。培训小组负责定期对新教师进行示范与培训，让优秀教师定期为新教师开展示范性教育教学活动,并对新教师的备课、教育教学活动、教养笔记、幼儿成长档案等提出意见。

(3) 为新教师提供展示自己的平台。托幼机构可以在全园开展教学评优活动,让新教师自己独立探索,让其在实践中体会教学的快乐与成功的喜悦,并鼓励其积极反思,不断完善自我,提高自我。对于出类拔萃的新教师,园所应该提供更大的展示舞台,鼓励其参加市级、省级的评比活动。给新教师较多的自我展示机会,无疑对保持新教师的积极性与创造性大有裨益,是培养新教师的重要环节。

(4) 实施"自我接受性"管理。任何人的成长都是自身的成长,外在的力量并不是最终的决定因素,因此积极的新教师"自我接受性"管理是新教师成长的重要管理方式,使每位新教师正确认识自己,拥有自信、自尊的态度。首先,帮助新教师寻找自身的优势,制订自我管理计划是实施"自我接受性"管理的基本条件。其次,"自我接受性"管理不是盲目的、自由的管理,不仅需制订自我管理计划,还需要掌握相应的管理方法。例如尝试用自己喜欢的教学风格进行教学,选择自己感兴趣的课题进行研究等。管理者应竭尽所能促进新教师进行"自我接受性"管理,让这种管理方式形成托幼机构的文化,从而促进托幼机构的可持续发展。

 案例

培训风波

小青蛙幼儿园是市二级幼儿园,是很多学前教育专业毕业生都想进入的理想幼儿园。这家幼儿园不仅待遇好,福利好,还经常有高质量培训,发展空间较大。

小菲是省重点师范大学学前教育专业的优秀毕业生,经过层层考核之后,终于如愿以偿,进入小青蛙幼儿园。小菲善于将理论与实际结合起来,乐于助人,积极向上,在幼儿园几个月的时间就获得了大家的认可与好评,是园领导的重点培养对象。

月初,幼儿园请来了高校学前教育专业的教授,准备开展连续一周的全园培训。这是一个千载难逢的给自己充电的好机会,大家都积极参加,可小菲没请假也没任何表示,缺席了第二天的培训。大家都不解小菲为何不参加,于是园长不得不请小菲到办公室。园长和蔼地问:"小菲,不舒服还是怎么了?"小菲沉默了一会儿:"没有,我听了一天,就是觉得她讲的东西感觉有点脱离实际……好像对实际工作没什么帮助。"园长没有生气,说:"你的看法我们可以再讨论,但是你无故缺席,这会影响到全园的风气,之前你应该找我谈谈的啊!"园长这么一说,小菲也意识到了这点,忙说:"对不起,园长,我……我愿意接受处罚。"园长立即召开会议,对此次培训进行了讨论,大家对培训的内容进行了分析,发表了各自的看法,培训的内容确有与实践相脱离的一面,但对于大多数理论知识,教师之前并不熟悉。在这基础上会议对小菲的无故缺席也进行了讨论,小菲在会上认真地做了自我检讨。第三天小菲积极参加了培训。

在本案例中，小菲是一名优秀的毕业生，是很有发展前途的幼儿教师，因刚毕业，所以做事不会考虑太多，不会顾全大局，这是很多新教师的正常表现。显然，园长对新教师的管理具有丰富的经验，照顾了小菲的想法，且借此增强了全园积极学习的氛围。此外，此案例也体现了对新教师的管理，不仅要考虑到新教师的心理特点，也要考虑全园环境对其成长与发展的影响。

(三) 努力做好思想政治工作

托幼机构管理者应注重对员工进行思想政治教育，激发教职工敬业奉献精神。思想政治工作是教职工潜能开发的重要动力。思想政治工作是针对人做的工作，以宣传、说服教育、精神鼓励等方式启发人的觉悟，不断调动人的积极性。它是一切工作的中心和关键。托幼机构的思想政治工作有助于增强全园教职工的政治意识和思想觉悟，有助于激发和引导教师严格要求自己，有助于推进托幼机构建设，提升组织文化水平。

托幼机构思想政治工作应做到理论学习与日常思想政治教育相结合，思想政治工作与职业道德教育相结合。在托幼机构开展思想政治工作过程中，园领导需要率先垂范，身先士卒，做思想工作讲求方式方法，积极开展群众性思想政治工作，不断地将思想政治工作与园内制度相结合。

(四) 构建稳定的教师团队，防止人才流失

当前托幼机构教师队伍不稳定，人才流失严重已是一种普遍的社会现象。作为托幼机构的管理者，如何留住教师、使自己的教师队伍稳定是托幼机构人力资源管理的难点。如何防止托幼机构人才流失，保持教师团队的稳定，需要从以下几方面着手。

1. 营造良好的职业发展环境

在托幼机构人力资源管理过程中，机构负责人应为教职工提供良好的发展空间，让他们看到可以实现职业理想的希望。每个人都希望自己的职业有较好的发展，因此，营造良好的职业发展环境是留住人才的初始条件。

2. 实施制度与人性化结合管理

在管理过程中，机构负责人应该将制度与人性化相结合，打造和谐团队。这是因为制度化管理能提高管理效率，而人性化管理能让教职工产生家的感觉，有效缓解教职工的职业倦怠和心理压力。托幼机构可以定期组织丰富多彩的人文关怀活动来加深教职工对托幼机构的依恋感，着手实施"关心人、尊重人、发展人"的人性化管理。

3. 营造公平竞争的环境

在托幼机构管理过程中，管理者要为每位教师提供展现自我、表达自我的机会，以满足每位员工被尊重与自我实现的需要。在有些托幼机构里，参赛活动、各种评比活动只允许少部分人参与，并有人情成分，这会大大戳伤教职工工作积极性。

4. 适当给教师减负

托幼机构管理者应把握学前教育的前沿信息，并不断调整自身教育理念。当前，市场的宣传与家长盲目地"不输在起跑线上"的观念，致使托幼机构承受极大的压力。托幼机构应遵循新时期幼教改革的教育理念，避免托幼机构小学倾向化。托幼机构管理者更应该为教师的烦琐工作提供方便，适当减负。

5. 提供愉快工作的条件

托幼机构应为教职工提供现代化的办公条件，如在全园范围内建立局域网，借助现代化设备实现资源共享。这样，不仅能提高教师制作教案、教具等的效率，还可以通过资源共享，在借助他人经验的基础上构建自己的思想，提高教师备课等专业活动的质量，有利于教师进行专业研究与反思。无纸化办公不仅可以将教师从烦琐的班务工作与重复劳动中解放出来，还可以让教师在信息化的平台上享受工作的愉悦。

课后思考与练习

1. 托幼机构财力资源管理包括哪些内容？
2. 托幼机构成本控制的方法有哪些？
3. 如何对托幼机构财力资源进行管理？
4. 托幼机构物力资源管理中"5S"流程有哪些？
5. 托幼机构在物力资源管理过程中通常采用哪些措施？
6. 托幼机构人力资源管理包括哪些内容？
7. 招聘教师的一般流程及注意的问题有哪些？
8. 人力资源管理的基本原则有哪些？管理中容易出现哪些问题？
9. 如何应对托幼机构教师资源流动？

第八章 托幼机构组织文化建设

第一节 托幼机构组织文化建设概述

一、托幼机构组织文化的概念

托幼机构组织文化是托幼机构在一定的环境背景条件下及长期发展过程中形成的,为本组织所特有的,由托幼机构组织内部所有成员认可的共同思想、作风、价值观念、信仰及生活准则,是托幼机构倡导的,要求其成员遵循的一种行为模式和准则。

二、托幼机构组织文化建设的意义

托幼机构组织文化对机构管理者和成员的约束并不以文字的形式出现,甚至在口头上也很少明确地说起,但它们确实存在,并影响管理者的决策和机构成员工作的方方面面。

(一) 托幼机构组织文化建设能够促进机构各项工作质量的提高

托幼机构的组织文化是为园所全体成员所认同,渗透于园所一切活动之中的。良好的组织文化主要表现为全员参与、融洽团结、积极向上、管理规范,它能够促进托幼机构各项工作质量的提高。好的组织文化应与托幼机构的各项工作相互联系,相互促进。比如,某园的园风是"真诚、务实、创新",那么在机构教科研、家长工作、教育活动、园所的管理等方面,都会渗透并体现这种文化特色,而这种组织文化特色的不断完善,又能促进园所工作质量的持续改进和提高。

(二) 良好的托幼机构组织文化是机构可持续发展的内在动力

托幼机构的可持续发展,要靠领导的科学管理,更要靠员工的自觉行动。这种自觉是任何外力所不能取代的,只能靠长期的组织文化建设,才能形成具有特点的文明的园所文化，才能将这种文化融入每个教职工个人的价值观念。好的组织文化能帮助员工建立起对托幼机构的认同感和集体责任感，激发员工工作的主动性和创造性，从而使托幼机构的可持续发展得到保障。

(三) 托幼机构组织文化建设有助于实现管理的最大效能

一个群体有共同的价值观和行为准则，才能把组织目标和个人目标结合起来，最大限度地发挥个人的聪明才智，从而体现个人价值。而这种共同的价值行为准则是在组织文化的熏陶下形成的。组织文化作为托幼机构管理的一个重要因素，一方面能使人们产生更强的使命感和更大的工作积极性，另一方面也增强了组织的凝聚力。托幼机构组织文化通过长期积淀，已融入每个教职员工的心中，全体教职工能够自觉地维护和遵守，形成一种"园所精神""团队精神""组织精神"，从而做到领导在与不在一样，有人参观与没人参观一个样，有任务与没任务一个样。

(四) 托幼机构组织文化建设可激发良好的群体效应

加强托幼机构组织文化建设是新时期管理的一种新的管理策略。它对形成托幼机构全体员工共同的价值观及信念，对办园目的、原则的认同，规范每个成员行为都起到潜移默化的影响。在托幼机构组织文化熏陶下形成的相互合作、共同分享的团队意识和行为方式，使大家把各自的智慧、特长、经验融入集体之中，产生积极的群体效应。

(五) 托幼机构组织文化建设能够促进教育对象身心全面和谐发展

好的组织文化可以使教师心情舒畅、干劲十足，这种群体效应对孩子良好人格的形成起着特殊的作用。相反，孩子生活在运作不良、关系失衡的托幼机构，就难有身心的全面和谐发展。

三、托幼机构组织文化的特征

(一) 无形性

托幼机构组织文化所包含的共同理想、价值观念和行为准则会作为一个群体的心理定势及氛围融于组织成员中。在这种组织文化的影响下，组织成员会自觉地按照组织的共同价值理念及行为准则去工作、学习、生活。这种作用是潜移默化的、无法衡量和计算的，因此托幼机构组织文化是无形的。

(二) 独特性

每个托幼机构由于使命不同，所拥有的资源和所处的环境不同，因此任何托幼机构组织文化都具有鲜明的个性，都会形成独特的组织文化。

(三) 软约束性

与法律、法规的强制性不同，托幼机构组织文化具有软约束性，主要表现为核心价值观对其员工的熏陶、感染和引导，使成员产生对组织目标、行为准则及价值观念的认同感，自觉地按照组织的共同价值观念及行为准则去行动，对组织成员有规范和约束作用。

(四) 稳定性

托幼机构组织文化是托幼机构在长期发展过程中逐渐积累而成的，具有相对的稳定性。组织文化一经形成，就会具有自己的历史延续性而不断地起着应有的作用，并不会因为领导层的认识变动而立即消失。

(五) 发展性

托幼机构组织文化具有相对的稳定性，但并非是一成不变的。组织文化始终或多或少地处于变动和发展之中，任何组织都需要在变化的环境中不断摸索适应环境的管理方式、方法，以使组织文化得以充实和完善。

四、托幼机构组织文化的结构

托幼机构组织文化结构大致可分为 4 个层次，即物质文化、行为文化、制度文化、精神文化。

(一) 物质文化

物质文化是组织文化的物质层。通常我们认识一个托幼机构总是从它的外在形象开始的，这个形象包括它的名称、宣传手册、广告、办公环境及教职工服饰等，通过这些形象表现出来的文化，我们称为托幼机构组织文化的形象层，也称物质层。这些往往是可见甚至是可以触摸到的，位于托幼机构组织文化的最表层，是托幼机构组织文化中直观、表象的部分，如托幼机构园容园貌、园徽园服、园所环境、师幼生活设施、教育教学设施设备、成员形象等。这些有形物，具有物质特性，构成组织"硬文化"。物质文化将无形和抽象的组织文化内涵有形化和显性化，让人能够直观感受到组织文化的存在与价值，也被称为"外显文化"。

(二) 行为文化

行为文化是组织文化的行为层，主要指组织活动和组织成员行为的规范体现，如对家长服务是否周到热情，上下级之间及教职工之间的关系是否融洽，各个部门能否精诚合作……行为文化与托幼机构组织文化的核心和本质具有直接的互动关系。行为文化是托幼机构园风、精神面貌、人际关系的动态体现，也是托幼机构整体精神和价值观的折射。它是以人的行为为形态的组织文化，以动态形式作为存在样貌。

(三) 制度文化

制度文化是组织文化的制度层。托幼机构员工任何行为的背后都有机构制度作为支撑，员工准时上班而不迟到早退，厨房工作人员按照规范操作而不任意胡来，主动热情响应家长需求而不傲慢懈怠等，都需要制度的激励与约束。制度层规定了组织成员在共同的组织文化活动中应当遵守的行为规范总和，包括各种规章制度、道德规范和员工行为准则，比如园规、公约、作息时间、教学常规、保育措施、伙食要求等。

(四) 精神文化

精神文化是组织文化的精神层。托幼机构的精神层是托幼机构组织文化的核心，是一种内隐文化，它包括托幼机构组织在长期活动中逐步形成的，为组织成员认同的价值观念、群体意识、精神风貌、道德习俗等。这些无形、具有精神特性的文化，是组织文化的内核，是托幼机构深层隐性的内容，是一所托幼机构本质的、个性的、精神风貌的集中反映，是托幼机构发展的动力。

物质层、行为层、制度层和精神层的组织文化由外到内分布就形成了托幼机构组织文化的结构，这几个层次的文化密不可分、互相影响、相互作用。如果说物质文化、行为文化是托幼机构的"外表"，制度文化是托幼机构的"骨架"，那么精神文化就是托幼机构的"灵魂"。

五、托幼机构组织文化的内容

托幼机构组织文化可分为显性和隐性两部分。

(一) 托幼机构组织文化的显性内容

托幼机构组织文化的显性内容是指那些以精神的物化产品和精神行为为表现形式的，通过视听器官能感受的，又符合托幼机构组织文化实质的内容，主要通过托幼机构组织标志、组织环境、规章制度、组织目标等方面来体现。

1. 托幼机构组织标志

托幼机构组织标志既是托幼机构组织文化的独特象征，也是托幼机构个性化的具体体现，包括托幼机构的名称、托幼机构中的象征物等。托幼机构的名称不仅仅是一个称呼和符号，还体现出托幼机构在公众中的形象。托幼机构的象征物也直接代表着托幼机构的形象，如园服、园旗、园徽、园歌、园花，无不体现出一所托幼机构独特的组织文化特色。

2. 托幼机构组织环境

托幼机构环境主要是指与托幼机构保教活动相关的各种物质设施、托幼机构的建筑以及员工的学习娱乐等设施。

3. 托幼机构规章制度

托幼机构规章制度是具有组织文化特色的各种规章制度、道德规范和职工行为准则的总和，能对组织职工的行为产生规范性、约束性。托幼机构规章制度主要包括一般制度、特殊制度、托幼机构风俗。

(1) 一般制度。一般制度是指组织中存在的一些具有普遍性的制度，如园长负责制、岗位责任制、按劳取酬的分配制度等。

(2) 特殊制度。特殊制度是指组织独有的、非一般性的制度，如职工民主评议干部制度、员工与管理者的对话制度、庆功会制度等。与一般制度相比，特殊制度更能反映一个组织的管理特色、文化特色。有良好组织文化的托幼机构，也必然有多种多样的特殊制度；缺乏组织文化的托幼机构，往往缺乏特殊制度的建设。

(3) 托幼机构风俗。托幼机构风俗是指托幼机构长期沿袭、约定俗成的典礼、仪式、行为习惯、节日、活动等，如各种组织的各种活动、园庆等。托幼机构风俗与一般制度、特殊制度不同，它不表现为确定的文字条目，也不需要强制执行，它完全靠习惯、偏好的力量来维持。托幼机构风俗可自然形成，也可人为开发。一种活动、习俗，一旦为全体员工所接受并沿袭下来，就成为托幼机构风俗的一种。

4. 托幼机构组织目标

托幼机构组织目标是托幼机构全体员工的共同追求，是托幼机构共同价值观的集中表现，同时又是托幼机构组织文化建设的出发点和归宿。一所托幼机构的组织目标反映了托幼机构领导者和职工的追求层次和理想抱负。有了明确而崇高的组织目标，就可以发动员工，激发广大员工行为的主动性、积极性、创造性，增强其成就感，还可以防止短视行为的出现。

(二) 托幼机构组织文化的隐性内容

托幼机构组织文化的隐性内容是托幼机构组织文化的根本，它直接表现为精神活动。托幼机构组织文化的隐性内容包括组织哲学、价值观、组织精神、组织风气、组织道德等方面。虽然它们不以独立的形态展现，也很难用文字明确描述，却对群体的观念和行为产生潜在的决定性影响，影响着托幼机构的整体风貌。托幼机构中的一个观念、一项制度、一种行为无不带有组织哲学、价值观念、组织精神、组织风气、组织道德等组织隐性文化的痕迹。

1. 托幼机构组织哲学

托幼机构组织哲学是机构领导者为实现托幼机构组织目标而在整个管理活动中坚持的

基本信念，是托幼机构领导者对机构长远发展目标、发展战略和策略的哲学思考和抽象概括，是处理托幼机构管理过程中发生的一切问题的基本指导思想和依据。托幼机构组织哲学的形成由托幼机构组织所处的社会制度及周围环境决定，并受组织领导者的思想方法、政策水平、实践经验、个人素质等因素的影响。

 案例

两所幼儿园的兴衰

20世纪90年代末期，A市光明街有两所临近的幼儿园，这两所幼儿园在当地都颇有影响，办园质量不相上下，受到家长和社会的好评。十几年过去了，这两所幼儿园现如今却有了很大的差距。一所已经发展成了全市有九家直营连锁幼儿园的教育集团，而另一所却濒临倒闭。通过分析这两所幼儿园管理的差异，发现导致两所幼儿园不同命运的关键因素是机构的组织哲学。不断发展壮大的那所幼儿园有明确的办园理念和长远的发展规划，一直把服务家长与幼儿摆在首位，有强烈的服务意识，同时注重"科研兴教"和教师专业发展培训。而另一所幼儿园缺乏整体管理目标和长期规划，幼儿园负责人经常更换，领导集体缺乏凝聚力，在十几年的工作中只满足于幼儿一日生活基本的组织与照料。幼儿园专业教师流失严重，新招聘的教师又缺乏专业培训，导致这所幼儿园失去了部分家长的信任，也失去了大量的生源。

2. 托幼机构组织价值观

托幼机构组织的价值观就是托幼机构组织内部管理层和全体员工对教育教学、管理、服务等活动以及指导这些活动的看法或基本观点。它包括托幼机构组织存在的意义和目的、组织中各项规章制度的必要性和作用、组织中不同岗位上人员的行为规范等。不同托幼机构组织的价值观存在层次和内容上的差别，成功的托幼机构组织总是会不断地创造和更新组织的信念，不断地追求新的、更高的目标。

3. 托幼机构组织精神

托幼机构组织精神是指托幼机构组织为谋求生存和发展，为实现自己的价值和社会责任，经过长期培育形成的一系列反映群体意识的信念和座右铭，是托幼机构组织的精神支柱和精神动力。托幼机构组织精神是托幼机构组织文化发展到一定阶段的产物，是托幼机构组织文化的集中体现。它反映了托幼机构组织成员对组织的特征、形象、地位等的理解和认同，也包含对组织未来发展和命运所抱有的理想和希望。它的产生和形成不仅需要领导者的积极倡导和有意识的培育，还必须得到绝大多数员工的认同，并采取积极主动的态度进行自觉实践。

4. 托幼机构组织风气

托幼机构组织风气是指托幼机构组织及其职工在长期的教育教学活动以及共同生活中

逐步形成的一种精神状态和精神风貌。托幼机构组织风气是约定俗成的行为规范，是托幼机构组织文化在员工的思想作风、传统习惯、工作方法、生活方式等方面的综合反映，是托幼机构组织文化的外在表现。托幼机构组织风气一旦形成就会在托幼机构组织内部造成一定的氛围，并形成集体的心理定势，成为影响组织全体成员无形的巨大力量。人们总是通过员工的言行举止感受到托幼机构组织风气的存在，透过托幼机构组织风气又可以体会到托幼机构组织全体职工共同遵循的价值观念，从而深刻地感受到该机构的组织文化，例如开拓进取之风、团结友爱之风、艰苦朴素之风、顽强拼搏之风等。

5. 托幼机构组织道德

托幼机构组织道德是调整托幼机构组织与社会、托幼机构组织与组织、托幼机构组织与员工及员工之间关系行为规范的总和，是规章制度的补充。它主要通过道德教育形成是非标准，约束托幼机构组织员工的行为。

第二节 托幼机构组织文化的功能及实现

托幼机构组织文化是为园所全体成员所认同，渗透于园所一切活动之中的思维和行为方式。组织文化作为托幼机构管理的一个重要因素，一方面能使人们产生更强大的使命感和工作积极性，另一方面能增强组织的凝聚力。一个群体有共同的价值观和行为准则，才能把组织目标和个人目标结合起来，最大限度地发挥个人的聪明才智，从而体现个人价值。而这种共同的价值行为准则是在组织文化的熏陶下形成的。加强托幼机构组织文化建设是新时期托幼机构管理的一种新的管理策略。在托幼机构组织文化的熏陶下形成的相互合作、共同分享的团队意识和行为方式，使大家各自的智慧、特长等各方面优势都融于集体之中，产生积极的群体效应。

一、托幼机构组织文化的功能

托幼机构管理和文化密不可分，两者相互依存、彼此影响，在托幼机构管理实践中发挥很大的功能，主要可以概括为以下功能。

（一）导向功能

托幼机构组织文化的核心是组织价值观。组织价值观是引导成员行为的旗帜，组织内成员的行为受该文化价值观念的影响，在广大教职工做决策时，往往采取符合该组织文化价值观的行为。在日常工作中，组织成员要想让自身被组织接受，必须调整不被组织所接受的行为和思想，这就是托幼机构组织文化的导向功能。

(二) 凝聚功能

托幼机构组织文化的凝聚功能主要通过目标凝聚和价值凝聚两方面来实现。目标凝聚是以突出、集中、明确和具体的形式向员工表明托幼机构群体的意义，使托幼机构组织目标成为托幼机构全体员工努力奋斗的方向。价值凝聚是通过共同的价值观，使托幼机构内部形成共同的目的和利益，使之成为员工的精神支柱，犹如黏合剂，把员工牢牢地团结起来，从而产生强大的向心力和凝聚力。

(三) 激励功能

在托幼机构管理过程中，托幼机构通过满足教职员工需要，引导员工产生强大的内在动力，起到激发、调动员工积极性的作用，使之为实现组织的目标而努力奋斗。根据马斯洛的需要层次理论，人的需求是分层次、呈阶梯式自下而上逐级上升的。而需求的存在是促使人产生某种行为的基础。每个人都有相同和不同的需求，且在不同时期会有不同强度的需求。在一所托幼机构中，积极的组织文化在满足员工工资、福利、职业保障、组织的认同等基本需求的基础上，更加尊重和信任员工。它以员工的共同价值观为核心，激发员工的积极性、创造性，使每个员工从内心深处自觉产生为托幼机构组织拼搏的献身精神，自觉为托幼机构多做贡献。通过分享组织的荣誉和成果，员工的自我价值也得以实现，个人需求得到满足。这样的良性循环，使员工的积极性长时期处于最佳状态。

要充分发挥托幼机构组织文化的激励功能，管理者要为组织成员创设生存发展的空间，为此，托幼机构负责人首先应引导组织成员寻找自己的优势与特点，让每个成员感受到，我有我的独特性，它将是自我发展的基础。其次是引导教师成为一名特色教师。每个教师都要充分认识到自己的特点，客观地评价自己，管理者再依据特点进行任务分配和任务引导，使每个教师都能感受到成功的快乐。例如，一位性格有些内向，在各方面并不出类拔萃的幼儿教师，总觉得自己不如别人，缺乏自信，园长分析她的优势是幼儿美术教育，美术是她的特长，就让她负责幼儿园的陶艺工作室，研究幼儿陶艺教育。她研究开发了很多有趣的幼儿陶艺课题，充分发挥了自己的特长，感受到成功的喜悦，增强了自信。

(四) 约束功能

托幼机构组织文化的约束功能不仅仅表现为通过其物质层和制度层的各种物质形式和规章制度对职工行为的约束，同时还表现为那些无形的、非正式的和不成文的行为准则对员工的思想和行为的规范。从一定意义上说，托幼机构组织文化实际上是托幼机构员工实行自我控制的一种无形约束，是一种有效管理方式。它虽然不排斥文字和规章制度的硬性约束，但更强调不成文的"软约束"，是一种依靠传统、风气、环境来规范员工行为的文化。

托幼机构组织文化的多项功能，彼此并非是独立发挥作用的，而是相互影响，综合地发挥着功效，进而形成一种上下和谐、内外一致的合力，能对托幼机构的管理产生巨大的作用。

二、托幼机构组织文化建设的途径

(一) 通过领导者来培育托幼机构组织文化

在托幼机构的组织文化建设中，领导对托幼机构组织文化的巩固与发展负有主要责任。托幼机构负责人以自身的行动实践着自己的理想，并期望通过自身的示范去影响教职工，从而达到构建和巩固托幼机构组织文化，在托幼机构内部和外部传递组织文化核心价值观的目的。领导者在日常托幼机构管理和构建组织文化过程中，主要通过培育来施加影响力，所谓培育，就是领导者创造出一种托幼机构组织成员自动合作的情感反应，且要逐渐使这种合作的情感反应转化成组织成员共同遵守的行为价值准则。

托幼机构组织文化需要领导者在长期的培育和一以贯之的执行中才能形成。托幼机构领导者在培育组织文化的过程中要做到以下方面：①示范，即领导者的率先示范作用；②指导，即领导者的命令要完整、清晰、可执行；③注重，即领导者要注重诚实和信任；④力求，即领导者要对组织成员力求公平与一贯的原则；⑤强调，即领导者要注意发现成员的成绩，要学会肯定，肯定教师的成长，肯定教师的研究，及时加以表扬，多强调积极面，要善于欣赏人，在被欣赏的环境中，人的自信才能得到培育，人才有可能发现自身的价值；⑥支持，即领导者要注意及时给下属必要的支持；⑦参与，即领导者要让组织成员尽量参与决策；⑧及时，即领导者要及时与组织成员沟通信息，增强组织成员的主人翁意识。

(二) 组织特定活动来感受和诠释组织文化内涵

在托幼机构管理过程中，以机构组织的各种特定活动为载体，使组织和个人支持所认可的组织精神，是托幼机构组织文化建设的主要途径。

首先，充分发挥组织和个人在托幼机构组织文化建设中的作用，如请机构优秀教师谈工作和学习体会，唱响组织文化的主旋律，使正气之声逐渐成为员工的心灵之声。其次，利用特定活动、事件宣传托幼机构组织文化。托幼机构可以组织演讲、表演、评比、座谈等活动，传递组织倡导的价值观，丰富员工业余生活，增强机构组织内部的凝聚力；可以开展儿童节、毕业典礼、大型文艺晚会等活动，起到表达托幼机构组织文化，树立托幼机构组织形象的作用；还可以结合教师节，组织庆功会、拜师会、谢师会、新教工会、师德表彰会、园史颂扬会、联欢会、技能演示会、参观活动会等活动，让教师在活动中体验和感受托幼机构组织文化；还可以通过艺术节、体育节及丰富多彩的节日活动、社会实践等活动来达到寓教于乐和诠释组织文化内涵的目的。

(三) 选择恰当载体传播组织文化

托幼机构组织文化的载体是多种多样的，包括以下方面。

1. 通过园所环境传播组织文化

托幼机构环境是指有声有色的园区布局，如建筑风格、花圃草坪、林阴斜径、教学设施、玩教具布置、大字标语、宣传橱窗、廊道文化、教室文化等。托幼机构建筑、绿化等，这些蕴含着组织文化的物质环境如同人的衣服、艺术品的包装一样，是托幼机构整体外在的表现。托幼机构环境蕴含的组织文化，如校舍建筑的布局、颜色、绿化、道路的设计安排，无一不渗透着托幼机构环境中体现的组织文化。因此，应根据托幼机构的实际情况，因地制宜，花大力气实现托幼机构环境的美化、净化、儿童化、教育化，以发挥环境的导向、约束、暗示功能。

2. 通过托幼机构标识传播组织文化

托幼机构标识蕴含着丰富的组织文化内涵。在园徽、园旗、园歌、园服、园花等标识中包含了强烈的托幼机构组织文化内容，是托幼机构组织文化较为形象化的反映。托幼机构管理者可以通过各种活动征集园徽、园旗、园歌等方案，这样不仅会增强职工的参与意识，更使托幼机构组织文化深入人心。

3. 通过园所文化网络传播组织文化

园所文化网络包括托幼机构自办的报纸、刊物、园所网站等。托幼机构的园报、园刊、园所网站除了能为师生提供一个展示才华的基地之外，也是宣传托幼机构组织文化的一个重要窗口，例如在园所网上利用网站论坛引导教师对"如何正确看待自己和别人""尊重与被尊重的关系""不负责任背后议论的危害""教师的思想修养""健全人格的塑造"等问题进行讨论，有助于形成团结关心他人、理解尊重他人、信任帮助他人的良好组织文化。

三、托幼机构组织文化建设的方法

(一) 榜样法

榜样法是指通过总结宣传先进模范人物事迹，发挥管理者和员工模范带头作用，对好人好事进行直接表扬，为广大员工提供直观学习对象的方法。比如，某早教机构树立了十位标兵。这些标兵是大家通过交流评比产生出来的，是大家公认的，他们成为员工们效仿的楷模。此外，作为托幼机构负责人要大力提高自身的素养，注重自己的表率作用。从某种意义上说，负责人的"身教"往往比"言教"更为有效，负责人的行为示范常常能起到意想不到的作用。托幼机构负责人要热爱幼教事业，学理论，好钻研，关心教师，平易近人，实事求是，办事公正。有好的领导作风才能有好的园风，才能形成良好的组织文化。

(二) 激励法

激励法分为精神激励法和物质激励法。托幼机构可以通过开展竞赛、教学基本功评比等活动提口号、提目标、评先进。在运用激励法时，管理者要从内心关心员工的工作、学习和生活，满足员工的物质需要和精神需要。例如在教师生日时送上一封贺信和温馨的小礼物、护士节给保健医生送去一份祝福、"三八"节开展登山活动等。

(三) 引导法

引导法主要通过谈心活动、演讲比赛、达标活动、征文活动等，让员工明白自己与其他人之间的差距，并通过自我学习来缩短差距。在运用引导法时，管理者要善于通过各种途径了解每个员工的性格、喜好，把握员工的思想脉搏，实施有针对性的思想教育，不能"一把钥匙开千把锁"。只有找到适合员工特点的教育途径和疏导方法，才能调动其奋发向上的积极性。

(四) 教育法

教育法即通过定期举办报告会、评议活动、学习活动、演讲比赛等活动开展教育的方法。如以讨论会方式开展批评与自我批评，参会的员工在郑重而热烈的讨论中，会认识到自身的许多优点和缺点，并通过聆听别人的讨论，认清自身的不足，加以改进。管理者在运用教育法进行个别教育时，要注重情感投入，既调动当事人的积极性，又维护组织文化(如制度文化)的权威。

第三节 托幼机构团队建设

一、托幼机构团队的内涵

团队是指两个或两个以上目标共享、技能互补的成员，为了实现特定目标、满足特定需求而形成的相互作用、相互协调的联合体。托幼机构团队包括的范围很广，既可以是党支部、团支部、工会、后勤组、班组、年级组、教研组等各种正式群体，也可以是教师自愿参加的各种兴趣小组、课题研究小组、项目策划小组、项目合作小组、智囊团等非正式群体。从某种意义上说，一个年级组就是一个小团队，而整个机构就是一个大团队。

二、托幼机构团队建设与组织文化的关系

托幼机构团队建设与组织文化相互影响、相互促进，共同作用于托幼机构管理活动，它们之间存在密不可分的关系。

(一) 托幼机构团队运作及其有效性依赖于支持性的组织文化背景

任何托幼机构团队运作的过程都离不开所在组织的大环境，团队运作及其有效性依赖

于托幼机构组织的背景，其中包括组织文化。一般来说，强调合作、相互负责和鼓励信息交流的支持性组织文化，要比强调壁垒和差异的组织文化更有利于团队工作。非支持性的组织文化会使团队进入恶性循环。

(二) 托幼机构团队建设有助于良好组织文化的形成

托幼机构团队建设有助于形成良好的群体内聚力、团队精神、和谐的人际关系。在管理活动中，一所托幼机构组织文化的成功与否在很大限度上与在一起工作的员工及管理者能否成为一个有效的工作团队密切相关。

三、托幼机构团队建设的条件

(一) 确定的托幼机构团队目标

托幼机构建立团队是为了实现某一既定目标。团队目标是凝聚团队成员的黏合剂，也是团队工作的内动力。一个团队只有设立共同目标，并且参与各方都全力以赴，集中注意力，统一努力方向，团队工作才能更快、更好、更有效地完成。

(二) 托幼机构团队的合理分工和授权

一个人的精力是有限的，团队负责人要想使自己的领导才能得到充分发挥，就必须在抓住主要权力的同时，合理地向下属分工和授权，这对做好团队工作，提高工作效率，有着很大的帮助。例如，某早教机构建立教研组长助理制——聘请青年骨干教师轮流担任助理，以鼓励其参与管理的积极性。正是因为这种合理的分工和授权，该早教教研组工作搞得有声有色。

(三) 出色的托幼机构团队领袖

团队领导不仅要把本团队与组织中的其余部分联系起来，还要指挥和协调团队工作。因此，托幼机构团队领袖自身的能力和素质是机构团队建设关键的因素。一名好的团队领袖需要具备多种素质。

1. 具有强烈的责任意识

团队领袖要明确自己的职责，要时刻想到自己是团队的领导，是团队的核心和带头人，遇到事情时要提前准备、积极主动。比如在班组这个团队中，任何事情、任何时候班组长都要力求想在前面、干在前面，有目的地做好计划，不盲目行事，这样会使团队中其他成员觉得心里踏实，有利于共同完成每次任务。

2. 充分发挥团队成员特长

团队领袖要充分发挥团队成员的特长，使每位成员在团队中都能获得成长。为了更好地激励团队，团队领袖必须给每位成员正确定位。团队领袖要了解团队成员的不同特点和性情，在这个基础上更加合理地安排团队的工作，充分调动团队成员的积极性，使团队工作做得更好。比如，在组织一个班组的庆"六一"家园同乐活动时，就需要全体成员的共同努力。组长可以根据每位老师的特点，让他们分担不同的工作，如组织能力与语言表达能力强的老师可做主持人，经验丰富、头脑灵活的老师可做策划，做事认真、仔细的老师可负责道具、音响等。这样，每位团队成员都有了施展自己才能的空间，干工作有了积极性，就会发挥出团队的整体效应，高效地完成工作。

3. 营造团队互助学习氛围

团队领袖要提倡沟通与合作，营造互助学习的氛围。高绩效团队能让每一位员工都觉得自己是这个团队中优秀的、不可或缺的一分子，并能经常受到别人的赞赏和支持。因此，团队领袖要注重营造互助学习的氛围，鼓励教师交流情感，倡导沟通与合作精神。

4. 合理安排团队角色

团队领袖要具有合理安排团队成员角色分工的能力。如果团队成员所从事的工作与其人格特点一致，其绩效水平和满意度会较高。就团队内的位置分配而言，也是如此。团队有不同的技能、角色需要，在挑选团队成员时，就应该以员工的人格特点和个人偏好为基础，以建立一个结构合理的团队。团队领袖要了解能够给团队带来贡献的个体优势，根据这一原则来选择团队成员，并使工作任务分配与团队成员个人风格一致。团队领袖在配置团队成员时，有必要从年龄结构、职务结构、知识结构、能力结构等方面综合考虑。例如，年龄结构上，体现新老结合；知识结构上，使经验丰富的教师与资历较浅的教师搭配；能力结构上，让业务水平较高的教师与能力一般的教师组合等。

5. 制定适宜的团队管理规范

团队领袖要具有制定适宜本团队管理规范的能力。团队规范是大多数团队成员认为应当遵守的行为准则。团队管理规范包括作息时间、信息传播与共享规定、任务流程和规定等。团队领袖应当鼓励团队成员发展有助于实现团队目标的规范。在制定团队规范过程中，团队领袖要使成员主观上认可团队规范所倡导的行为方式，使成员想仿效他所喜欢的和尊敬的团队成员，奖惩措施对团队成员能够起到激励和约束的作用。

四、托幼机构团队建设的策略

(一) 培养团队成员积极的价值观

培养团队成员彼此信任、尊重和支持的价值观，形成积极的组织氛围，并将其作为托幼机构整个团队发展的基础。社会价值倾向会影响个体在实际生活中的行为表现。营造真诚、开放和尊重每个成员的团队氛围有益于个体表现出团队所期望的行为。积极的团队氛围表现为托幼机构成员为达成一个共同的目标而形成的团队精神。这是通过机构负责人与员工建立信任的关系而达成的。负责人应将要求清晰地传达给员工,并在工作中给予积极的支持和鼓励。此外,负责人与员工的关系必须建立在对他们能力确信的基础上,表现出对他们的信任、尊重和宽容。在这种氛围中,员工也可以彼此给予支持和鼓励。

(二) 加强和谐健康的人际互动

人际互动的方式多种多样,合作和竞争是其中较为突出的形式。在当今激烈竞争的情势下,许多托幼机构组织比较重视培养个人成就感,提倡超越自我的精神,这使相互合作、共享信息、彼此支持的行为显得弥足珍贵。为加强托幼机构整个团队的建设,负责人应提倡合作互助的、和谐健康的人际互动模式。

(三) 打造学习型团队

在知识经济时代,基于系统动力学的"学习型组织"管理理论已引起人们的广泛关注。这一理论主张通过个人和组织学习的过程,将个人的发展目标与组织的发展目标整合起来,形成"线性调整",进而向同一个方向发展。这种管理新理念倡导个人学习和组织培训并进的方式,其中,个人学习成为保持组织学习力和创新能力的基础,而组织培训则促进了个人学习与组织目标的结合,同时实现了知识的共享。"学习型组织"管理理论为托幼机构组织文化建设提供了一个可资借鉴的思路。从管理者的角度而言,既要积极鼓励、支持员工的个人学习(学历、非学历进修与岗位技能培训等),更要借助多种手段,如教研活动、园本化培训等,去努力建设一个学习型集体,一个促进交流、互动、共享和提升的集体。

(四) 塑造托幼机构团队精神

托幼机构团队精神是团队成员共同归属感与成就感的体现,它能带来高昂的士气,是团队凝聚力的高度体现。塑造托幼机构团队精神,需要做到以下几点。

1. 培养团队成员合作观念,建立有效合作关系

在任何团队中,总会存在许多分歧和利益冲突,而成功的团队合作必须消除分歧,达成共识,建立互信的合作模式。培养团队成员的合作观念可以通过制定互助互利的合作规范来完成,也可通过召开研讨会、分享会等形式,鼓励共享成果。管理者还要注意为教师创设合作的机会,可以根据教师的不同特长组成智囊团,为全园工作出谋划策。如某小班要设计玩具橱,智囊团成员利用休息时间精心设计,最终拿出了得到教师一致好评的、充满童趣的样稿。这样的团队经营模式因任务而设立,可以集众人智慧,树共同目标,培养和增强教职工的团队意识和团队精神。

2. 个人目标和团队目标相结合

团队远景目标是团队全体成员共同追求的长远目标,凝聚着团队成员的希望和梦想。因此,团队远景目标需要有感召力和凝聚力。实际上,人们寻求建立团队远景目标的理由

之一，就是他们内心希望借助团队远景目标的实现，带动实现自己的个人远景目标。在团队和其成员的关系方面，要使团队成员对团队有强烈的归属感与一体感。归属感与一体感主要来源于团队利益与目标同团队成员个人的利益与目标的高度一致性。团队可通过共同的价值目标与愿望，运用教育、舆论等手段推行一系列行为规范，并将其融入员工的思想观念之中，引导员工产生团队协作行为，培养协作精神。同时，可通过一系列制度安排，依靠利害关系的激励与约束机制，促使员工产生团队协作行为与团队精神。

3. 强化团队意识、集体荣誉观念

管理者在管理过程中要强调合作，重视一个年级组、一个班组的团队呈现，将各个互补特点的人员调配在一个年级组、班组中，以团队的力量来参与园内的竞争，而不总是突出个体的竞争，因为年级组、班组的成功就是每个成员的成功。团队成功是管理的最高效益，也是形成团队精神的重要因素。这样，管理者在评价员工工作时，可尝试以团队为单位进行评价。例如，托幼机构可以在年终考评中专门划出经费设立"团队奖"。一个年级组、一个班组就是一个小团队，个人努力做好了自己的事情，只能得到团队奖一半的奖金，只有小组内的成员互帮互助，共同表现优秀，大家才能获得全额的团队奖奖金。这样可以让大家认识到，只有团队获得发展，个人才会有发展。这种奖励措施突出了系统的、整体的管理的重要性，强化了员工的团队意识和团队精神。

4. 积极发挥团队中非正式群体的作用

管理者要善于发挥团队中非正式群体的作用，坚持正面引导，积极倡导团结向上的团队精神，使非正式群体在团队发展中起到积极的促进作用。例如，某园有一位教师在幼儿美术教育领域有一定知名度，园长有意识引导这位教师为所在小团体中成员开展这方面的研究和实践，在这个小团体的自由活动中，该组成员工作积极性提高，并带着孩子在美术比赛中摘金捧银，为幼儿园争得荣誉。

总之，托幼机构领导既要重视组织内部各种小团队的建设，同时，更要加强整个托幼机构大团队的建设，只有这样，才能充分发挥托幼机构团队的作用。

课后思考与练习

1. 托幼机构组织文化的内涵是什么？
2. 托幼机构组织文化建设的意义是什么？
3. 托幼机构组织文化有哪些特点？
4. 托幼机构组织文化结构有哪些？
5. 托幼机构组织文化的内容是什么？
6. 阐述托幼机构组织文化建设的途径与方法。
7. 托幼机构团队建设与组织文化有何关联？
8. 如何进行托幼机构团队建设？

第九章　托幼机构公共关系管理

第一节　托幼机构公共关系概述

托幼机构作为学前教育机构的主要形式，是特殊而独立存在的，然而当托幼机构作为一个社会组织而存在时，它与社会各群体则存在千丝万缕的联系。托幼机构是对婴幼儿保育教育的主要场所，是维系千千万万家庭的纽带，也是稳定社会秩序、促进社会和谐的重要环节。它的一系列重要作用决定了托幼机构不仅要与一般的社会公众取得一定的联系，更要与婴幼儿的家长、婴幼儿所在社区、托幼机构隶属的上级教育管理部门、社会媒体等建立起广泛的联系，做好公共关系工作。

一、托幼机构公共关系的内涵

公共关系是指一个社会组织通过传播、沟通等手段与其相关公众之间形成双向交流的管理活动。公共关系是社会关系的一种表现形态。从观念形态上看，公共关系是一种新型的管理思想或管理哲学。从实践形态上看，公共关系是一种管理的职能。作为实务的公共关系是一个组织与其公众之间的关系，通过内接外联和双方沟通，树立组织的良好形象。公共关系管理是对组织与社会公众之间传播沟通的目标、资源、对象、手段、过程和效果等基本要素的管理。这种管理同样包括一般管理的基本环节，也就是对组织的公众传播沟通活动进行决策、计划、组织、指挥、控制、协调和监督等。

托幼机构公共关系是指托幼机构为实现教育及管理目标，有组织、有计划地运用各种传播手段与内、外部沟通联系，在托幼机构与婴幼儿及家长之间、托幼机构与员工之间、托幼机构与外部公众之间建立和发展相互了解、信任与支持合作的关系，是以提高托幼机构管理质量、塑造托幼机构良好形象和创造最佳教育环境为目的的社会实践活动。

托幼机构公共关系通过各种传播手段，谋求内外公众的信赖、理解、合作、支持，从而最终有利于实现托幼机构的管理目标。托幼机构的公共关系不同于企业、机关和其他社会团体的公共关系的特点。托幼机构公共关系主要是为了借助公共关系宣传自己，树立自身美好形象，取得社会、家长的理解、配合，托幼机构的公关活动主要是非经营性的。托幼机构公关区域范围一般较有限，主要以其所在地区的组织、个人为主要公关对象。托幼机构与公众的关系不以产品为中介，而是直接与服务对象发生联系。它的最终目的是树立良好的托幼机构形象，提高声誉，争取公众的支持与合作，最终目的是促进托幼机构的发展。

二、托幼机构公共关系的价值

（一）良好公共关系有利于促进托幼机构的发展

1. 托幼机构作为一个现代社会组织需要进行公关

任何一个组织必然存在于公共关系之中，托幼机构这一社会组织也不例外。离开了这种客观状态，便不会有社会组织生存和发展的可能。托幼机构应意识到这种自发的公共关系状态的存在，并自觉地进行改善公共关系的活动，把自发的公共关系状态改变为自觉的公共关系状态，使之成为良好的、对托幼机构有利的、有益于托幼机构发展的公共关系状态。

2. 公共关系有助于提高托幼机构的竞争力

随着我国新时期全面改革的进一步深化，竞争意识已渗透到各行各业，包括教育行业。学前教育不属于义务教育的范畴，经过多年的发展，私立托幼机构逐渐具备了与公立托幼机构抗衡的能力，而各地推行的公办园转制，将公办园推进了竞争之中，生源问题已成为各托幼机构必须认真对待的问题，除了托幼机构通过改善办园环境、提高师资水平、办特色园来增强自身的竞争力外，通过公共关系，塑造托幼机构整体公众形象，提高园所名度，增强公众对托幼机构的信心，获得公众在教育上的配合以及较好的生源，就显得尤其必要。

3. 良好公共关系有利于改善托幼机构的办学条件

新时期，我国各省市公办的托幼机构，有的试行转制或逐步改制，如改政府全拨款为差额拨款；有的实行完全转制，自收自支，自负盈亏。为了取得办园的物质、资金基础，维持正常运转，改善场地设施、设备等，公办托幼机构除了争取政府教育经费的更多拨款外，还应广泛地争取社会各界的支持，积极创造良好的公共关系，改善办园条件。

（二）良好的公共关系有利于促进学前儿童的全面发展

现代学前教育必须促进学前儿童的生物、认知、情感和社会等各方面的全面发展。这要求除了托幼机构以外，社会、家庭等必须共同为学前儿童提供适宜其成长的教育环境，否则，很难取得教育的正效果。这也要求托幼机构积极开展公关活动，与社会、家长加强沟通，让社会、家长理解、认识托幼机构的教育，更好地形成教育的合力，以取得更好的教育效果。

三、托幼机构公共关系的内容

托幼机构公共关系的内容可分为托幼机构内部的公共关系和托幼机构外部的公共关系两大类。

(一) 托幼机构内部的公共关系

1. 与教职工的关系

教职工是托幼机构内部公共关系的客体,又是向外开展公共关系的主体。和谐的内部关系,有利于调动教职工的积极性,进而创设和谐的公共关系。重视工会及团组的活动、增强教职工的主人翁意识、关注教职工的各种需求、注重与教职工的双向沟通,都能促进良好的教职工公共关系的形成。

2. 与幼儿的关系

幼儿是托幼机构最庞大的公众群体,是托幼机构主要的、直接的服务对象。对幼儿的公共关系重点在于创设家一般的环境、亲人一般的师生关系,热爱婴幼儿、尊重婴幼儿,让幼儿学会学习和交往。托幼机构与幼儿良好的关系是幼儿热爱自己所在托幼机构的基础,会对社区和家长产生积极影响。

3. 与主办者的关系

托幼机构的主办者可以是企业、事业单位,也可以是个人。由于国家鼓励社会力量办学,社会上私立托幼机构越来越多。这些投资者、创办者或由他们组成的校董会,成为托幼机构必须面对的一类公众。托幼机构要做好定期汇报,如实反映幼儿园的成绩、问题,争取主办者的理解和支持;尊重主办者的权利,自觉接受检查、监督;主动邀请主办者参加托幼机构的管理决策,征询他们的意见和建议。

(二) 托幼机构外部的公共关系

1. 与家长的关系

托幼机构对家长进行公关,能促使家园教育同步,有利于优质高效地实现学前教育的目标;可以帮助家长提高家庭教育的水平,充分发挥家庭教育的作用;还可以增进家长对托幼机构的了解,调动家长参与托幼机构教育和管理的积极性。托幼机构还可以通过家长对外宣传,扩大托幼机构的公关范围。

2. 与社区的关系

托幼机构通过对社区进行公关,方便托幼机构各项工作与活动顺利开展,有利于实现社区各项教育资源的有效利用,还可通过社区公关宣传招生。

3. 与上级行政部门的关系

托幼机构可通过上级主管部门寻求对托幼机构各项工作的指导，争取上级部门对托幼机构工作的支持，获取学前教育的动态与信息，争取资金的支持与帮助。

4. 与其他部门的关系

托幼机构除了要与家长、社区、上级行政管理部门协调关系，还要与其他托幼机构、媒体宣传部门、学前教育师资培养院系等部门建立良好的关系。

四、托幼机构公共关系管理的职能

托幼机构公共关系管理是对托幼机构与社会交流互动的过程进行决策、监督、协调等，是托幼机构管理的重要组成部分。在托幼机构管理中公共关系的管理具有以下职能。

(一) 检测环境，收集信息

托幼机构公共关系管理有助于组织把握和改善组织的公共关系，能够收集多种信息，为托幼机构决策提供参照，是把握公共状态的基础，是进行公关决策的依据，是开展公关传播的素材，也是加强公关工作的动力。

(二) 分析趋势，参与决策

托幼机构公共关系管理能站在公众立场上发现决策问题，使公众利益进入决策的视野，在决策中确立公共关系目标，有助于托幼机构负责人、服务机构、教育教学工作的社会各级各类人员参与托幼机构的管理和决策。

(三) 传播与沟通信息

托幼机构公共关系管理有助于园所和社会、社区、家长等互动交流，不断地传播和沟通管理的信息等。

(四) 协调各方面关系

托幼机构公共关系管理有助于托幼机构社会组织内部的公众关系和托幼机构社会组织外部公众关系的协调。

(五) 广泛联系，寻求支持

托幼机构公共关系管理有助于帮助托幼机构广泛地和社会、家庭等交流和联系，有助于托幼机构顺利取得所需的人力、财力、设备等资源。

五、托幼机构公共关系管理的原则

(一) 公开开放的原则

托幼机构公共关系管理不能封闭建设,而是需要开放和互动,充分利用社会、社区、家长等资源和条件,并为社会、家长等提供优质的幼教服务。首先,托幼机构要敢于打开自己的大门,面向社会公众,面向幼儿家长,面向上级主管部门,面向公众媒体,允许他们用各自特有的方式去宣传托幼机构。其次,对于托幼机构的办园特色、大型活动、学前儿童的学习作品等,要创造机会向社会展示,以提高托幼机构的社会影响。再次,要树立开放办园理念,引进先进的学前教育经验。

(二) 全员参与的原则

公共关系不是一个人的事情,也不是单个人的行为,作为人际互动的组成部分,需要处于公共关系中的所有成员积极参与。而且,托幼机构不像企业有专门的公关部门,仅仅依靠托幼机构的领导和总务部门人员从事公关活动还远远满足不了托幼机构公共关系的需要,因此必须坚持全员参与原则。只有托幼机构公共关系管理中的所有成员积极参与公共关系建设,才能提高托幼机构管理的效率。

(三) 注重整体效益的原则

社会效益既包括社会组织的自身利益,也包括社会公众的利益,是立足于整个社会而言的。托幼机构公共关系管理不仅要关注托幼机构自身利益,还要注重社会整体效益,并坚持以公共利益为首。

(四) 从内部做起的原则

要做好托幼机构公共关系管理,首先需要从内部做起,搞好内部人员的协调工作,才能协力开展外部公共关系的管理,实现托幼机构内外公共关系管理的协调一致。

(五) 互利互惠的原则

公共关系中互利互惠是基本的原则,托幼机构的公共关系也要坚持互利互惠的原则。要以社会利益为本,以公众利益为第一出发点,坚持服务社会,努力追求社会效益,将托幼机构的社会效益放在第一位。托幼机构要树立社会与公众是托幼机构生存和发展的基础的意识,做到服务社会、互利互惠。

第二节 托幼机构家长工作

托幼机构家长工作是指托幼机构、学前教师主动地以多种形式与幼儿家长保持经常联系，向家长宣传、介绍科学育儿的知识、方法，指导、帮助家长创设良好的家庭教育环境，进行科学的家庭教育，促进幼儿健康成长。托幼机构通过家长工作，有利于实现家园配合一致，促进幼儿健康成长。托幼机构要想取得预期的教育成效，必须获得家长的支持和配合。良好的家长工作可以有效地建立家庭与托幼机构的关系，促进幼儿健康成长，同时有利于托幼机构的生存和发展。

一、托幼机构家长工作的意义

(一) 家园配合一致，促进幼儿健康和谐发展

托幼机构教师与家长均是教育者，是对学前儿童实施发展教育的主体。托幼机构作为正规教育机构，要发挥主导作用，必须将家长工作列入议事日程，把家长工作放在与保教工作同等重要的位置上，充分重视并主动做好家长工作，使托幼机构与家长在教育思想、原则、方法等方面取得统一认识，形成教育的合力，家园双方配合一致，从而促进学前儿童健康和谐发展。

在教育过程中，一致的儿童观是家长与教师和谐共处的根本，也是顺利进行沟通的重要保障。家长是教师在教育过程中除了孩子之外的另一类重要的人。家长在幼儿教育中担负着重要的教育责任，对幼儿的成长具有重要的影响。托幼机构的家长工作效果直接影响着托幼机构教育的开展以及幼儿的全面发展。

(二) 指导帮助家长，发挥家教优势，对幼儿给予有效影响

家庭是幼儿成长的第一环境。由于家庭对幼儿的影响最直接，家长与幼儿有着亲密的关系，因而对幼儿的健康发展所起的作用是重要而又独特的。一些研究表明，孩子年龄越小，对家长的依赖性越大，依恋情感越深，家庭的影响作用就越大。家庭教育对幼儿的影响是托幼机构不可替代的，同时对托幼机构保教质量也是一个不容忽视的影响因素。

家庭教育的优势体现在家长与孩子之间是血缘亲情关系；家庭成员在时间和空间上交往互动频繁，接触亲切；家庭教育主要在日常生活中进行，可以随时随地、潜移默化地感染和影响孩子；家庭教育是一种个别教育，是一对一进行的，甚至是几个成人对一个孩子的教育；家庭教育更应侧重引导孩子学习做人，学前阶段的教育主要在于培养孩子良好的品德和行为习惯等。

家长虽然是儿童第一位教师，但他们毕竟不是专业的教育人员，许多家长往往只是按照自然法则扮演家长的角色，并不了解教育的真正含义，缺乏科学方法，在教育观念和教养方式上存在种种偏差。托幼机构是专业的学前教育机构，能从专业的角度分析家教的特点与问题，通过家长工作，引导帮助家长，改进家庭教育，树立正确教育观、教养态度，提高科学育儿自觉性，进一步发挥家教优势，给孩子以积极良好的影响。

(三) 调动家长关心、支持、参与托幼机构教育和管理的积极性，共同办好教育

家长既是托幼机构服务的对象，也是托幼机构教育与管理过程中的合作者。家长是托幼机构重要的教育力量和资源，托幼机构教育要取得成效，必须得到家长的积极配合和参与。家长的关心、支持和监督评价是托幼机构做好管理、提高工作质量的促进因素。从托幼机构的社会生存与对外交流看，家长是托幼机构扩大影响力的重要中介和桥梁。托幼机构通过做好家长工作，争取他们的关心、支持，激发其参与托幼机构教育与管理的积极性，对托幼机构工作和保教质量的优劣做出评判，提出建设性的意见，帮助托幼机构改进教学和管理，共同办好教育，从而使托幼机构获得广泛的社会理解和支持，扩大教育和服务功能，树立园所良好形象。

二、托幼机构家长工作的内容

(一) 指导家庭教育

托幼机构应主动承担指导家长幼儿教育的责任，帮助家长转变教育观念，改善家庭育人环境，从而提高家庭教育质量。托幼机构要在了解学前儿童家庭教育状况的基础上，成立家庭教育指导中心，有针对性地宣传科学育儿知识，介绍或传授具体保教方法。通过家长工作，最大限度地调动积极因素，抑制消极因素，帮助家长创造良好的家庭教育环境。

托幼机构指导家庭教育的形式多样，可以让家长观摩和参与托幼机构教育活动；可以开展家长的育儿咨询，为家长答疑解惑；可以定期举办家庭教育专题讲座，使家长掌握更多的学前教育知识、经验、方法；还可以帮助家长制订适宜的家庭教育方案等。

(二) 密切家园联系，实现同步教育

托幼机构与家长有着教育学前儿童的共同任务，承担着学前儿童全面发展的共同目标。托幼机构与家长的关系直接影响着教育的一致性和连续性。托幼机构的家长工作不但要提高家庭教育质量，还要提高自身的教育质量。家长工作不仅包括托幼机构对家庭教育的各种输入，也包括家庭对托幼机构教育的各种投入。这是双向服务的过程，因而其内容也包括引导家长参与到托幼机构的教育中来，家园双方的联系沟通是托幼机构家长工作的一项内容，也是做好家长工作的重要前提。

托幼机构密切与家庭的联系沟通，可以使教师了解每个孩子的个性特点、生活习惯、家庭环境及家教方式等，以便有针对性地进行个性化教育；同时，家长也可以及时了解孩子在园情况，了解托幼机构要求、教育重点等，与托幼机构配合一致对幼儿实施教育。托幼机构作为正规教育机构，园所教师及其他工作者作为专职教育人员，要主动承担起宣传、指导和帮助家长的责任，特别要注重通过多种方式向家长宣传国家的教育方针，引导家长

树立正确的教育观念；要将幼儿园教育宗旨、工作制度、程序、服务项目等告知家长，并征求意见，求得共识。教师和家长通过及时沟通，相互了解、理解，建立起一种相互信赖的关系，进而可以相互交流、学习，探讨有效的教育途径、方法，从而较好地协调配合，实现同步教育。

托幼机构通过家长工作，最大限度地调动起家长的积极性，使家长真正参与到幼儿教育中，为托幼机构献计献策，使托幼机构多一份智慧财富。

(三) 通过家长工作实现托幼机构和社会的互动

托幼机构要争取家长对工作的配合、支持和积极参与，协助做好托幼机构的教育和管理。托幼机构要让家长了解托幼机构工作情况、各阶段计划与重点、教育活动的安排等，争取他们的理解、支持和积极配合；要注意征求家长的意见和建议，不断改进工作，提高保教质量，较好地实现教育目标，同时提供有效的服务。

托幼机构要注意通过家长工作，有效地组织和利用社会力量，争取并动员全社会各方面关心幼儿园工作，给予大力支持，帮助解决托幼机构面临的问题与困难，改善办园条件，从而打开托幼机构通向社会的渠道，使幼教事业在社会各方面力量的关心、支持、参与下，得到健康发展。托幼机构同时也要很好地发挥为社会服务的作用，主动参加或积极承担地区或社区内一定的社会工作，向社会宣传学前教育意义和科学育儿知识，实现双向服务。

三、托幼机构家长工作策略

(一) 托幼机构将家长工作纳入各项工作日程

托幼机构通过家长早晚接送孩子时间、家长座谈会、家长委员会等，适时与家长沟通和交流，密切与家长之间的联系，为实现有效的家长工作，不断改进服务家长工作的条件和基础。园长要注重对班级教师的指导，引起其对班级家长工作重要性的认识，明确工作内容，增强与家长的互动和交流等，并在实际工作中帮助教师采取适宜的形式做好家长工作。

(二) 托幼机构对教师进行家长工作策略培训与指导

在当前的社会经济形势下，如何加强对班级保教人员家长工作技能的指导与培训，是托幼机构公共关系管理中一项具有紧迫性和现实性的重要工作。由于园所中大量家长工作是由班级保教人员进行的，因此保教人员能否正确处理与家长的关系，能否掌握与家长进行有效沟通的技能，将直接影响托幼机构的良好声誉及家园共育工作的成效。托幼机构负责人只有高度重视家长工作，在托幼机构日常管理过程中培养教职工与家长沟通协调的能力，才能有效避免冲突，做好家长工作。

托幼机构负责人在管理过程中，需综合考虑园务、班级等各项计划，将家长工作与各项工作置于同等重要的位置,并对机构教师进行有针对性的家长工作策略培训与指导,使教师了解不同家庭类型,有针对性地与不同类型家长进行有效的沟通交流。

  依据教养态度不同,可将家庭分为权威式的家庭、因循守旧式的家庭、放任自流式家庭以及民主式家庭。在与家长交流的过程中,交流方式应注意因家庭而异。第一类家庭,对于孩子高要求、高标准,不顾孩子的兴趣点,强迫孩子学习。教师应多向这类家长解释幼儿的年龄特点,使其懂得过高、过急地要求孩子只会适得其反。第二类家庭,性格内向,不善言谈。教师应热情在先,主动在前,让这类家长觉得与教师交流很轻松,感受到教师的关心。第三类家庭,家长大多对孩子放任不管、把责任推给托幼机构和教师。教师应主动"出击",给这类家长提建议,让他们了解家长言传身教的作用,使他们不忽视孩子的精神成长,共同为孩子的健康发展而努力。第四类家庭,家长大多具有较科学的育儿观,且对孩子的家庭教育适度而开放。教师可坦率地将孩子在园的表现如实地向这类家长反映,并认真听取他们的意见。

  根据血缘和婚姻组建起来的家庭关系划分,可将家庭分为核心式家庭和特殊家庭。核心家庭人口数量比较少,家庭成员关系比较密切。父母对子女的期望值很高、教育投入多。家长之间的教育思想容易达成一致,教育思想能得到贯彻,教育目的容易实现。但由于家长工作繁忙,父母没有足够时间在学习和生活中照顾孩子,容易使孩子在思想、品德方面出现不良现象。特殊家庭主要包括单亲家庭、隔代家庭。在与单亲家庭的家长交流时,应充分尊重单亲家长,凡是与孩子发展无关的家庭特殊事件,教师不要过问,要主动、真诚地与单亲家长交流,搭建感情的桥梁,以儿童的发展和教育为共同的话题,了解单亲子女和家长的心理特点,帮助家长树立积极的生活态度,做好单亲家庭沟通工作。隔代家庭是指父母双方由于工作、学习等原因将孩子交由祖父母、外祖父母监护和教育的家庭。在与隔代家庭家长交流的过程中,应尊重长辈,语气委婉,态度诚恳,了解不同祖辈的个性心理,动之以情,晓之以理,因人而异进行引导。

  托幼机构在对教师进行家长工作指导的过程中,应着重培训教师对谈话策略的使用,例如,明确每次交流的目的;与孩子家长交流沟通需要避免随意性和情绪化;在交流之前应思考如何切入主题,如何开展交流;说话要有艺术性,可以先说孩子好的方面,然后再说孩子不足及需要改进的方面。

 案例

心灵的沟通

  今天,我负责上午班的保教工作。早晨,旋旋家长送幼儿来园后,我对他说:"你家旋旋生活自理方面不太强,衣服到现在还不能自己穿,眼看天冷了,这几天在家教一教她。"

没等我说完,这个家长就打断道:"到这里来的幼儿是不是都会自己穿衣服?"我说:"是的。"她又说:"她是独生子女,在家里当然由大人帮她穿。"接下去又说出很难听的话。当时我听了很生气,同时也感到很委屈。可事后,我冷静想一想,是否我哪里没处理好?在下午备课时,我就把这事同大余老师讲了,大余老师听后分析道:"对家长提出配合的要求,可以从各个角度去提,比如可以从体谅大人方面去讲,让孩子做些力所能及的事,大人就可以省些力;也可以从孩子方面去讲,孩子多做事也会变得聪明;也可以先说些孩子进步的地方,再提些希望,这样家长就容易接受。如果一针见血地指出孩子的缺点,家长就不容易接受了。"这件事带给我很大的启发。

(三) 托幼机构将家长工作制度化

托幼机构负责人为保证家长工作取得成效,需要将家长工作制度化,以条文的形式不断使家长工作固定下来,使之纳入正轨。托幼机构的家长工作制度主要包括全园家长会和分班家长会制度、家长开放日制度、日常性的家园联系制度、家访制度以及家长委员会制度等。此外需要建立制度的监督和检查机制,通过制度的执行实现其对家长工作的调控和管理。

(四) 托幼机构科学引导家长行为

现代托幼机构将家长视为重要的人力资源,家长不仅是托幼机构服务的对象,更是教师重要的合作伙伴。科学的托幼机构管理观念,远远超越了"家长是上帝,不要惹家长"等狭隘的、充满功利色彩的经营观念。托幼机构在处理与家长关系时要注意以下策略。

1. 托幼机构应防止家长在园内出现不妥行为

家长出入托幼机构的时间虽然短暂,但他们在托幼机构里的行为举止,是不可忽视的教育影响因素,从"儿童至上"的原则出发,托幼机构必须防止家长出现不当行为,如家长委员会制定"家长规范"条款,禁止家长在园内吸烟、大声喧哗、说脏话、乱扔垃圾以及直接插手孩子之间的矛盾和摩擦等。在制定和执行制度的同时,还要加大宣传教育的力度,从新生入园开始便将制度的重要性和必要性向家长详细说明,或者请家长签字执行,但要注意真正取得家长的理解和配合。

2. 托幼机构管理者应正确引导家长行为

优秀的托幼机构管理者除了应具备较高层次的专业知识水平之外,还必须具有较强的处理与引导家长工作的能力。

 案例

当家长行为不妥时的处理

在某幼儿园,两个要好的小女孩玩耍时,笑笑不小心用指甲将丽丽的前胸划破。傍晚,丽丽妈妈来接丽丽时看到女儿在哭,简单询问女儿后,就冲向笑笑大声斥责:"你这样对我女儿，我也让你试试。"并在笑笑的胸前留下了划痕。事件发生在一瞬间，教师未来得及制止。园长闻讯后迅速赶来。

园长对丽丽妈妈的行为进行了分析，认为作为成年人，出手伤害幼小的孩子是很不妥的，而丽丽妈妈则认为自己蛮有理："我这样做是为了教育那个孩子，平时我没让自己的孩子去打人，但别人伤了她，她只会哭不会保护自己，这样下去不是永远都吃亏吗？哪个孩子的父母不心疼呀？"园长承认园方工作存在失误，并进一步说明情况："两个孩子平时特别要好，笑笑不是故意伤害你的女儿，是在追逐玩耍时不小心划破她的。"然后客观地指出这与成年人出手打伤孩子完全是两种不同性质的问题。园长对丽丽妈妈说："你想过吗，你的言行不但伤害了笑笑，而且对自己的孩子和其他的孩子会造成什么样的影响？如果你是笑笑的父母，你能容忍别人这样对待自己的女儿吗？像你这样保护女儿，她还能有朋友吗？还能有机会面对问题和自己解决问题吗？"

园长的一席话，使丽丽妈妈彻底冷静下来，她认识到自己一时失态的严重后果，并主动征求园长的意见，自己接下来该怎么办。紧接着教师打电话告知笑笑家长事情发生的经过，先让他们放心，再上门家访。笑笑的父母十分通情达理，不仅没有责怪教师反而安慰她们。随教师回到幼儿园后，他们积极配合园方安抚女儿，对笑笑解释说："阿姨不是成心的，大人犯了错想改正，小朋友也要原谅她。"他们说，很心疼自己的女儿，但理智的态度应是防止矛盾升级和事态扩大，以免孩子们再受伤害。

园长将笑笑父母的意见转达给丽丽妈妈，她开始深深地自责。几天后，她主动买了一个漂亮娃娃送给笑笑，把笑笑抱在怀里，边流下愧疚的眼泪边说："阿姨错了，对不起你。"丽丽妈妈真诚地希望孩子能原谅她。在场的人都被感动了，两个女孩的关系和好如初。经历了这件事后，丽丽妈妈深感园方处理得当，真正帮助和教育了自己，此后便积极主动配合园方的工作，成为一位热心的家长。

该事件中的园长，事情发生后能迅速做出一系列反应，如安抚幼儿、与当事人谈话、家访、促成各方谅解等，环环紧扣，安排得当，有理有节，迅速巧妙地化解了矛盾冲突，体现了管理者极强的应变能力和决策能力，不仅将孩子们心灵受伤害的程度降到最低，将消极影响和损失降到最少，还给个别家长以深刻的启迪，促使他们调整或纠正不当的行为方式。

(五) 托幼机构妥善处理并总结突发事件

托幼机构管理者对突发事件及时总结，并预见到今后存在的各种可能性，及时调整管理思维，修补疏漏，对于日后改进工作、完善管理制度、避免类似问题的发生、最终提高托幼机构的管理效能具有重要意义。这种能力在情况复杂的家园工作中尤为重要。

案例

麻烦的彩色印迹

一天下午美术活动后,孩子们正在收拾绘画用品。开开一边收拾,一边玩着记号笔,一不小心画在了同桌妞妞的脸上。这时,妞妞的奶奶来接孩子了,主班教师肖老师赶紧和妞妞的奶奶一起带妞妞去盥洗室清洗,却发现印迹很难一下子洗掉。尽管肖老师诚恳地道歉,奶奶的脸上仍写满了不悦。回家后,奶奶想尽办法要把妞妞脸上的印迹洗干净,把香皂、洗面奶、药皂全用遍了,还要用酒精消毒,结果把妞妞的脸洗破了。妞妞疼得大哭,一家人又气又急,认为都是开开的错。妞妞爸爸气冲冲地打电话找肖老师,说要找开开的家长谈谈。肖老师在电话里再次向妞妞爸爸表达了歉意,还劝导他孩子之间偶尔有些小摩擦很正常,由于孩子年龄小,他们往往不能很好地控制自己的动作,开开绝非故意,希望家长能够谅解。妞妞爸爸无意责怪教师,但坚持要和开开的家长谈谈。

之后,肖老师根据平时对双方家长性格脾气的了解,与开开妈妈进行了沟通。肖老师首先自我批评:"由于我们工作的疏忽,发生了这样的事情。"然后劝慰开开的妈妈。事情发展成这样,不能全怪开开。将心比心,妞妞很无辜,家长生气也是可以理解的。虽然妞妞的家长也有一定的责任,但整件事是开开引起的。现在最重要的是得到妞妞家长的谅解,希望您能和妞妞的家长好好谈谈,诚恳地道个歉,相信妞妞的家长会理解的。第二天,妞妞爸爸感受到开开妈妈真诚的态度也就不再说什么了,临走时还向肖老师致歉,说麻烦老师了。开开妈妈很感谢肖老师,表示一定会配合教师教育开开,就这样,一场干戈顺利化解。

四、托幼机构家长工作的形式与方法

托幼机构家长工作形式包括集体方式、个别方式、家长委员会和家长学校。不同的家长工作形式,需要采取不同的方法。

(一)集体方式

1. 家长会

家长会是托幼机构普遍采用的一种家长工作方式,有全园性的、年级的与班级的,还有不同类型的家长会。全园性的家长会议要求全体家长都参加,一般安排在学年(或学期)初与学年(或学期)末,这种家长会的内容大多是向家长报告托幼机构的工作计划,汇报教育成果及向家长提出要求等。年级家长会则是向家长报告本年级教育工作计划,特别是讲解这一学年(或学期)的教育目标和家园合作教育的要求,并可组织讨论,听取家长的意见和建议。分班家长会更具有针对性,便于家长与教师双向交流,共同研讨有关孩子的保教问题。家长会的形式不拘一格,主要应注重实效。

托幼机构可以在学期初、学期末,或是依据需要和计划召开家长会,报告园所或班级工作情况,提出一般性教育要求,回答家长普遍关心的问题,也可以通过家长会有针对性地征求家长意见,或使家长了解园所、班级面临的实际问题与困难。托幼机构学期初的家长会一般要向家长介绍具体的教育计划,借此机会,宣传保教精神,听取家长们对本班保教工作的意见和建议,解答家长提出的一些问题,使家长以主人翁的态度参与班级工作。学期末的家长会一般以口头形式或表演形式向家长汇报孩子们在这一学期的变化和进步,同时对各位家长一学期来支持和关心班级工作及在教育孩子方面做出的种种努力表示感谢。在学期的中间可以不定期地根据需要召开部分家长会,例如自理能力较差幼儿家长会、进餐速度慢幼儿家长会、口语表达能力较弱幼儿家长会等,这种家长会,一般先让家长观看活动,让家长看到自己孩子存在的问题,产生一种紧迫感,同时,通过观看活动,让家长学习解决问题的方法,再通过家园配合,使全班孩子都得到协调发展。

2. 家长开放日

托幼机构可以在节假日或定期举行开放日活动,请家长来园、来班观看或参加活动,如"六一"儿童节、新年之际的联欢活动。一些托幼机构请家长参加班上孩子集体生日庆祝活动,或是举办春季亲子运动会,这些活动颇受家长欢迎。开放日的活动可以使家长以直观的方式了解托幼机构的教育内容、方法,直接看到孩子在园的表现,了解教师的工作情况;家长来园观摩并参与活动,能增进与教师的相互理解,因而有益于相互配合;家长开放日活动也为扩大学前儿童的社会接触提供了机会和条件。

托幼机构的开放活动,能达到丰富家长的感性认识、帮助家长深刻了解孩子、全面认识教育活动、掌握教育规律的目的。家长在观察各种集体活动时,对比同一年龄儿童的行为和能力,从不同侧面认识自己的子女,能更客观地分析和改进家庭教育。在家长开放日举行体育运动会、独立生活能力竞赛等,可使家长进一步认识到幼儿教育的科学性、趣味性、复杂性。家长开放日不仅要求托幼机构妥善安排开放的时间,还要全面考虑开放的内容,如让家长观看环境的布置、教育教学活动、儿童自由活动等,此外还要正确评价开放的效果,不追求表面上的热热闹闹,而是看家长的教育能力是否真正提高。

3. 亲子活动

有的托幼机构亲子活动仅仅将教育对象理解为孩子,而忽视了家长的指导,认为家长只是旁观者,坐在旁边看孩子或协助自己的孩子。随着教育观念的不断转变,托幼机构开始重视家长参与教育的重要意义,认识到家长是学前儿童教育的主体,所以托幼机构在组织亲子活动时改变以往的旧模式,通过发放邀请函,让家长了解亲子活动的目标、活动过程中应注意的问题、如何引导幼儿以及面对突发事件所应采取的措施,从而提高亲子活动中家长指导的实效性和针对性,发挥家长在学前儿童教育中的主体作用。

4. 黑板报和橱窗等传播媒介

托幼机构可以以班级为单位开辟家长园地或黑板报等，通知消息、传达信息、宣传科教知识。例如，向家长介绍托幼机构或班级教育计划、活动安排；结合各月重点并针对家教中存在的一些带有普遍性的问题，宣传科学育儿知识、指导方法；介绍家教经验；设置全园性的橱窗、墙报、板报，向家长宣传科学育儿的知识，介绍教育家的名言，公布作息制度、食谱，推荐儿童玩具、读物，陈列集体活动照片、儿童作品等。条件较好的托幼机构，还可专设家长室，陈列有关家庭教育方面的书籍和材料，或将图书室定期向家长开放，让家长借阅教育图书或报刊；有条件的托幼机构，还可以根据需要印发一些文字材料等，运用传播媒介，积极宣传，引导家庭教育科学化。

5. 家庭教育讲座

托幼机构应有计划、有步骤地为家长举办各种科学育儿的讲座和报告，系统地向家长介绍学前教育的知识，提高家长的教育能力；定期请儿童保健专家、心理专家、教育专家开设讲座，也可由园所负责人、教师、家长自己主讲，把重点放在儿童的全面发展上，或放在家长素质的整体提高上。家庭教育讲座采用讲授为主、答疑为辅、先讲授后答疑的形式，或采用讲授和答疑并重、边讲授边答疑的形式。

6. 辨析评论会

托幼机构可就家庭教育中一些常见的现象和问题，开展辨析评论会，本着开诚布公的原则，通过辩论，使家长分清是非和对错，自觉地接受教师提出的教育建议，以改进家庭教育工作。要想顺利地召开一次辨析评论会，托幼机构必须深入了解家长的心态和困惑，广泛收集家长感兴趣的话题，为确立辨析的主题做好前期准备；给家长提供相应的图书资料，使家长能自己获取有关的信息，做好讨论的知识准备；把各种讨论的主题公布出来，让家长自由选择小组参加讨论；一个时期可只安排一个讨论题，也可同时安排几个讨论题；选好讨论的主持人，让有相关经验的教师来担当这一角色；确定讨论的时间和地点，便于家长参加和讨论；安排好辩论会的形式，尽可能运用一些现代化教育手段来辅助讨论，达到生动直观的目的；请好辩论会的点评人，这往往由有一定知名度、精通学前教育的人来担当，如园所业务负责人、教研组长、高级教师等。

 案例

别开生面的趣味辩论会

蓝天幼儿园上周举办了一场别开生面的趣味辩论会，辩论会的主题是"淘气宝贝不用怕"。幼儿园针对家长经常遇到的问题展开充分讨论。

会议中，东东妈妈说，东东每次来到商场的时候都想要买玩具，一次他想要一把手枪，我说家里有，没有马上去买，他便哭闹。于是，我对东东说，家里边有就不可以再买了，再说，你的手里不是还有玩具吗？东东见我这样说，哭声不但没有停反而更加大了，并动手打我。看着他可怜的样子，我实在不忍心了，于是妥协了，答应他去买，东东这才止住了哭声。每次妥协后我都很后悔，知道这样教育孩子是放纵了他的任性，但作为一名母亲，看见他可怜的样子，心里又很舍不得，我应该怎么办呢？

柏弓爸爸也提出了自己的问题。前几天，柏弓到姥姥家吃饭，姥姥做了一盘海鲜，放到桌子中央，柏弓很不高兴，因为他很喜欢吃海鲜，姥姥却没有放在他的面前。对于这样的事情，我的心里觉得不舒服，却不知道应该怎样教育孩子。

对于家长的问题，家长展开了充分的讨论与辩论，家长朋友们各抒己见，有很多家长谈到自己在教育孩子过程中也存在相似的问题。经过家长热烈地讨论之后，教育专家也参与其中，帮助家长掌握了正确的教育方法。

7. 家长沙龙

家长沙龙是托幼机构指导家庭教育的一种新形式，它不像家庭教育讲座、家长会那么正规、严肃，它使家长在自由轻松的环境中，充分发表自己的见解，倾听其他家长、教师和教育专家的看法，在不知不觉中受益。例如，托幼机构中有的孩子母亲是典型的"女强人"，她们工作繁忙，事业有成，对孩子的教养问题过问较少，几乎不接送孩子。据此，可组织母亲沙龙，就母亲们关心的话题展开讨论，然后由教师、园所负责人给出相应的解答，并做出总结性的发言。

8. 网络平台

随着科技的发展和信息时代的到来，越来越多的托幼机构已经不满足于上述传统的家园联系方式，而是充分利用网络这个新平台。然而，网络这个新的沟通平台也给托幼机构的家长工作乃至整个公共关系管理工作提出新的挑战。

 案例

都是"网络"惹的祸

看到越来越多的幼儿园通过网站论坛等形式实现家园沟通，某幼儿园朱园长也建立了自己幼儿园的网站。可正当园长惬意的时候，问题发生了。一天晚上，朱园长登录幼儿园的网站浏览，当她浏览到中一班的网页时，看到了一些幼儿过生日的照片，那些嘴上沾满了生日蛋糕的幼儿像一个个花脸的小猫，引得朱园长不由得笑起来。可是，她的笑容渐渐消失了，因为她看到了这样两条帖子。第一个帖子上写着："我是雯雯家长，在网页上的每张照片我都认真看过了，可是却不见我家雯雯的影子。不但过生日的照片里没有，就连班集体的照片里也没有。当雯雯从这些照片里找不到自己时，孩子非常伤心。"第二个帖子上写着："在孩子们的网站上经常能看见过生日的照片，孩子每次过生日都吃了不少蛋糕。可是，不知道各位老师和幼儿园的领导是否听到了生日蛋糕中含有反式脂肪酸的新闻报道？

中央电视台的焦点访谈栏目中就曾专门报道过，大量食用含有反式脂肪酸的人造奶油会对人体造成诸多危害。一般来说，如果一年吃一次生日蛋糕没有多大问题，但一个幼儿园班里有那么多孩子过生日，如果每次过生日都吃这种人造奶油的生日蛋糕，那么对孩子健康产生的危害可就大了。"

看到五花八门的帖子，朱园长有些吃惊。当初建立幼儿园的网站时，她并未想到会发生这些情况，只是想让家长多了解幼儿园的基本情况。如今，网上的各种声音让朱园长感到了新的压力，她必须思考，应该如何做好网上的家园联系。

本案例集中反映了托幼机构以网络平台为载体开展家园公共关系管理中的新问题。一方面，网络信息的公开可能导致一些意想不到的群体性反映。如案例中将孩子的照片上传到网上，本意是想让家长了解幼儿在园的生活情况，而意想不到的是家长会对照片中缺失雯雯和蛋糕中的反式脂肪酸问题产生如此大的反应。另一方面，通过网络，家长提出的意见与需求很可能存在分歧，需要托幼机构做出合理统筹与协调。本案例中，关于孩子如何过生日的问题，家长们提出了很多看法，幼儿园需要仔细考虑如何选择与判断。

面对网络平台出现的各种问题，要想更好地开展网络化家园联系工作，需要从以下四方面入手。首先，家长需要采用实名登录的方式。托幼机构只允许本园家长在本园中发言，且要采用幼儿的姓名登录，而不允许家长随意虚构姓名登录。其次，托幼机构要关注家长的意见与需求，及时给予家长必要的反馈。如果托幼机构只是想通过网络来扩大自己的影响，而忽视家长的意见与需求，那么网络便成了家长们抱怨，甚至发牢骚的场所，进而损害托幼机构的形象和公共关系。除此以外，托幼机构可以开设"网上园长信箱"，以便及时化解矛盾，避免一些潜在的危机。最后，托幼机构应不断更新网页内容，保持家长的兴趣和关注度。同时，教师还可以就家长们关心的某个问题开展网上主题讨论，使家长能从网络平台中获得更多的益处。

(二) 个别方式

1. 入园、离园交谈

托幼机构教师可以利用早晚家长接送孩子的短暂时间与家长接触，了解和介绍孩子情况，相互沟通，提出建议等。很多家长平时工作繁忙，没有太多的时间和精力关心孩子的在园发展情况，而早晚接送孩子时就是家长和教师相互沟通的一个良好的契机，且具有灵活的特点。

2. 家园联系手册

在托幼机构中，家园联系手册的运用较普遍。班级教师应为每个孩子建立一本家园联系手册，定期或随时与家长联系，互通信息，个别交换意见、建议，分享对有关孩子情况的看法，共同探讨个别教育的计划与措施。教师还可以结合其他形式，如通电话、个别面谈以及家访等，及时与家长沟通，增进联系。

3. 家访

托幼机构应要求教师有计划地对全体学前儿童及家长进行家访。家访的目的在于深入了解孩子在家中的真实情况，家长对孩子教育的认识、态度和方法，家庭及其周围环境对儿童身心发展的影响。针对个别儿童的具体表现，与家长共同商讨教育措施，同时介绍孩子在园的表现、进步与存在问题，争取家长与托幼机构的密切合作。

当儿童刚入园时，教师可以通过家访，了解孩子在家中的生活、卫生习惯，以便有计划、有步骤地引导孩子适应托幼机构的集体生活规则。如果教师不能对全部新入园的儿童进行家访，也可根据儿童体检表和家长登记材料，重点选择体力较弱、从未离家或家庭结构特殊的幼儿先访问，对于其余儿童则在入园后一月内尽快完成家访。

当儿童偶发疾病或意外事故或发现儿童有严重的行为问题时，教师应立即进行家访。教师应向家长详细介绍事情的经过，以亲切负责的态度，安定家长的情绪，讨论和寻求解决的办法。向家长谈及儿童的缺点时，也要肯定儿童的优点，并共同研究采取有针对性的教育方法等。家庭教育较好，儿童有明显进步时，教师需要通过家访帮助家长总结经验，加以推广。当儿童家庭发生重大变故时，教师需要给予安慰和协助；当儿童长期缺课时，教师需要了解原因；当家长对子女教育方法不当或教养态度有严重问题时，教师需要给予帮助，促使其改进。教师对家访应作简要的记录，若当面记录会影响与家长谈话的效果，可待回园后再追记。经常性的家访记录可作为教育工作的参考，有利于提高教育工作的质量。

(三) 家长委员会

家长委员会是以家长代表为主体构成的家园共育组织，是连接家庭和托幼机构的桥梁和纽带。家长委员会可以及时反映家长对托幼机构工作的意见和建议，同时可协调家长间、家长与托幼机构之间的关系，加强家长之间的联系，协助托幼机构做好家长工作。家长组织的建立，还可以较好地发挥家长作为重要教育力量和教育资源的作用，配合、参与托幼机构的教育与管理，帮助和促进托幼机构工作的不断改进。家长委员会由家长代表组成，要注意维护广大家长的权益，并应当成为民主管理托幼机构的组织形式。在全园家长委员会下，还可以按班级设家长小组或班级家长委员会，负责班级家长联系工作，形成完善的组织网络。家长委员会要与托幼机构共同商议工作计划，并监督检查执行情况，从而参与托幼机构管理。家长委员会还可通过参加膳食委员会、卫生委员会等组织，对托幼机构各项具体工作发挥协助、监督作用。在托幼机构负责人的指导下，家长委员会可以以自己的名义定期或不定期地举行各种活动，如以全园家长委员会或班级家长小组的形式召开有关教育问题的研讨活动，交流家庭教育的经验，还可以开展推荐好书或科教读书会活动。家长委员会还可以组织家长参与园所活动，让家长依各自意愿或特长参与园所教育教学或协助园所做相应的工作，如担当保教助理、制作玩教具、维修设备等，组织和利用家长资源，协助托幼机构做好工作。

(四) 家长学校

家长学校主要功能在于帮助家长学习科学育儿知识，进行家教咨询和家长培训，提高家长科学教育子女的自觉性。幼儿机构可以按儿童年龄将家长分班，或是根据家长类型分班，针对不同教育对象或教育者的特点分别进行培训。家长学校可以系统地向家长传授科学育儿知识，指导家庭教育中存在问题的处理方法；又可以根据家长的要求或家教中的误区举办各种专题讲座；也可以组织家长就共同关心或感兴趣的问题进行交流、研讨。家长学校的对象不限于在园孩子的家长，可以扩大到社区范围内的幼儿家长。

第三节 托幼机构与社区的关系

社区是若干社会群体或社会组织聚集在某一个领域里所形成的一个生活上相互关联的大集体，是社会有机体的基本组成部分，是宏观社会的缩影。一个社区应该包括一定数量的人口、一定范围的地域、一定规模的设施、一定特征的文化、一定类型的组织。社区就是这样一个聚居在一定地域范围内的人们所组成的社会生活共同体。社区的地方性，以其特有的地理环境、经济文化、生活习惯、风俗等对社区内的教育以及幼儿教育产生很深的影响。

一、托幼机构与社区关系的意义

托幼机构与社区是一种互惠互利、双向服务的关系。社区的托幼机构可以为解决社区内居民子女的教育需要服务，为家长服务。而社区也为幼儿教育提供了教育资源、设施和人力、财力等的支持。托幼机构在社区中发挥自身作为专门教育机构的优势，向社区辐射教育功能，例如节假日向社区开放，允许社区的儿童利用园内的设施；举办幼儿教育讲座，提高社区家长的教育水平；协助社区开展各种教育活动等。

社区文化通过多种途径影响托幼机构，托幼机构应当积极地吸取优秀的社区文化，将之转变为托幼机构自身的无形资产。托幼机构通过社区活动和园内教育活动的结合，可以同时促进儿童素质和社区文化发展。例如有的托幼机构开展环境教育，鼓励学前儿童参加废物利用、节约水电、爱护公共环境等活动，结果会给社区环境保护活动以积极的推动。

托幼机构可以充分利用社区资源，广泛动员并组织协调各方面的力量，发展幼教事业，为更多学前儿童提供受教育机会。

托幼机构处于一定的地域范围，即社区之中。社区是托幼机构生存和发展的基本环境，是管理活动面临的社会现实。《幼儿园教育指导纲要》指出，要充分利用自然环境和社区的教育资源，扩展幼儿生活和学习空间，幼儿园同时应为社区的早期教育提供服务。这充分说明学前教育与社区教育息息相关，社区在学前教育中扮演着重要的角色。因此，托幼机构与社区良好关系的形成，可使托幼机构的发展获得更大的空间、更多的机会。这种良好关系的形成有赖于托幼机构管理者开展积极、主动的社区公关工作。

二、托幼机构与社区关系建构的策略

(一) 完成自身职责，为所在社区服务

托幼机构作为保教工作的机构，其根本任务在于通过高效优质的服务促进幼儿身心健康发展，为培养一代新人奠定良好基础，为社会服务并不断满足社区和社会的需要，不断为家长服务。托幼机构还肩负面向社会宣传的重任，即向所在社区及成员宣传正确的教育观，不断普及科学育儿知识等。通过组织讲座、家长委员会等对社区家长进行培训，帮助家长解决教育的困惑，从而提升整个社区的教育观和儿童观等。

 案例

开放式幼儿园

某幼儿园利用园内操场的小舞台举办了消夏晚会，吸引社区的孩子和家长们来园观看，参加晚会的家长和儿童共200多名。消夏晚会利用了幼儿园的资源和场地，丰富了社区的文化生活，也为社区儿童提供了展现自我的机会。同时，该园还利用自身的资源优势开展科学育儿知识讲座，不仅请了在本园就读的孩子家长，还请来了散居在该社区的其他孩子家长参加活动，帮助家长树立正确的儿童观、教育观，这些举措深受社区居民和家长的欢迎。

该幼儿园充分利用自身的艺术优势开展消夏晚会，不但丰富了社区人们的生活，也服务于社区的公益事业和精神文明建设。幼儿教师都是能歌善舞、具有较高艺术修养的人，幼儿园充分利用这一优势，主动服务于社会公益事业和社区精神文明建设。

案例中，该园举行的育儿知识讲座是家园合作的有效途径之一。幼儿园的任务是实行保育与教育相结合，对幼儿实施体、智、德、美全面发展的教育，促进幼儿身心和谐发展。幼儿园同时为家长工作、学习提供便利条件。因此，托幼机构在社区中应尽可能考虑家长的需要，多为家长提供育儿知识，使儿童不但在园内接受优质的教育，在园外同样能够接受优质的教育。

(二) 托幼机构教育资源的社区共享

托幼机构需要不断挖掘利用本园资源，实现资源共享，提高为社区和儿童服务的意识和效率，一方面将教育资源看作社区资源的组成部分，适当开放托幼机构园舍等资源，发挥社会效益；另一方面可以组织文娱体育活动，丰富社区文化生活。托幼机构作为文化机构的组成部分，需要注意发挥其在社区文化方面的影响作用，以教师楷模的形象发挥精神文明辐射的功能。托幼机构教师和管理者要积极参加社区公共事务和社会公益事业，增强和社区的交流互动。

案例

面向散居儿童开放办园

北京市新街口某幼儿园是一所街道园，在经费不足、生源偏低、生存条件极端恶劣的情况下，该园响应社区教育的号召，面向散居儿童开放办园，成为区里开展社区学前教育的典型，使得该园的生源不断增加，社会声誉逐步提高。该园园长刘园长向我们介绍了她的办园经验。

刘园长通过学习意识到社区幼儿教育不仅能利用社区资源，让社区为幼儿园服务，还应将幼儿园的教育资源与社区共享，使幼儿园与社区形成双向互动、互惠互利的关系。思想观念先进的刘园长将学到的理论融入实践，边实践边摸索。

刚开始，他们的教育对象主要是散居儿童，利用双休日将园内的大型玩具向散居儿童开放。但在实践中，他们发现这种方式收效不大。对散居儿童教育的关键是施教于他们的家长。之后，刘园长设立园外辅导员，由有经验、水平高的教师充当，园外辅导员每星期轮流进社区讲课，刘园长还组织教师对社区散居儿童的家庭教育情况做了调查，办起了"家教之窗"，并利用业余时间对家教薄弱户进行入户指导，免费为家长提供各种幼教刊物。刚开始时，很多家长不理解，总觉得教育孩子是自己的事，幼儿园这么热心是别有企图，因此对去辅导站听课不积极，对入户指导的教师也不热情。但刘园长并不气馁，她充分发挥居委会的作用，建立例会制度，明确了幼儿园与居委会各自的分工职责。通过多方面的努力，家长听课的积极性提高了，带孩子参加活动的次数增多了，逐渐懂得了科学育儿的理论与方法，同时幼儿园也从中受益。针对社区学前教育收到的良好的社会效益和经济效益，刘园长深有感触地说："幼儿园不能关起门来办，只有依托社区、开放办园，走幼儿教育社会化的道路，才会有前途。"

案例中的幼儿园充分利用园内的各种教育资源，发挥了正规教育的主导作用。幼儿园能在经费不足、生源偏低的情况下，把自己的资源优势充分发挥出来，面向社区开放，不但发挥了正规教育机构的主导作用，同时也充分体现了园长开阔的办园思路和富有远见卓识的眼光。为家长服务、为社区服务是托幼机构的一个宗旨,也是学前教育社会化的必然要求。托幼机构作为社区幼教基地,不应仅仅关注入园孩子的受教育情况,还担负着教育家长、教育社区内散居儿童的任务。社区幼儿教育能够为托幼机构带来社会和经济双重效益,是使托幼机构和社区内的居民双受益的好事。刘园长正是在办社区教育的过程中一步步转变思想观念,变被动为主动,慢慢地带动起整个社区学前教育的发展,也充分体现了社区学前教育的意义和作用。

托幼机构通过面向社区开放,提高了托幼机构的知名度,给托幼机构注入了生机和活力,最明显的表现就是生源增多。因为托幼机构向社区开放,广大家长和幼儿走进了托幼机构,了解了托幼机构。托幼机构通过为社区提供服务,得到了家长的信任以及孩子们的喜欢,而参与活动的社区儿童,当他们到了入托年龄时,家长愿意把孩子送到自己了解和信任的托幼机构。同时,社区里的幼儿经常参加托幼机构的开放活动,到了入托年龄时,对托幼机构已不再陌生,这将大大缓解幼儿的入园焦虑。无论从哪个方面看,托幼机构向社区开放都有利于托幼机构的长远发展。

(三) 托幼机构经常与社区沟通交流,获得社区支持

托幼机构主动加强与社区内各居委会的沟通与联系,争取他们的合作与支持。托幼机构需要深入发掘社会和社区中的教育资源,争取获得广大家长和社区中各方面人力、物力、财力及智力等方面的支持,努力提高幼教质量,为家长和社区服务;大量收集社区部门或企事业单位符合幼儿园卫生、安全要求的物资等;充分开发利用社区内公共设施等环境条件;争取获得社区内的团体或个人的资金支持等。总之,托幼机构与社区之间需要经常沟通交流,争取支持,群策群力,共同促进儿童的健康发展。开发和利用社区的教育资源可通过以下几种渠道来进行。

1. 利用社区的人力资源

利用社区的人力资源,对学前儿童进行特殊知识、技能的培养与教育。社区的人力资源包括社会人士、学生家长等。托幼机构可以邀请他们参加某些活动,在活动中发挥他们的智力优势,协助教师组织学前儿童活动,在活动中对儿童进行教师所无法完成的教育内容的教育;也可以聘请有特殊专长的人士走进托幼机构的课堂,为学前儿童传授某些专门的知识和技能,例如聘请社区的园林专家、画家、插画师等,为孩子们开展专门的活动,以弥补托幼机构教师技能的不足。

2. 利用社区的自然资源

利用社区的自然资源,对学前儿童进行基础科学知识和实践技能的培养与教育。社区所处地域一般都蕴藏着各具特色的自然景观、地形、动植物等自然资源。这些资源为托幼机构组织户外的科学教育活动、科学探究活动、教育实践活动等提供了丰富而便利的条件。只要托幼机构能充分地开发和利用好这些资源,就会对学前儿童教育发挥玩教具无法替代

的作用。

3. 利用社区的人文资源

利用社区的人文资源,对学前儿童进行社会常识和社会文化的教育。社区的人文资源主要有社区内的居民、服饰、建筑、音乐、民俗等,这些可以帮助学前儿童丰富社会常识,提高对社会的认识能力。

4. 利用社区的体育设施

利用社区的体育设施,加强学前儿童身体素质的训练。社区中为了满足居民的健身需要,一般都建设了许多体育设施,这些体育设施品种齐全,能满足各方面健身的需要,而这些设施又是托幼机构难以置备齐全的。

5. 利用社区的组织资源

利用社区的组织资源,对学前儿童进行情感教育、兴趣和习惯等的培养。社区中的组织资源包括各种文化机构(如图书馆、博物馆、艺术馆、教育资源等),卫生机构(如医院、诊所),慈善机构(如福利院、养老院),交通机构(如汽车站、火车站等)。托幼机构可以组织学前儿童到博物馆参观;组织学前儿童到福利院、养老院慰问,对孩子进行献爱心的教育,培养儿童高尚的情感;充分利用图书馆、艺术馆、教育资源馆等,对儿童进行良好学习习惯的培养与训练。除此之外,托幼机构还要充分利用车站、邮局、医院等机构,对儿童进行社区规则和基本社会生活技能的培养与教育,提高学前儿童的社会适应能力。

 案例

社区资源的有效整合

某社区幼儿园因地方狭小,没有园内运动场地,从建园以来便开始尝试开展户外体育活动,从原来漫无目的寻找可运动的场所,直至有目的地合理寻找使用运动场所。在与社区不断的沟通中,社区内有几块区域已成为该幼儿园户外运动的固定区域。

场地一:小圆坛

小圆坛四周有石头、草地、树木、花丛等,幼儿可以按自己喜欢的方式进行运动,让自己的主体性得到充分发展。

场地二:中央观景台

园所门口有一块圆形的场地,左侧有三格看台,右侧是社区的运动器械,旁边还有一小块斜坡和一条石子小路。根据这块场地的独特性,园所开展与之相匹配的体育活动——赶小猪、运沙包、跳轮胎等。

场地三:遮阳亭

遮阳亭是幼儿园门口的一个凉棚,周边还有许多可以利用的葡萄架、长廊等,园所与之相结合创设真实的生活场景，通过种植葡萄与丝瓜，让幼儿在这样的生活场景里感受植物的生长变化，培养幼儿的动手、动脑能力。

场地四：崎岖小径

园所门口有一条环绕在花丛周围的弯曲小路，小路的路面材料略有不同。园所根据路面材料的不同、路线的变化，设计了与之相匹配的体育活动——滑板车，让幼儿感受滑板车在不同的路面上行驶的速度变化，了解不同场地上需要用多大的力度才能顺利滑行，体会在哪种路面上滑行要控制滑板车的速度等，使孩子们在探索中运动、在运动中获得成长。此外，在这块场地上还设计了 F1 赛车、推小车、螃蟹爬等体育竞赛性游戏。

案例中，每块社区场地都各有特点，有小型场地，有大型场地，有小区原本拥有的自然物和小区设施的场地，园所都尽可能凸显其优势，形成了开放和互动的局面。这样运动形式更丰富多彩，活动空间更大，激发了幼儿参加体育运动的兴趣，增强了幼儿的运动能力。许多托幼机构都建在社区之内，户外游戏场地有限，但只要托幼机构与社区有效沟通，深入挖掘社区中的有效资源，可以起到事半功倍的作用。

(四) 托幼机构主动做好社会协调，发挥整体效益

托幼机构负责人一方面需要认识并处理好托幼机构与社区的关系，统筹托幼机构内部和外部条件的关系、托幼机构与家长的关系等，实现社会协调。另一方面需要以教育的主导作用为主，协调托幼机构与教育领导部门、优质托幼机构和非正式教育机构的关系，促进共同发展。此外，还需要将社区学前教育纳入社区教育的综合体系中，争取得到各级各类教育行政部门和群众的大力支持，根据所在地实际情况制订发展规划，有效利用社区的各项资源和环境等。

第四节 托幼机构与其他部门的关系

一、托幼机构与上级教育行政部门的关系

教育行政是政府的一种职能，是国家通过政府中的教育行政部门对教育事业进行的组织、领导和管理。教育行政能保障全体公民的教育权利，促进社会教育事业的发展。它具有领导、服务和监督三个方面的功能。教育行政具有政治性特点，教育行政主体代表国家行使行政权力，体现国家统治者的意志，通过教育行政管理和调控，保证教育的发展方向，培养特定的社会接班人等。教育行政作为教育管理的重要活动，具有很强的教育专业性，教育行政的内容主要有三个层面，即制度层面、管理内容层面和方法层面。制度层面包括教育行政的体制、教育行政的机构以及学校教育的制度；管理内容层面包括课程行政、人事行政、财务行政和设施管理；在方法层面，教育行政工作者要通过立法与执法、规划、

指导、评估等手段,来推动教育事业朝着预定的目标发展与前进。学前教育行政是指在教育行政管理中,以学前教育领域的行政管理为基本内容的行政活动。

(一) 教育行政部门对托幼机构发展的影响

托幼机构的上级教育行政部门主要是指各级地方教育行政部门。有些托幼机构行政工作归主办单位管,业务工作归教育行政部门管理,有的托幼机构行政、业务工作均归教育行政部门管理。行政主管部门和业务主管部门与托幼机构是上下级关系,托幼机构要接受上级领导的监督、检查,虽然目前托幼机构的办学自主权有所扩大,但上级部门仍能运用政策、法规、信息等手段从宏观上调控托幼机构。教育行政部门不仅掌握着政策制定权,也为托幼机构提供财政、科研等方面的支持。作为下级的托幼机构,如果能得到上级教育行政部门的支持,赢得上级的理解与信任,那么托幼机构所获得的发展空间将会大大增加,因此托幼机构必须搞好与上级教育行政部门的公共关系,保持与上级教育行政部门的有效沟通。

上级教育行政部门对托幼机构发展的影响主要表现在如下两个方面:一是对托幼机构的行政干预。上级教育行政部门根据法律规定,可以限制托幼机构行为或要求其承担一定义务,对托幼机构办园行为进行领导、控制,通过制定教育发展规划、方针、政策,并检查教育发展规划、方针政策的执行情况来强制托幼机构沿着正规轨道发展。二是对托幼机构的支持协助。上级教育行政部门对托幼机构的保教工作给予技术上、专业上的指导与建议,或给予经费补助,主要包括教育督导、教育经费拨发、提供师资培训或信息服务等,从而支持、协助和促进托幼机构发展。

(二) 托幼机构处理与上级教育行政部门关系时应注意的问题

1. 提高托幼机构工作质量

办学质量将决定托幼机构与教育行政机关交往中是否有更多发言权,决定托幼机构能否赢得更多的关注,得到更大的支持。正因如此,托幼机构管理工作者必须全力使托幼机构工作向好的方向发展。

 案例

验收通过以后

对幼儿园来说,评级验收是园所较为重视的问题。某市二园便在验收检查工作前做了大量的准备工作,甚至停课,花费大量时间、人力、物力按照评级标准对园所进行了改善,以致影响了幼儿园的正常教学工作。终于,二园顺利地通过了验收。园长如释重负,说:"教职工也可以歇歇了。"

托幼机构的分级分类评审是教育行政部门的一种宏观调控手段，对托幼机构来说，评审标准可以作为园所的一种短期目标，但不能将其作为园所的长远目标。而且，迎接验收必须以扎实的日常工作为基础，决不能靠临时突击。该园在检查通过之后又"松懈"下来，其原因是未能树立园所发展的长远目标，同时也未能真正领会教育部门验收的真正意图。

目前，许多托幼机构都存在上述现象，使得教育行政部门的宏观调控未能起到真正的作用。所以，各托幼机构应正确对待上级部门的验收检查活动，树立一个真正适合托幼机构长远发展的目标，使每个园所都能通过上级教育行政部门的宏观调控有进一步的提高。

2. 重视信息方面的沟通

作为托幼机构的管理者，要创造一切机会，在托幼机构办学目标的确定、工作计划的制订、重大项目的决定、学期工作的开始与结束时，主动向上级教育行政部门的领导请示和汇报工作，征求他们的意见。托幼机构管理者应主动与上级教育行政机关进行工作沟通，以使他们对托幼机构工作有全面的了解，争取托幼机构各方面工作获得他们的支持和帮助。

3. 在各种活动中与上级教育行政部门积极互动

上级教育行政部门每年都会面向托幼机构开展教育活动竞赛评比、师资培训、运动会等活动，托幼机构要积极参加这些活动，并在活动中有突出表现，给上级教育行政部门留下深刻的印象、良好的形象。

托幼机构还可以邀请教育行政部门人员参加托幼机构的各项重大活动，例如"六一"儿童节活动、建园纪念庆典、科研课题的开题与结题仪式、教师节活动等。这样既有利于托幼机构工作的开展，也拉近了与上级教育行政部门之间的距离。在托幼机构举办面向社会大众的大型园内主题活动、园外的社会公益性活动时，必须事先由托幼机构负责人亲自到上级教育行政部门或主管部门邀请主要领导参加活动，并递上请柬。邀请时，负责人要认真介绍活动的目的、意义、活动的内容及组织形式，清楚告知活动准确时间，并郑重邀请领导为活动剪彩、讲话。

4. 重视情感方面的沟通

托幼机构工作者与教育行政机关人员保持良好的交往关系是十分必要的。当然，这里所讲的良好交往关系需要建立在托幼机构工作者自身良好的德能之上，这种良好的关系更多的时候是靠托幼机构管理者的人格魅力获得的。

此外，要想使托幼机构长期发展，托幼机构还要处理好与卫生、计划、财政等部门的关系。这些部门对托幼机构的发展具有至关重要的作用，例如卫生部门负责拟定有关托幼机构卫生保健方面的法规和规章制度、财政部门负责会同有关部门研究制定有关学前教育事业经费开支的制度和规定、城乡建设环境保护部门负责统一规划与居住人口相适应的托幼机构设施。因此，托幼机构的长期发展需要社会各个部门的支持，托幼机构的管理者应处理好这些关系。

二、托幼机构与新闻媒体之间的关系

新闻媒体是指信息表示和传播的载体。当今社会,新闻媒体是各种组织必须面对的公众,它有其自身的特殊性。当前新闻媒体主要有报纸、广播、电视、互联网、杂志和手机。托幼机构与新闻媒体保持良好的公共关系,对托幼机构树立良好的形象和与其他公众之间保持一种理解、支持、信任、合作的关系都是必不可少的。托幼机构与新闻媒体的关系应注意以下几个方面问题。

(一) 把握新闻媒体的需求

要抓住报纸、广播、电视、互联网、杂志和手机等各种新闻媒体的特点,研究它们的需求。借助新闻媒体宣传托幼机构时,要做到内容符合媒体的特点和要求。

(二) 主动提供有价值的素材

托幼机构要及时向媒体提供具有积极意义的、代表现代教育理念和学前教育发展方向的事件、成果等新闻素材,主动邀请新闻媒体的从业人员参加托幼机构的重大活动,以利于及时宣传报道。

(三) 主动接受媒体监督

新闻媒体的舆论监督具有重要的作用。新闻媒体对于托幼机构各项工作的监督,托幼机构应当主动配合。尤其在出现托幼机构的负面报道时,管理者更应积极主动地听取新闻媒体的批评意见,及时纠正工作中的失误,并且借助新闻媒体挽回不良影响。

三、托幼机构之间的关系

当前,学前教育发展的不均衡问题,已被越来越多的人士所关注。实现园所间资源"合作、共享"是顺应时代发展所需要的,这不仅是托幼机构内教师携手并进、共同提高的重要途径,还是推进区域教育质量整体提高、促进区域学前教育均衡发展的有效举措。只有加强和开展托幼机构优质资源合作与共享,加强园所之间的学习与交流,才能使身边优质资源的作用最大化,从而实现优质教育资源的均衡发展。

 案例

互助中的共同进步

某一园是省级示范园,拥有良好的办园条件、高素质的师资、科学的管理和一流的保教质量,一直受到家长及教育部门的好评,很多家长希望能把孩子送到该园。然而示范园是国家重点扶持的极少数幼儿园,与之并存的更多的是硬件尚不过硬、软件尚不完善的普通幼儿园,甚至还有许多薄弱园。对周边幼儿园起示范、辅导作用,带动周边幼儿园的共同提高,就成为省级示范园的任务之一。

因此,为了响应国家号召,使全市幼儿园的整体水平有进一步的提高,一园充分发挥示范园的作用,努力帮助薄弱园改变面貌。从1998年起,一园与多所幼儿园结对子,开展起帮带工作,从园长培训到环境创设、从教学工作到科研工作,从各个方面分别加以指导,不断地加强园所间的交流,增加业务往来,提高教师素质,通过一园一系列努力,最终结对子的这些幼儿园都取得了较为显著的成效。

通过示范托幼机构对普通托幼机构的指导,从而提高托幼机构的整体水平,已成为当今托幼机构发展的总趋势。

示范性托幼机构通过开展一系列活动,如送教上门、开放示范活动、提供共同活动的机会等,提高了相关托幼机构教师的素质,改善了其教育观念,提高了其教育实践能力。此外,还可以在同等水平的托幼机构之间开展"园际教研"活动,进行交流合作,相互学习,共同成长,进而促进优质教育资源和经验的共享,同时进一步增强托幼机构的活力,实现优势互补,共同提高。托幼机构在园际交流活动中可多开展此类活动,使优质资源能够充分发挥其作用,为更多的学前儿童、家长及社会服务。

课后思考与练习

1. 什么是托幼机构公共关系?托幼机构公共关系包括哪些内容?
2. 托幼机构公共关系管理的职能是什么?
3. 托幼机构公共关系管理的原则有哪些?
4. 托幼机构家长工作的意义和内容有哪些?
5. 托幼机构家长工作的策略有哪些?
6. 托幼机构家长工作的形式和方法有哪些?请举例说明某一种方法。
7. 托幼机构教育与社区相结合的意义在哪里?
8. 托幼机构教育与社区关系建构的策略有哪些?请你为一所幼儿园或早教机构策划一份参与社区活动的方案。
9. 教育行政部门对托幼机构发展有何影响?
10. 托幼机构在处理与上级教育行政部门的关系时应注意哪些问题?
11. 托幼机构与媒体之间的关系应注意哪些问题?

第十章　托幼机构工作评价与管理

第一节　托幼机构工作评价概述

一、托幼机构工作评价的内涵和作用

评价制度的建立是托幼机构必需的工作内容和环节，它涉及园所工作的各个方面。客观有效的评价对于推动园所各方面的管理工作，提高保教质量十分重要，是维持托幼机构正常运转及取得更大发展的重要保证。

（一）托幼机构工作评价的内涵

评价是对价值的判断过程，是一种认识活动。托幼机构工作评价是教育评价的组成部分。它是依据一定的标准与程序，有目的、有计划、有组织地对园所的各个方面工作进行科学调查，收集、整理、处理相关信息，并做出价值判断的过程。托幼机构工作评价的目的是获得改进管理和保教质量的依据，促进教育改革，提高保教质量。

托幼机构工作评价是一个特殊的连续性的活动过程，有一系列的步骤。托幼机构工作评价的关键在于做出价值判断，即用一定的价值观对各种状态进行价值判断，进而选择评价活动中采用的各种各样的手段和技术，以收集、分析和处理各种信息，便于分析判断。托幼机构工作评价是对托幼机构工作的反馈和矫正系统。它通过不断地分析、比较、批判，对托幼机构工作进行全面的判断，并采取多样化的手段确保托幼机构工作的有效性。因此，评价不是终结，而是新的起点。托幼机构工作评价的主体是人，客体是托幼机构工作的任务要素，既可以是托幼机构工作人员，如教师、婴幼儿、管理人员等，也可以是教育现象、教育效果等。主体和客体是相互联系的，不能把它们任意分割。两者是相互联系、相互依存、对立统一的辩证关系。

(二) 托幼机构工作评价的作用

1. 评价具有导向作用

评价具有导向作用，有利于保证教育目标的实现。托幼机构工作评价在托幼机构管理中的导向作用是通过对托幼机构办园方向以及培养目标的引导和对被评价者工作质量的引导来实现的。《幼儿园工作规程》明确地指出了我国托幼机构的办园方向以及幼儿教育的目标，但由于各种原因，在托幼机构工作实践中仍存在严重影响幼儿全面发展的倾向，偏离了正确的办园方向，妨碍了教育目标的实现。托幼机构工作评价通过评价方案中的指标体系和评价标准，指出托幼机构正确的工作目标和办园方向，托幼机构通过对照评价指标、标准以及评价结果，找出差距和症结，纠正偏差，以求进步和不断完善，以保证教育目标的最终实现。

2. 评价具有激励作用

托幼机构工作评价涉及托幼机构工作的方方面面，因而需要动员全园教职工都参与评价。托幼机构工作评价不仅是对托幼机构各项工作的客观分析和判断，同时它也是对全园教职工的工作成绩、业务水平、能力素质等的判断。每位成员都可以通过评价看到自己的成绩和进步，找到差距和不足。托幼机构工作评价可以激励教职工的工作积极性，自觉地调控自身行为。

3. 评价具有反馈作用

托幼机构工作评价的反馈作用有利于促进托幼机构各个方面工作质量和管理水平的提高。托幼机构工作评价涉及托幼机构工作的所有方面，通过评价对托幼机构管理工作进行全面分析，获取管理状态的反馈信息，判断托幼机构组织职能的发挥程度，及时诊断出工作中的问题，并予以调整和改进。托幼机构工作评价是托幼机构管理过程中不可缺少的环节。每个管理过程的总结性评价推动着托幼机构管理不断走上新台阶，促进托幼机构管理水平不断提高。

4. 评价具有改革作用

托幼机构工作评价有利于推动幼教改革不断深入。通过对托幼机构工作的评价，托幼机构可以了解托幼机构现有的工作状态，托幼机构人力、物力、财力的使用状况，教学效果及婴幼儿发展状况等。因此，对托幼机构工作的全面考核和判定会为托幼机构进一步的发展计划提供可靠的数据支持和全面的基础资料。托幼机构负责人可以从当前的评估数据中确定园所的优势和不足，这样就能对未来的计划做适宜的调整，对出现的问题进行纠正，或对未来的工作做相应的准备，从而进一步提高托幼机构管理工作的计划性和针对性，不断提高托幼机构管理工作水平。随着我国幼教改革的不断深入，建立在客观、科学评价体系上的工作评价保证了托幼机构深入、持续地进行改革。

二、托幼机构工作评价的类型

(一) 按评价功能划分

按评价功能托幼机构工作评价可分为诊断性评价、形成性评价、总结性评价、外在评价。在某项工作开始之前,为使工作更加稳妥地开展而进行的必要评价,称为诊断性评价;在工作进行过程当中,为修正工作本身的运作过程,使之取得最佳效果所进行的评价,称为形成性评价;在工作告一段落时,为了把握这段工作的效果而进行的必要评价,称为总结性评价;置身于工作之外,为了对该工作做出客观研究以及探讨改善方法而进行的必要评价,称为外在评价。

(二) 按评价内容范围划分

按评价内容范围托幼机构工作评价可分为分析评价和综合评价。分析评价是指把评价内容分解成几个项目分别进行评定的方法,是对托幼机构工作某一方面或侧面的评价,是综合评价的基础。综合评价是指对评价内容的整体进行评价,它以分析评价为基础。综合评价和分析评价主要是针对评价内容而言。

(三) 按评价主体划分

按评价主体托幼机构工作评价可分为自我评价和外部评价。自我评价是指评价者对自己进行评价的方法。它的优点是容易进行,没有时间、空间的限制,随时可进行。但自我评价往往缺乏客观性,尤其对自己存在的问题难以看清。外部评价是指由托幼机构工作实施者以外的人作为主体的评价。如托幼机构的领导、婴幼儿及其家长对本班教师保教工作的评价。外部评价可以为评价对象明确了解自己的状况提供更广阔的视角。一般说来,外部评价要比自我评价更为客观、真实,更容易看到成绩和问题,更有益于评价对象总结经验及同行间相互学习,共同提高。

(四) 按评价方法划分

按评价方法可分为量化评价和质性评价。量化评价是指采用数学方法,对评价对象进行量化描述或以数量表示评价结果。质性评价是在自然情境下,采用多种资料收集方法,通过评价者和被评价者之间的互动对评价对象进行深入、细致、长期的体验和观察,然后得到一个比较具有整体性、解释性的评价,全面充分地提示和描述评价对象的各种特质,以彰显其中的意义,促进理解。

(五) 按评价参照标准划分

按评价参照的标准,托幼机构工作评价可分为相对评价、绝对评价、个体内差异评价。

1. 相对评价

相对评价是指在评价对象的集合中选取一个或几个对象作为基准,然后将各评价对象与所选对象的标准进行比较评价。这种评价的适应面广,因为它是在某一类评价对象的内部将其中各对象与特定对象进行比较,所以,无论这个集合的整体情况如何,都可采用这种评价。如托幼机构内部教学观摩评比,只是在参加教学人员之间作比较评价。这种评价的标准依内部的具体情况而定,评价的结果只评价该范围内的问题。

2. 绝对评价

绝对评价是指在评价对象的集合之外确定一个客观标准,然后将各评价对象与所确定的这一客观标准进行比较评价。这类评价由评价者以客观的标准进行评价。相对来说,绝对评价较公正,评价对象可从评价中明确了解自己与客观标准的距离,但这一客观评价标准要切合每所托幼机构的实际。若客观评价标准不切合托幼机构实际,可能会出现两种评价情况。一种是较高的评价标准,较高标准对于实际水平较差的托幼机构来说,可望不可即,起不到评价的激励、调节作用;另一种是较低的评价标准,较低标准对水平较高的托幼机构不能起到推动作用。因此,绝对评价法的关键是确定可行的评价标准。

3. 个体内差异评价

个体内差异评价是指把每个评价对象的过去或现在相比较,或把一个对象的各个侧面进行比较。这种评价可以充分考虑个体间的差异,不会给评价对象造成压力,评价对象容易看到自己的进步。但因为是自身范围内的比较,不能考察被评价者在群体中的地位,难以形成竞争的气氛,从而减少工作动力。

三、托幼机构工作评价的内容

(一) 对班级管理的评价

班级是托幼机构管理的最小单位,也是托幼机构管理的落脚点。有效的班级管理评价能推动班级管理,进而影响托幼机构的整体管理水平。对班级管理的评价应包括以下几项内容。

1. 对班级管理运行程序的评价

托幼机构中对班级管理运行程序的评价包括对班级管理工作计划的评价、对班级管理执行情况的评价、对班级管理实施情况的评价、对班级管理保教工作的评价。

2. 对班级日常工作的评价

托幼机构中对班级日常工作的评价包括两项内容:班级日常工作是否有序,例如,各工作之间是否一环扣一环,每环节衔接得如何;日常工作安排得是否科学,例如,是否符合幼儿身心发展规律,是否符合教育规律,是否符合管理科学的规律。

3. 对教师管理能力的评价

托幼机构中对教师管理能力的评价包括教师组织班级活动的能力、教师说服幼儿的能力、教师与幼儿和家长沟通的能力、教师对幼儿行为进行管理的能力、教师对幼儿管理能力的培养。

(二) 对园务管理的评价

1. 对托幼机构管理目标的评价

对托幼机构管理目标进行评价时，主要评价管理目标是否切实可行、管理目标是否与托幼机构实际情况相符、管理目标是否达标。

2. 对托幼机构工作计划的评价

对托幼机构工作计划进行评价时，主要评价是否有切实可行的计划、计划的实施成效是否与目标一致等。

3. 对托幼机构组织机构的评价

对托幼机构组织机构进行评价时，主要评价组织机构是否健全、组织机构的设置是否充分考虑到本园的规模大小、组织机构服务时间长短、办园方向及所处位置环境、各部门职责是否明确等。

4. 对托幼机构规章制度的评价

对托幼机构规章制度的评价体现在规章制度是否健全，能否有效实施。

5. 对托幼机构工作人员的评价

对托幼机构工作人员的评价体现在工作人员的任职资格与工作绩效的评价。

6. 对托幼机构后勤工作的评价

对托幼机构后勤工作的评价体现在后勤保障是否能充分满足幼儿园办学要求。

7. 对托幼机构教研活动的评价

对托幼机构教研活动的评价体现在教研活动有哪些项目、各项目取得成绩如何等。

8. 对托幼机构与家长、社区关系的评价

对托幼机构与家长、社区关系进行评价时，主要评价托幼机构是否与幼儿家长、社区等建立有效联系。

(三) 对托幼机构人员的评价

1. 对人员设置结构的评价

对托幼机构人员设置结构进行评价时，主要评价人员的专业结构、人员的年龄结构、人员的知识结构。

2. 对人员工作结构的评价

对托幼机构人员工作结构进行评价时，主要评价人员的分工、人员的搭配、人员所承担的任务。

3. 对调动人员积极性的评价

对托幼机构调动人员积极性进行评价时，主要评价调动人员积极性的机制、调动人员积极性的效果。

4. 对人员培训机制的评价

对托幼机构人员培训机制进行评价时，主要评价托幼机构是否有培训机制、培训的方式如何、培训的效果如何。

四、托幼机构工作评价的原则

(一) 科学性原则

托幼机构工作评价的科学性原则是指评价要符合保教规律和管理工作规律。首先，评价的标准要科学合理，具有可行性。工作评价要以科学的理论和指导思想为依据，要反映托幼机构保教工作规律和教育方针政策的要求，指标权重应能科学地反映各项指标的地位和相互关系。评价标准要符合评价对象的总体状况，能对评价对象的特征给予准确的表示，减少主观臆断和个人因素的影响。其次，评价方法要科学。工作评价要做到定性评价与定量评价结合、单项评价与综合性评价结合、静态评价和动态评价结合、总结性评价与形成性评价结合。对某些模糊类指标不能盲目量化，硬性量化反而歪曲事物本来面目，降低科学性。最后，评价过程的各环节应具有科学性。工作评价要遵循严格的程序，提高评价的信度和效度。

(二) 民主性原则

评价的民主性原则是指在整个评价过程中要充分发扬民主，增加评价的透明度。制定评价方案时要广泛征求意见，包括专家意见和被评者的意见。一方面要让被评者全面理解方案，另一方面要使方案符合客观现实，增加评价方案的可行性。评价时要注意主客体的协调统一，评价结果应公开。评价方法上要重视被评者的自我评价，将评价对象的积极性调动起来。

(三) 评价的一致性原则

评价的一致性原则是指评价指向的幼儿教育目标是一致的，在同一范围内，对相同的评价对象必须用同一标准，不应因人而异。

(四) 评价和指导相结合的原则

评价本身并不是目的，它是一种管理手段。评价工作并不是为了定出优劣高低，而是要使评价对象获得工作后的反馈信息，以便对今后的工作进行调整。托幼机构工作评价可以督促评价对象积极认真工作，更重要的是发现问题，及时纠正，以保证教育工作目标的实现。因此，评价并不是管理工作的结束，它必须与指导结合，要对评价结果做出分析，使评价对象明确差距和努力方向，并有针对性地提出有效措施，这样的评价才是有价值的。

第二节 托幼机构评价方案的设计

托幼机构工作评价的设计主要是指评价方案的设计。设计托幼机构工作评价方案包括以下几个步骤。

一、确立评价标准

进行托幼机构工作评价必须制定恰当的、统一的评价标准，作为衡量托幼机构工作客观价值的尺度。托幼机构工作评价标准是对教育质量要求的具体规定，用以衡量整个托幼机构的工作。评价标准恰当与否，对评价工作的成败及整个托幼机构工作具有决定性的影响。

(一) 确立评价标准的要求

1. 先进性

制定的评价标准要体现先进理论，反映时代精神，吸取国内外先进经验，使标准具有科学性、先进性，对人产生激励作用。

2. 方向性

制定的评价标准要深刻体现目标要求，指向管理活动方向，使幼教质量和管理质量提高，服务于教育目标和管理目标的实现。

3. 可行性

制定的评价标准要切合实际，不能过多地超出或低于现有发展水平，定位在通过努力可以实现的尺度，文字要简明具体，表达恰当，易于操作。

(二) 托幼机构工作评价标准的构成

一般来说，托幼机构工作评价标准由三部分组成，即评价项目、评价量标和标准分。评价项目是指托幼机构的各项工作，提出每项工作的若干项目。评价量标是衡量每项工作的标准，它包括效能标准、职责标准和素质标准三种基本成分。三者各有其作用，其中以效能标准为核心，素质标准和职责标准都是围绕效能标准提出来的，在每个项目的评价量标中可以有所侧重。下面主要介绍一下评价量标的三种基本成分。

1. 效能标准

效能标准包括两方面，即效果标准与效率标准。效果标准是对工作应产生的实际效果进行评判的规则，即通过各方面工作的努力，看看是否有效，效果有多大。效率标准是根据产出与投入的比例来衡量取得成果的速度。它包含两层含义：一是花费时间的多少；二是完成任务的多少。效能标准是托幼机构工作评价的重要标准。托幼机构负责人要判断某件事做得如何，要看它有没有效果和效率，即用较小投入获得较大效果。

2. 职责标准

职责标准在评价标准体系中具有不可取代的作用，含有职能和责任两方面。职能标准主要是指各机构的职能，它是针对机构而言的。每个机构都有不同的职能，首先各机构的职能要明确，只有这样才能评价出各机构是否完成了自己的职能。机构职能的完成影响着托幼机构的整体管理水平。责任标准主要是指所任职务应履行的责任与义务，它指向个人。托幼机构对每个人的责任要有明确的规定，并要求人人掌握。每个人都应按照岗位责任制履行自己的职责。例如，园长主要负责决策、制定大政方针；副园长主要负责协调和执行园务会做出的决策；年级组长与班主任要身体力行，为他人做出榜样，认真完成自己的任务；教师要管理好自己的班级，做好与家长沟通的工作，努力完成教学计划。

3. 素质标准

素质标准是依据评价对象在思想政治、知识技能、基本能力和心理品质等方面应具备的素质条件而制定的评价标准。素质标准包括较宽的知识结构、学习能力、创新意识、服务意识等。

(三) 制定评价标准的程序和措施

1. 深入分析、初步设计

有关机构在制定评价标准时，首先对教育目标、管理目标的内涵进行整体思考、深入分析，然后分解为若干项目，再分解项目的具体要素及内容要求，规定权重等级的评分标准和记分方法。制定标准时要做到表述准确，要求明确，标准客观，以便于评价者认识统一，易于把握分寸和操作，使评价结果具有可靠性、可信性、可比性。

2. 征询群众意见

制定标准是一项政策性、实践性很强的工作，必须扎根于群众。应通过座谈会、访问、调查、问卷等方式，让群众对"标准"知无不言、言无不尽地发表意见；在收集反馈信息的基础上，进行去粗取精、去伪存真的再加工过程。

3. 专家科学论证

为确保评价标准的科学性、客观性、公正性和严肃性，发挥指导作用，必须坚持积极、慎重、严谨、求实的态度，把评价标准(方案)提请有关专家、学者和领导认真审议，切实在理论与实际相结合的基础上逐条、逐项、逐名地反复推敲，科学论证，精益求精地做好修改、审定工作。

4. 试行

评价标准确定后，先试行，待通过实践检验并取得经验后，再正式使用并执行。

二、确定托幼机构评价的内容和范围

托幼机构工作评价涉及范围很广，包括托幼机构工作各个方面。行政管理工作、保教工作、总务后勤工作及教师队伍建设等均有必要对其质量与效果做出检验评价，进而加以调整和改进，使托幼机构更好地完成所担负的责任。归纳起来，托幼机构工作评价的内容与范围主要包括以下三个方面。

(一) 托幼机构管理状态评价

托幼机构管理状态评价包括对工作目标、组织机构的设置、活动准则、规章制度的评价，及管理过程的运行状态、目标管理与民主管理实施的评价。通过评价了解和掌握托幼机构组织职能作用的发挥情况。

(二) 托幼机构工作人员的评价

托幼机构工作人员的评价包括对管理者和被管理人员的评价。在评价过程中对托幼机构负责人的素质及其领导工作状况的评价；对工作主体的教职工队伍状况、保教人员的素质、人员任用情况、培训规划与方式、思想政治工作、园风园貌的形成等，对教工队伍建设与发展进行分析判断并做出评价。

(三) 托幼机构保教工作与总务工作评价

保教工作是托幼机构工作的中心，保教管理过程、教养工作秩序的建立、教师对幼儿一日生活和活动的组织、活动室环境创设、教学与游戏等保教工作的重要内容都应作为评价的对象。

托幼机构总务工作的任务是为保教工作提供保证与服务。总务后勤工作涉及面广，事务繁杂，包括办园物质条件的改善、卫生保健、营养膳食、财务财产管理、设备维护保养、招生编班及档案资料建设等，这些都应作为评价的对象。另外，还应对改进教工福利待遇的情况等做出评价。

(四) 托幼机构公共关系评价

托幼机构应对家长工作状况、家长委员会的建议与发挥的作用进行评价。此外，托幼机构是否注重社会协调，能否满足社会不断变化的新需要，能否在所在社区实现双向服务，以及托幼机构如何发挥教育机构的文明辐射功能等，都应作为评价的内容和对象。

三、托幼机构工作评价方案的设计

(一) 建立评价的指标体系

工作评价必须确定所要评价的对象和内容的项目要素，将其逐级分解，把评价内容具体化，建立评价的指标体系。建立评价的指标体系首先要分析评价对象涉及哪些方面的内容，将它们分解为大的项目或要素，然后将大的项目要素逐渐分解成指标体系。在建立评价的指标体系时，要注意指标体系应能全面、完整地反映所评内容或对象的实质，以保证必要的内容效应；各要素或类别应是可以互相区分的，要避免指标内涵的相互交叉、包含；逐层分解时，指标应尽可能具体化，以便能够观测和操作。

(二) 确定评价的主体

根据评价的目的和内容，确定评价的主体。一般来说，评价主体可以有自我评价或外部评价。托幼机构的工作评价应采取自我评价与外部评价相结合的方式。

(三) 选择适宜的评价方法

托幼机构常用的评价方法有数量表示法、程度表示法、加权求和法。数量表示法是以数量来表示等级，如五分制、十分制或百分制。程度表示法是以优、良、中、差或优秀、合格、不合格等表示程度的词语做出评定。加权求和法是依各项目要素重要程度的不同，赋予不同的权重或系数，表明其占总体的百分比的评价方法。运用加权求和法评定时，将各项具体指标的评定结果乘以权重系数，再相加求和，即为分项的得分。

在具体的评价工作中，托幼机构应根据自己的情况选择适宜的评价方法，或者三者结合运用。

(四) 形成方案

一个完整的评价方案应包含对编制方案的说明(包括目的、指导思想、指标系统设计与权集构造说明、关于评价标准等级的说明、评价方法和评价工具的说明)；评价的指标系统与权集；分项指标等级及评价方法；评价用具；评价实施计划。

四、实施评价工作

实施评价工作遵循以下步骤：成立评价工作小组，负责评价组织工作；草拟评价方案，并广泛征求意见；试行评价方案并修订方案，使之更具有可行性；实施评价方案，进行正式评价工作；分析评价结果，提出宝贵建议；分类整理评价资料，建立评价资料档案。

第三节 托幼机构工作评价的组织与实施

一、托幼机构工作评价的准备

(一) 组织和人员准备

这主要是指建立负责组织和实施评价工作的委员会或领导小组。这种评价组织一般为非常设机构，根据不同的评价对象、评价内容和评价要求，选择合适的人员参加。由于评价组织是非常设机构，评价人员也就都是兼职人员。负责人可由分管领导兼任，工作人员可以是各部门、各班级教师，也可由员工公选大家信赖的人员。规模比较小的托幼机构，可以全员参与。此外，还要注意尊重婴幼儿家长参与托幼机构管理的权力，选择一部分家长参与托幼机构工作的评价。

(二) 培训评价人员

为保证评价工作科学性、客观性和公正性，首先，要做好评价人员的思想动员工作，让评价人员正确对待托幼机构教育评价工作，认识评价工作的意义，树立高度的责任心和认真负责的工作态度，保证评价的客观性和公正性。其次，根据参加评价人员的实际情况，还要对他们进行一些必要的评价理论和评价技术的培训。理论和技术培训可结合评价方案进行。如组织培训人员学习评价方案，统一对各项评价指标、评价标准的认识，学会收集、分析和处理有关信息和评价的具体方法，进行科学的评价。

(三) 设计评价方案

评价方案的设计是评价准备阶段的核心工作。它非常复杂，而且具有一定技术难度。评价方案的科学合理性直接影响着评价工作的成败，需要认真对待。对这部分内容，上一节已做专门论述。

(四) 广泛宣传，争取员工支持

在正式开始评价活动之前，可以就评价开展广泛的宣传动员工作。例如，向全体员工或被评价者说明本次评价的目的、任务，特别要申明是为了发现工作中的问题，以便改进工

作，希望取得大家的支持和配合，希望有关人员积极提供相关材料，保证评价工作顺利进行。

二、托幼机构工作评价的实施

托幼机构工作评价的实施是评价人员以评价方案为依据，在收集、处理信息资料的基础上对评价对象进行价值判断的过程。

(一) 运用多种方法收集资料

资料收集的方法主要有观察法、谈话法、问卷法、个案法、文献资料法、测试法、统计法、抽样法等。根据所要收集资料的性质，选择合适的方法。如考查教师的教养态度，最好用日常生活观察法；了解教职工对托幼机构最近一次教育改革的看法，可以用谈话法；了解家长对托幼机构各项工作的满意度，可用问卷调查法；了解教师的家长工作开展情况，可用文献资料法(如教师与家长谈话的记录，教师家访记录等)。有时候也可以用多种方法收集一种资料，以便相互印证。收集大量的信息资料之后，评价人员可以根据评价指标和评价标准对所有的资料分别进行归类整理。首先，要看资料是否齐全、完整，评价指标和评价标准规定范围内的资料要全部收集，不能遗漏，否则难以对评价对象做出全面、客观的评价。其次，要看资料内容是否准确可靠。有时候，从多种渠道获得的信息资料可能互相矛盾，这就需要对其进行分析、筛选，以求去伪存真。只有这样才能保证评价结果的真实可靠。

(二) 实施评价，得出评价结论

在综合分析评价对象全部信息资料的基础上，根据评价标准对各项指标进行评定，定出等级，如优、良、中、差；或打出合理的分数；或写出评价报告。对前两种还要经过统计分析，得出评价结果，写出具体评价意见。需要注意的是，评价人员要遵守客观、公正的评价原则，根据所收集到的事实资料进行评价，不能掺杂个人感情因素。另外，为了发挥评价的作用，评价结果既要有相对的等次或分数结果，又要有中肯、合理的评价意见和建议，且所提意见要有理有据，令人信服。

(三) 反馈评价结果，广泛听取意见

为了引导和激励评价对象不断改进、完善自己的工作，评价小组要把评价结果及时反馈给评价对象和有关部门，并广泛听取意见，了解评价对象对评价结果的接受程度、具体看法以及针对评价结果所制定的改进措施。

三、托幼机构工作评价的总结

(一) 对评价工作的评价

为保证托幼机构评价工作的水平不断提高，必须对评价工作进行评价，总结评价工作中的经验和不足。具体可从以下几个方面进行：①分析整个评价的流程是否科学合理，评价的准备、实施和总结的各个评价环节是否有所疏漏。②评价的指标和标准是否科学合理。根据大量的反馈信息尤其是评价对象对评价结果的不同意见进行分析，考查评价的指标体系和评价标准是否科学合理。③分析问题产生的原因并提出合理化建议。对评价过程中所产生问题进行分析，找出原因，并提出合理化建议。

(二) 整理评价资料，建立评价档案

每次评价之后，会产生有关评价对象、评价过程、评价方案、评价结果等方面大量的相关信息资料，对这些资料要分门别类存档管理，以便日后开展评价工作和管理决策时参考。

(三) 撰写评价报告

评价报告是分析整个评价流程，形成全面总结评价工作的文字材料。评价报告内容一般包括以下几项内容：①简介评价的时间安排、评价的组织、参与评价的人员情况；②评价方案产生的背景信息；③评价方案的实施过程；④评价结果及结果分析；⑤评价结论和建议；⑥评价工作的效果。

四、托幼机构工作评价应该注意的问题

(一) 认识评价工作的重要性

评价工作是托幼机构的一项重要工作。如果评价指标、评价标准和评价方法正确、科学、合理，评价程序和评价人员的态度客观、公正，不仅能及时发现工作中存在的问题，不断调整、改进、完善工作，保证托幼机构正确的办园方向，还可以发挥评价的激励作用，充分地调动教职工的积极性，鼓励全员士气。若托幼机构没有及时正确地进行工作评价，托幼机构可能偏离婴幼儿保教总目标越来越远，工作中积累的问题也越来越多，或者人为地激发人际矛盾，导致人心涣散，全体员工士气低落。

案例

年末评优

小博士(化名)早教机构每学期末，都按比例评出10%的优秀工作者，大多数教职工则为非优秀工作者。然后，机构会隆重地开一次表彰大会，优秀教工代表讲话、机构领导讲话、发奖品和奖金。这种做法的初衷本来是为了激励早教机构的员工以优秀员工为榜样，更加努力地工作。但这种做法却打击了一大批非优秀教职工工作的积极性，这批教职工觉得自己平时工作也很勤奋努力，却得不到认可，私底下怨气很大，也影响了日常工作。

这种只关注结果的工作评价，并不能改进托幼机构工作。只有让教职工切切实实感觉到评价过程是一个研究如何改进工作的过程，他们在这个过程中能够得到帮助和提高，托幼机构评价工作才能发挥应有的作用。所以，托幼机构领导必须充分重视评价工作，确保评价科学、合理、客观、公正，发挥评价的积极作用。只要托幼机构的领导和管理者切实想把评价工作做好，不固守现状，勇于探索，大胆尝试，扎实工作，肯定能找到合适的评价办法，发挥评价的积极作用。

(二) 评价的价值取向要正确，重视评价的发展功能

评价应有利于调动和发挥托幼机构负责人、教师和其他工作人员改进工作的主动性和积极性，这是托幼机构工作评价的总原则。目前，我国托幼机构工作评价大都采用行政(奖惩)性管理评价制度，托幼机构行政管理者处于评价的支配地位和主体地位，他们的意见是唯一标准，教师对评价基本上没有参与和讨论的机会。这类评价过于偏重评价的奖惩和管理意义，把对教师的评价作为评定教师工作优劣、予以奖惩并进行管理的主要手段，忽视评价对教师专业成长和发展的指导意义。教师常常只知道自己的评价等级，却不知道为什么，因而不利于教师发现、分析、研究、解决工作中的问题。

托幼机构工作评价应该强调以自评为主，园长、其他教职工参与评价，发挥教职工群体的作用，共同研究、共同提高。因为任何"外部评价"所提出的改进措施或建议都要通过教师理解、接受和创造性地应用才能落实。充分与教职工沟通，尊重他们的说明与意见，并把这个过程作为一个平等研讨的过程，共同商讨解决的方法和改进的方向，把评价的结果作为发展的新起点。

(三) 综合使用多种评价方法

20世纪60年代以前，人们一度十分重视量化评价，认为只有量化分析才是科学的。在这之后，随着社会批判思潮的兴起，人们认识到评价不是一个单纯技术问题，纯粹价值中立的描述是不存在的，因此，评价要对评价对象的价值或特点做出判断，价值问题由此在评价领域凸现出来，人们评价的重点转向了价值观。20世纪70年代以后，"量化评价"逐步被"质性评价"所取代，质性评价也日益兴盛起来。

量化评价也有其自身的优越性，具有简明、精确、公正的特点，在现阶段仍不失为有效的评价形式。但是它的不足也显而易见，它无法全面考察教师的综合素质和创新、实践能力及批判思维等高层次的认知能力，对评价的过程性和发展功能重视不够，而这些不足恰恰是质性评价可以弥补的。不同的评价方法可以用在不同的环境以满足不同的需要。在量化评价中有意识地引入质性评价，能更多地关注教师专业成长的过程。

(四) 评价结果的解释和使用要合理

评价结果的解释要合理，这样才有利于调动评价对象的积极性。除了要进行绝对评价

和相对评价，找出评价对象的不足之外，还要本着宽容、信任的原则，注意运用个体内差异评价的方法，看到其工作中的提高和进步，以培养其自信心和积极性，对年轻教师尤其应该如此。评价结果应主要用于帮助教师认识缺点和不足，完善自我，改进工作，而不能根据评价结果，把教师分成等级。

总之，托幼机构评价工作直接影响托幼机构办园方向，影响教职工积极性的发挥，影响托幼机构日后工作的方方面面。

课后思考与练习

1. 托幼机构工作评价有什么作用？
2. 什么是绝对评价、相对评价和个体内差异评价？
3. 托幼机构工作评价应遵循哪些原则？
4. 托幼机构工作评价标准由哪些部分组成？
5. 尝试编制一份托幼机构教育活动评价标准。
6. 调查一所幼儿园或早教机构的教师工作评价方式，查找其存在的不足，并提出合理化建议。
7. 托幼机构工作评价应注意哪些问题？
8. 阐述托幼机构工作评价的实施过程。

第十一章 托幼机构品牌管理

第一节 托幼机构品牌概述

托幼机构要取得持续的成功，就要打造自己的品牌魅力和核心价值。品牌是一种标识，是无形资产，具有独特性、执行力、感召力和兼容性的特点。随着全球步入商品信息化时代，世界各国越来越重视各种品牌的建设，而我国社会主义市场经济体制的逐步建立与完善，也给教育带来极其深远的影响，教育既要顺应形势，承受市场经济的冲击，又要遵循自身的规律，发挥教育领域内的先导作用。在市场经济运行机制的促动下，多种体制托幼机构诞生，为满足人民群众日益增长的教育需要，托幼机构品牌建立势在必行。

一、托幼机构品牌的内涵

托幼机构品牌是指托幼机构建立或塑造一个品牌形象的过程和结果，包括办园定位、办园特色、教育科研问题、教学与管理、托幼园所形象提升、园所文化、办园理念、资源重组等。对托幼机构来说，品牌是一面旗帜，它体现了优质托幼园所管理，也是托幼机构向家长、教育对象做出的质量保证。对家长来说，选择一所有品牌的托幼机构，就是选择了优质的学前教育。对社会而言，托幼机构品牌的存在，将影响到社会主流文化的潮流。

托幼机构培养人，而企业生产产品，因此，托幼机构品牌不同于企业品牌。首先，企业品牌主要通过产品反映出来，托幼机构的品牌则更多通过园所文化表现出来。其次，企业品牌波动大，比较脆弱，易发生突变；托幼机构品牌稳定性强，变化不是突然的，而是一个渐变的过程。再次，就品牌的衡量标准方面来说，企业品牌可以由价格和服务表现，通过产品的价格与服务折射出企业的品牌；托幼机构品牌则是一种综合反映，主要通过托幼机构文化与办园理念折射出品牌内涵。最后，企业靠宣传来形成品牌，托幼机构则主要靠长期的积累形成品牌。

二、托幼机构品牌的特点

(一) 知名度

一般来说,知名度可以从公众知名度、行业知名度和目标受众知名度三个角度来考察。目标受众知名度是指在目标家长或婴幼儿中的影响力,又称向心力。托幼机构的知名度一般经过多年的历史积淀而成。但也有少数的品牌托幼机构,通过运用教育策划理论,进行市场运作,使其品牌在短期内得以迅速提升。托幼机构要打出自己的品牌知名度,需要经过相当长的时间和脚踏实地的耕耘,才能取得良好的效果。

(二) 美誉度

美誉度是指托幼机构获得公众赞许和支持的程度。有知名度不等于享有美誉,美誉度反映了社会对托幼机构品牌的评价。拥有美誉度的品牌机构一般都受到社会、同行及教育对象的赞扬和支持。

(三) 忠诚度

忠诚度是指家长和婴幼儿对托幼机构的选择程度,一般表现为信任和选择。家长和婴幼儿相信这家托幼机构,以能够进入该机构为荣。这样的托幼机构往往都有一个相对稳定的忠诚于该品牌的家长和婴幼儿群体。

三、托幼机构品牌的效应

托幼机构品牌一旦形成,就会产生一系列效应,包括聚合效应、光环效应、磁场效应、内敛效应等。

聚合效应是指品牌的吸引力,聚合人、财、物等资源,吸引社会的认可和社会资本、管理经验甚至政策等的倾斜,使品牌进一步稳固,进一步扩大规模,不断发展壮大。

光环效应是指在内敛效应品牌的光环照耀下,托幼机构员工及其婴幼儿均会受到一种正面的激励和影响。托幼机构品牌的名气、声誉会对政府、社会、家长、孩子及其他社会公众产生一种亲和力和认同感。家长和孩子会慕名而来,政府、社会也会给予支持,会给托幼机构的发展创造良好的环境。

磁场效应是品牌托幼机构在社会、家长及婴幼儿中树立起极好的形象,它就像磁石一样吸引家长和婴幼儿,成为他们向往的地方。有一个忠实的目标群,就会形成良好循环,托幼机构因品牌而更有名,又因有名会变得更加优秀。

内敛效应是指对托幼机构内部员工的凝聚作用。托幼机构成功的品牌形象会使托幼机构的教职员工产生自豪感和荣誉感,能够提升精神状态,并逐渐升华成为一种园所文化,使其积极性、主动性、创造性都得到激发和调动,促进托幼机构资源的优化组合,从而提高工作效率,提升托幼机构的水平和形象。

四、托幼机构品牌建设的基本要素

(一) 教育质量

教育质量是托幼机构品牌的本质。教育是托幼机构品牌的基础和生命,质量是品牌的灵魂。学前教育要为人的发展做准备,这个准备包括身体的和心理的,还给孩子童真、童趣,保障他们充分玩的权利,使他们在丰富多彩的活动中体验快乐,把唯一快乐的童年留给孩子,才是真正为了孩子。因此,必须坚持在"乐"和"动"中促进孩子全面发展。这一切都在教育质量上体现出来,理性地处理、吸收各种信息,让孩子们在生动活泼的活动、游戏中充分感受和体验生活、学习的乐趣,把特色活动作为园本课程的亮点。例如,开展欣赏名曲活动,组织集体生日会、班级个人才能展示活动、礼仪培训活动、烹饪活动、亲子运动会、环保主题活动、"六一"庆祝活动和毕业系列活动等。同时,积极开展"黄线警示"、防火防震演习、"马路上的红绿灯""感恩"等主题教育活动。所有这些,都将有机地整合在各大领域课程里,让每个孩子都有参与和实践的机会,促进他们在不同水平上的发展。

(二) 核心竞争力

核心竞争力是托幼机构品牌的核心。"形成核心竞争力,保持可持续性发展"是现代社会发展的根本追求。托幼机构核心竞争力是指该园所在市场中具有竞争力的核心,换句话说,核心竞争力是托幼机构管理及发展过程中,"人无我有,人有我优"的管理特色。这种管理特色的界定,是指园所硬件条件,更是指机构管理水平、师资队伍结构、教育观念、园所文化、服务承诺、办园质量等软件的不断调整与更新。

(三) 科学管理

科学管理是托幼机构品牌的基础。优秀的品牌需要优秀的内部管理,科学的精细化管理是托幼机构各项工作的推动力量。托幼机构品牌要以科学管理提高保教工作质量,尤其是保育工作的标准化质量。例如,让保育员形成一日保育工作的动力定型,让其按照工作流程操作,如每日卫生清洁流程、消毒的规定动作、起床后整理的规定动作等。开始以打钩或填写工作流程的形式开展,三个星期之后一般可形成习惯,可不再打钩,保育工作基本到位。

(四) 托幼机构形象

托幼机构形象是托幼机构品牌的脸面。托幼机构形象是托幼机构的表现和特征在社会公众心目中的反映,是社会公众对托幼机构的总体评价。托幼机构形象包括团队精神、办园特色、环境创设、办园质量。

团队精神是一个集体的团结奋进,园所领导、教师、保育员、其他员工、孩子等各个环节环环相扣,缺一不可,不能厚此薄彼。托幼机构形象的建立要通过管理、教育、引导、激励等手段,形成合力,让所有人都发自内心地为机构教育发展献计献策,任何短浅、急功近利的思想和行为都是不足取的。

办园特色是托幼机构工作表现出来的独特风格与色彩,也就是托幼机构的个性。它是在正确教育思想指导下,以国家的教育方针和婴幼儿教育的客观规律为依据,立足于本机构实际,经过长期探索和艰苦努力而逐渐形成的园所工作的本质特点。

关于环境创设,《幼儿园工作规程》中明确指出,创设与教育相适应的良好环境,为幼儿提供活动和表现能力的机会和条件,促进每个幼儿在不同水平上得到发展。这是《幼儿园工作规程》的基本观点之一,也是幼儿教育的根本任务之一,更是托幼机构形象建设的基础。托幼机构环境创设的基本要求是符合幼儿认知特点,以促进其身心健康发展。

办园质量是托幼机构形成品牌的核心。托幼机构的形象不仅是外在的装点,还是内在要求的提升,尤其体现在品牌核心思想的兼容性方面。品牌核心思想的兼容性体现在两个方面:一是空间的兼容,即品牌的核心思想应该是其所有产品的包容,并且今后有可能跨越多个行业,所以要具有广泛性。二是时间的兼容,即品牌核心价值一经设定,便要长久坚持。品牌的核心内涵可延续百年、千年而不落伍,这样品牌才可能成为经典。

(五) 园所文化

园所文化是托幼机构品牌的依托。文化是一种精神期待,而园所文化更是一种持久的教育力量,园所文化的实质是一种价值观念和精神境界。只有具有强烈的文化价值观的托幼机构,才能维持强势的品牌。园所文化是托幼机构师幼共同创造的精神财富,它包括托幼机构的制度文化、环境文化、教师文化、课程文化等方面,一旦形成,就是一种能动的教育力量。历史悠久的托幼园所,园长、教师、婴幼儿不断变换,但托幼机构的园所文化精神却是永恒的。

首先,在园所文化建立过程中,必须实行人性化管理,创造平等和谐的人际关系,培养和激发教职员工对园所管理的积极性和创造性,鼓励他们根据自己的实际和孩子的实际创造性地开展保教工作。只有教师具备了独立、主动、创造性的工作作风,孩子们才会得到平等、生动、快乐的教育。其次,创设个性化的园所环境。环境创设的基本要求是科学、自然、符合孩子的年龄特点,注重绿色环境的创设,使孩子们置身于一个亲切、温暖、充满情趣的环境中。把一些体现"乐"与"动"的内容落到实处,让孩子时刻感受到参与活动的乐趣,在无拘无束的"乐"与"动"中得到身体和心灵的锻炼与陶冶。最后,建立一种健康、积极的托幼机构关系和管理文化，把家长视为合作伙伴，充分发挥家长委员会的作用，并以真诚务实的态度开展合作。在实际工作中，可以把家长委员分成几个小组，从不同角度了解托幼机构情况，并给每位家长委员发特别工作证，使他们可以不用报告机构负责人随时监察托幼机构各部门工作，随时反馈意见。

(六) 创新精神

创新精神是托幼机构品牌的活力。创新是托幼机构进步和发展的活力之源，也是品牌成长过程中的一个推进器。世界上的许多著名品牌都是在创新中不断发展起来的。发挥创新精神，可以结合"创先争优"的活动，挖掘工作中的典型事例和宝贵心得与大家分享，让大家知道平凡的行动诠释着高尚的师德，要深入思考、讨论工作创新的思路和措施，增强创造性开展工作的意识和信心，提高争先创优的积极性和自觉性。通过组织开展各种活动，在全园营造加强学习、钻研业务的风气，帮助教职工拓宽工作思路，为提高工作质量、增强教育实效打下基础。

(七) 服务意识

服务意识是托幼机构品牌的支持因素。托幼机构的生存与发展既要用过硬的教育教学质量赢得良好的社会信誉，更要用优质的服务赢得家长的满意和支持。家长最需要看到的是一个物化的东西，所以教师必须善于对自己的教育内容与方法进行归纳。在教育服务过程中要了解家长的期望值，让家长理解教师的教育方法，感受到教师对孩子成长的帮助。托幼机构管理的每一个细节都应该体现服务的观念，追求精细服务，追求零缺陷服务。托幼机构员工要牢固树立服务意识和质量意识，把园所的办园理念和办园目标转变为全园师生的共同理想和追求，形成托幼机构的核心精神。

(八) 广告和公关

广告和公关是托幼机构品牌的左膀右臂。品牌的成长是指知名度、美誉度、信任度、追随度等的提升或者品牌无形资产的价值提升。广告和公关能有效地促进品牌成长、知名度提高。广告能让托幼机构得到行业认可，扩大在家长中的影响力；公关是锻造品牌、创立品牌的利器。

第二节　托幼机构品牌的建立

随着国家教育改革的日益深化，品牌已经成为现代托幼机构经营与竞争过程中的核心问题，许多托幼机构都有了相应的品牌管理部门。创新品牌、管理品牌、维护品牌已成为托幼机构生存发展的生命线。教育领域中的品牌效应意味着更加优质的教育，并非盲目地跟从时尚潮流。建立自己的优质幼教品牌，是一个艰难的探索过程。创立优质的幼教品牌不能做表面文章，不能忽视内涵，必须以正确先进的教育理念为理论基础，以优良的软硬环境为支撑，才能保证优质教育的实施。

一、托幼机构品牌建立的策略

(一) 准确定位品牌，创新教育思维

托幼机构品牌定位，是指托幼机构为自身确定一个适当的市场位置，建立自己的核心竞争力，使托幼机构在社会、家长、孩子的心中占领一个有利的位置。定位包括理念定位、目标定位、规模定位、特色定位、文化定位等。

在教育产品越来越同质化的今天，要想成功打造一个品牌托幼机构，准确的品牌定位举足轻重。托幼机构对自身准确的定位是打造品牌托幼机构的前提。托幼机构要明确自身的优势在哪里，只有充分发掘出托幼机构的办园优势，才能找到办园的立足点和出发点，才能形成托幼机构个性。准确的品牌定位是一所托幼机构生存和发展的基础，找到好的定位才可以策划出好的托幼机构。定位不可过高，也不可过低，更不能混乱和模糊。"找准位置，个性鲜明，彰显特色"是一所普通托幼机构成长为一流名园的必经之路。

打造品牌托幼机构还要应用创新教育思维。重视教育创新，其实并不仅仅是提高保教质量，更重要的是在家长心目中建立托幼机构保教高质量的印象，这就需要不断变化思维。孩子在变化，时代会迈步向前，家长需求也在不断改变，托幼机构就要与时俱进，不断用新理念、新知识、新活动增加品牌的时代感。

(二) 以提高教育质量为核心建立品牌

保教质量是托幼机构的生命线，是彰显托幼机构品牌的窗口，是品牌托幼机构发展的永恒主题，是衡量托幼机构办园水平的重要标志。教育的目的在于促进人的发展，托幼机构的目的在于为孩子提供更好的受教育机会。托幼机构在发展中创品牌、创特色，必须首先建立在受教育对象的发展上。因此，托幼机构的保教质量、办园水平才是支撑品牌托幼机构的基础和核心。

(三) 以教育科研为助推器建立品牌

在品牌托幼机构建设过程中，教育科研是最重要的支撑力量。建立品牌托幼机构不是最后的结果，而是不断超越自我的永恒追求。托幼机构如何发展、怎样实施品牌战略，本身就是一个科研课题，需要进行充分论证。品牌有大有小，价值有高有低。托幼机构品牌的价值体现在品牌托幼机构所代表的影响力、辐射力、引领力上。品牌托幼机构不仅要出成绩，更要出科研成果、办学经验、教育思想。托幼机构的教育科研不是天生的，也不是某园长或专家一下子杜撰出来的。首先源自托幼机构深刻的教育实践，源自孜孜不倦的探

索创新，源自真实体验的感悟把握。正是在这种科研活动中，托幼机构的教育智慧得到释放，教育创意不断涌现，教育思想日趋成熟，教育精神不断丰富，教育境界不断提升，教师在研究中成为名师，园长在研究中成为专家，托幼机构在研究中成为品牌。实践证明，教育科研是托幼机构品牌的最大亮点，教育科研是托幼机构展示和提升自己形象的最佳平台，还是一种最实惠的免费宣传和最深入人心的广告。用教育科研打响托幼机构的品牌，是最优的路径。依靠并通过教育科研，使托幼机构长期稳定保持较高的教育水平，总结提炼出托幼机构独特的教育理念，是托幼机构快速崛起的最好办法。只有坚定地依靠教育科研，托幼机构品牌才能站得住、立得稳、响得远。

(四) 以广泛的社会参与为关键点建立品牌

建立品牌托幼机构需要广泛的社会参与，需要孩子家长的支持和参与，品牌托幼机构的形成是广泛社会参与的产物。打造品牌的过程就是建立和维护与家长、孩子、员工和社会关系的过程。托幼机构可以成立家长委员会、骨干教师沙龙等组织，还可以通过编印托幼机构刊物、召开家长会议、托幼机构网站、各种培训等形式，向家长、社会广泛宣传托幼机构的目标和阶段性进展，让社会、家长了解托幼机构办园的特色，孩子在托幼机构发展的状况，在家长和社会中树立起托幼机构良好的形象。

(五) 以构建一流的师资队伍为基石建立品牌

师资是实现托幼机构教育目标的核心和关键。品牌托幼机构离不开一流的师资队伍。建设一流的师资队伍，是托幼机构立足的基石、前进的动力，是托幼机构品牌的重要内容。托幼机构要把建设高水平师资队伍作为立园之本。坚持引进、培养、聘用并举，大力加强师资队伍建设，打造一支专家型、学者型的个体素质较高、群体结构合理、富有创新精神的师资队伍，为打造品牌托幼机构提供智力支持。

(六) 以提升园所文化为支撑建立品牌

园所文化是托幼机构师生员工共同创造的，托幼机构应致力于建设亲善的园所文化环境。品牌托幼机构文化实质上是一种整体性的园所文化模式，它是在独特的文化环境内逐步发展形成的。可以说，独特的托幼机构文化环境为特色托幼机构提供了发展的基础，一定的文化环境孕育了一定的园所文化。优秀的园所文化与品牌密不可分，传统积淀、文化氛围、办园理念、学风、教风等要素构建起了托幼机构品牌的根基。在建设园所文化时，要重视对物质环境的改善，增强园所的感染力，让园所建筑设施布局合理，园容园貌整洁、优美、充满生机与活力，使师幼在安全、舒心、优雅环境中工作。同时，托幼机构还应致力于精神环境的建设，让园所文化氛围健康有益、积极向上、丰富多彩，让人际关系民主、平等、和谐；使生活在这里的人自由、协调地发展，让园所成为环境美、心灵美、语言美、行为美的教育圣地和师幼的精神家园，并积极地影响家长和周围的人，进而扩展到社会与家长对托幼机构品牌的认可。

(七) 以领袖品牌为目标建立品牌形象

托幼机构要取得持续成功，就要打造自己品牌的独有魅力，建立领袖品牌。领袖品牌的核心是独特性，也就是品牌具有可明显察觉与识别的鲜明特征，有与其他竞争品牌形成区别的个性特征。托幼机构应宣传自己品牌的内涵，包括精神的内涵、心理需求的满足以及品牌独特的价值观，为品牌构建一个独特、清新的符号，在家长中建立独一无二的影响力。通过感召人的内心，达成品牌在人心目中的信誉度与美誉度。

二、托幼机构品牌建立应注意的问题

品牌的运作是一个运动发展的系统过程，要在这个运动的过程中把握好每个环节。正因为品牌运作是运动发展的，才会有一系列可操作的品牌运作手段。很多托幼机构经营者尽管口口声声要做品牌，但他们经常孤立而静止地看待品牌运作，只把品牌当作其追求的目标，而没有认识到在很多环节中品牌是需要认真把握与精心维护的。这些环节包括品牌反思、品牌系统规划、品牌运行发展和品牌维护与延伸等，每一个环节都有系列性的策略手段来辅佐和配合。托幼机构品牌管理者应对一个品牌有全面的规划，应清楚品牌所处的发展阶段，应知道采用何种手段去运作。在理论上，品牌管理和运作者应对托幼机构宏观经营管理和微观品牌对策有一定的认知。

品牌是一个不断互动的过程，从系统品牌运营来看，品牌的运动发展不仅表现为一个持续性的时间过程，空间上也有相应的展开，这就是品牌运行所表现的互动性。托幼机构品牌的塑造最后落脚点是家长和孩子的认同、员工和社会的认同，认同是构筑一个品牌资产的基础。所以托幼机构品牌的发展与维护需要不断与家长、孩子、社会产生互动，不断与内部员工、媒体互动。在这些互动过程中，托幼机构应把握好双向平衡式的信息传播管理，所以托幼机构对家长需求层面的信息反应应是极端灵敏的，并在品牌创立和发展中去操作，以确定或修正自己的品牌行为，让品牌形象真正影响家长，使品牌与家长之间形成对话与沟通。另外，员工对品牌意义的理解也至关重要，有了这一层面的互动，员工才会理解发展品牌目的之所在，同时能够明确自己的行为规范。媒体也是与托幼机构达成互动的关键对象，他们只有及时、准确了解托幼机构品牌行为，才会制定出符合品牌运动的宣传策略。这种动态信息传播的管理思想体现在以品牌经营为核心的托幼机构管理与行为中，并在托幼机构组织结构和人事管理上都会有所反映。

创建品牌、管理品牌、维护品牌是托幼机构生存发展的生命线。这就要求托幼机构经营者与家长和孩子建立持久的、超越商品与服务的情感纽带，将品牌价值渗透到托幼机构的每一个细胞中，成为品牌出色的守护者。

> **课后思考与练习**
>
> 1. 什么是托幼机构品牌？它与企业品牌有什么区别？
> 2. 托幼机构品牌有哪些特点？
> 3. 托幼机构品牌有哪些效应？
> 4. 托幼机构品牌有哪些基本要素？
> 5. 谈一谈应该如何打造托幼机构特色品牌。结合实际，对一所幼儿园或早教机构做出品牌策划方案。

参考文献

[1] 张燕. 幼儿园组织与管理[M]. 北京：北京师范大学出版社，2002.

[2] 张燕，邢利娅. 幼儿园管理案例及评析[M]. 北京：北京师范大学出版社，2002.

[3] 邢利娅，张燕. 幼儿教育管理理论与实践[M]. 北京：北京师范大学出版社，2002.

[4] 蔡华，周先莉. 幼儿园管理[M]. 长春：东北师范大学出版社，2009.

[5] 丁昀. 幼儿教育管理[M]. 北京：北京师范大学出版社，2001.

[6] 冯晓霞. 幼儿园课程[M]. 北京：北京师范大学出版社，2001.

[7] 胡惠闵，郭良菁. 幼儿园教育评价[M]. 上海：华东师范大学出版社，2009.

[8] 教育部基础教育司. 《幼儿园教育指导纲要(试行)》解读[M]. 南京：江苏教育出版社，2002.

[9] 刘苏. 现代幼儿园管理[M]. 天津：天津社会科学院出版社，2003.

[10] 邢利娅. 幼儿园管理[M]. 北京：高等教育出版社，2010.

[11] 罗长国，胡玉智. 幼儿园管理[M]. 北京：高等教育出版社，2011.

[12] 屈玉霞. 幼儿园经营与管理[M]. 北京：科学出版社，2011.

[13] 何幼华. 幼儿园管理创意设计[M]. 上海：华东师范大学出版社，2006.

[14] 刘占兰. 促进幼儿教师专业成长的理论与实践策略[M]. 北京：教育科学出版社，2006.

[15] 秦书华,李建昭. 蓝天幼儿园创新管理手册[M]. 北京：北京理工大学出版社，2008.

[16] 张春炬. 幼儿园管理决策与实践[M]. 保定：河北大学出版社，2006.

[17] 张燕. 学前教育管理学[M]. 北京：北京师范大学出版社，1995.

[18] 张燕. 幼儿园管理[M]. 北京：北京师范大学出版社，2008.

[19] 秦旭芳. 幼儿园管理的困惑与抉择[M]. 北京：科学出版社，2013.

[20] 范喜庆，张华，周燕. 幼儿园管理[M]. 武汉：中国地质大学出版社，2012.

[21] 顾明远. 教育大词典[M]. 杭州：浙江教育出版社，1999.

[22] 菲利斯·科里克. 托幼机构管理[M]. 6版. 韦小冰，等，译. 北京：北京师范大学出版社，2007.

[23] 陈孝彬，高洪源. 教育管理学[M]. 北京：北京师范大学出版社，2008.

[24] 蔡春美，等. 幼教机构行政管理[M]. 台北：心理出版社，2003.

[25] 王普华. 幼儿园管理[M]. 北京：高等教育出版社，2005.

[26] 唐淑. 幼儿园课程实施指导丛书：总论[M]. 南京：南京师范大学出版社，1997.

[27] 石筠韬. 学前教育课程论[M]. 北京：北京师范大学出版社，1999.

[28] 陈帼眉. 学前心理学[M]. 北京：人民教育出版社，2003.

[29] 张民生. 0～3岁婴幼儿早期关心与发展研究[M]. 上海：上海科技教育出版社，2007.

[30] 虞永平，张辉娟，钱雨，蔡红梅. 幼儿园课程评价[M]. 南京：江苏教育出版社，2009.

[31] 刘兴倍. 管理学原理[M]. 北京：清华大学出版社，2004.

[32] 秦明华，张欣. 幼儿园组织与管理[M]. 上海：复旦大学出版社，2014.

[33] 邱学青. 学前儿童游戏[M]. 南京：江苏教育出版社，2001.

[34] 唐淑. 学前教育史[M]. 北京：人民教育出版社，2007.

[35] 王晖，李晶. 幼儿园管理[M]. 北京：北京理工大学出版社，2010.

[36] 吴志宏，等. 新编教育管理学[M]. 上海：华东师范大学出版社，2000.

[37] 谢秀丽. 幼儿园工作管理[M]. 广州：广东高等教育出版社，2002.

[38] 王坚红. 学前教育评价[M]. 北京：人民教育出版社，2010.

[39] 钟启泉. 现代课程论[M]. 上海：上海教育出版社，1989.

[40] 范国睿. 学校管理的理论与实务[M]. 上海：华东师范大学出版社，2003.

[41] 李季湄，肖湘宁. 幼儿园教育[M]. 北京：北京师范大学出版社，1997.

[42] 梁志乐. 保育员应知应会[M]. 北京：北京师范大学出版社，1998.

[43] 朱家雄. 学前儿童卫生学[M]. 上海：华东师范大学出版社，1999.

[44] 阎岩. 幼儿园保育[M]. 北京：北京师范大学出版社，2001.

[45] 丛中笑. 幼儿园管理[M]. 北京：中国劳动社会保障出版社，1999.

[46] 教育部基础教育司. 走进新课程——与课程实施者对话[M]. 北京：北京师范大学出版社，2002.

[47] 单宝玲，辛枫冬. 管理学原理[M]. 天津：天津大学出版社，2004.

[48] 季苹. 学校管理诊断[M]. 北京：教育科学出版社，2002.

[49] 周建波，刘志梅. 管理学[M]. 广州：广东高等教育出版社，2004.

[50] 朱家雄. 幼儿园课程[M]. 上海：华东师范大学出版社，2003.

[51] 张宏亮. 幼儿园管理[M]. 北京：高等教育出版社，2001.

[52] 王法延，王桂亮. 幼儿园管理学[M]. 济南：济南出版社，1992

[53] 申毅，王纬虹. 幼儿园教育管理研究[M]. 重庆：西南师范大学出版社，2000.

[54] 方益寿. 组织管理心理学[M]. 济南：山东大学出版社，1995.

[55] 姚林林. 幼儿园课程建设现存问题之研究[D]. 华南师范大学，2007.

[56] 王欣淼. 上海市幼儿教师园本培训研究[D]. 辽宁师范大学，2010.

[57] 刘娟. 呼和浩特市早教机构课程设置研究[D]. 内蒙古师范大学，2010.

[58] 刘懿. 0～3岁亲子园教育的问题及对策研究[D]. 华东师范大学，2007.

[59] 姜新新. 呼和浩特市早教中心发展的研究[D]. 内蒙古师范大学，2011.

[60] 吴伟俊. 0~3岁亲子园教育的问题与对策研究[D]. 华中师范大学，2007.

[61] 田甜. 郑州市0~3岁早教机构发展现状的调查研究[D]. 河南大学，2012.

[62] 欧阳可珺. 幼儿园园本课程资源开发存在的问题及对策[J]. 基础教育研究，2008(12).

[63] 孙伟红. 由园本课程开发引发的对幼儿园课程特性的思考[J]. 学前课程研究，2008(9).

[64] 秦义，简琪. 浅谈我园园本课程的探索与发展[J]. 学前课程研究，2007(8).

[65] 陆明凤，邹春烨，樊玉莲. 课程园本化的实现要素及管理策略研究[J]. 上海教育科研，2010(5).

[66] 王春燕，冯敏. 中国幼儿园园本课程开发：历史、现状与对策[J]. 学前课程研究，2008(6).

[67] 李静萍. 影响幼儿园园长课程领导的因素分析及对策研究[J]. 新课程研究，2011(9).

[68] 虞永平，彭俊英. 对我国幼儿园课程评价现状的分析和建议[J]. 人民教育，2003(11).

[69] 高敬. 国外早期教育机构质量评价研究述评及启示[J]. 国外中小学教育，2011(8).

[70] 邱白莉. 幼儿园课程评价标准中的几个要素[J]. 早期教育(教师版)，2006(12).

[71] 徐红. 我国当前课程评价的误区及对策[J]. 湖南师范大学教育科学学报，2003.

[72] 李苹. 学校如何进行课程管理[J]. 中小学校长管理，2003(4).

[73] 邢利娅. 园长与课程管理[J]. 学前教育，2005(2).

[74] 虞永平. 关于幼儿园课程管理的思考[J]. 学前教育，2005(4).

[75] 虞永平. 以班级为基点的幼儿园课程建设[J]. 早期教育，2005(5).

[76] 童时. 反思幼儿园常规教育[J]. 早期教育，2003(1).

[77] 张晓霞. 校长如何领导课程改革[J]. 教学与管理，2003(9).

[78] 许卓娅. 园本课程建设与反思型教师自我成长研究[J]. 早期教育，2002(8).

[79] 李季涓. "园本课程"小议[J]. 幼儿教育，2002(9).

[80] 易凌云. 幼儿园园本教研的现状[J]. 学前教育，2005(5).

[81] 张典兵. 园本课程实施背景下的园本培训与幼儿教师专业成长[J]. 教育导刊，2008(2).

[82] 饶玲. 园本课程建设面临的问题与应对策略[J]. 当代教育论坛，2007(2).

[83] 李生兰. 澳大利亚的早期教育及其启示[J]. 安徽师大学报，1994(2).

[84] 高佳. 我国早教中心发展现状与对策研究[J]. 现代教育论丛，2009(9).

[85] 虞永平，等. 关于托幼教育一体化的讨论[J]. 教育导刊，2006(3).

[86] 虞永平. 学前教育管理[M]. 上海：华东师范大学出版社，2001.

[87] 虞永平. 学前课程与幸福童年[M]. 北京：教育科学出版社，2012.

[88] 虞永平，原晋霞. 幼儿园课程[M]. 北京：高等教育出版社，2014.

[89] 程秀兰. 学前教育评价[M]. 北京:北京师范大学出版社,2016.
[90] 鄢超云. 学前教育评价[M]. 北京:高等教育出版社,2010.
[91] 霍力岩,潘月娟,黄爽. 学前教育评价[M]. 北京:北京师范大学出版社,2015.
[92] 蔡连玉. 幼儿园经营与管理[M]. 上海:华东师范大学出版社,2014.
[93] 赵娟. 幼儿园班级管理与环境创设[M]. 北京:北京师范大学出版社,2014.
[94] 何佳讯. 品牌的逻辑[M]. 北京:机械工业出版社,2017.
[95] 谭昆智. 组织文化管理[M]. 北京:北京大学出版社,2008.